KB111853

CERAMICS

TRAVEL OF

EASTERN EUROPE

† 일러두기

이 책의 원어 표기는 외국어 표기법에 따랐으나 몇몇 용어들은
현지 발음을 따르거나 규정과 상관없이 많이 사용하는 발음을 따랐습니다.

유럽
도자기
여행

동유럽 편

글·사진 조용준

PROLOGUE
들어가며

에르메스는
왜
도자기를
만들었을까?

영화 「악마는 프라다를 입는다」의 한 장면을 떠올려보자. 악마 같은 편집장 미란다(메릴 스트립 분)에게 호된 신고식을 치르는 안드레아(앤 해서웨이 분) 외에도 영화에 등장하는 수많은 명품 가방과 구두, 옷과 모자의 화려한 퍼레이드가 보는 재미를 더해주는 영화다. 그러나 이런 스펙터클보다 내게 가장 인상적인 장면은 패션에 무지한 안드레아를 힐난하며 미란다가 패션의 파란색 계보에 대해 조곤조곤 설명하는 장면이다. 미란다와 직원들이 잡지 표지에 어울릴 파란색 벨트를 고르느라 고심하고 있는데 곁에 서 있던 안드레아가 '다 비슷비슷해 보이는 물건들 가지고 왜들 유난인가?' 하는 투로 피식 웃자 미란다가 발끈하는 대목이다.

미란다 : 뭐가 우습니?

안드레아 : 아뇨, 아니에요. 저 벨트들이 모두 같게 보여서요. 전 아직 이런 '물건(Stuff)'들을 잘 몰라요.

미란다 : 이런…… 물건? 넌 이게 너하고 아무 상관 없는 거라 생각하는구나. 넌 네 옷장으로 가서, 뭐니, 그 투박한 블루 스웨터를 골랐나 보네. 세상에 네 가방 속에 든 것에만 관심 있다는 걸 말해주려고. 하지만 넌 그 스웨터가 단순한 블루가 아니란 건 모르나 보군. 그건 튀르쿠아즈(Turquoise: 터키블루)가 아니라 정확히는 세룰리안(Cerulean: 세룰리안블루, 하늘색의 한 계열)이란 거야. 2002년 오스카 드 라 렌타가 세룰리안 가운을 발표했지. 그 후 이브 생 로랑이, 그 사람 맞지?(동의를 구하며) 군용 세룰리안 재킷을 선

1. 터키 블루(Turquoise) 목걸이. 2. 이란의 모스크 '이스파한 이맘'을 장식한 타일 패턴. 3. 에르메스 블뢰 다이외르 플레이트.

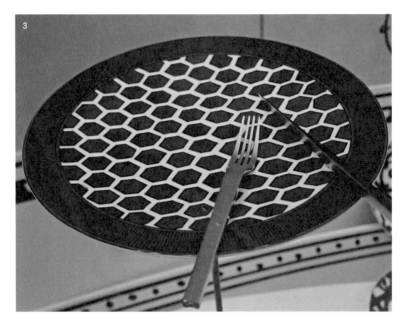

보였고, 그 후 8명의 디자이너 발표회에서 세룰리안이 속속 등장했지. 그런 후엔 백화점에서 명품으로 사랑받다가 슬프게도 네가 애용하는 할인매장에서 한 시즌을 마감할 때까지 수많은 수익과 일자리를 창출했어. 그런데 웃기지 않니? 패션계와 전혀 상관없다는 네가 패션을 경멸하는 상징물로 패션계에서 심혈을 기울여 탄생시킨 색깔의 스웨터를 입고 있다는 게? 그것도 이런 '물건들' 사이에서 고른!

미란다의 말을 곧바로 이해한 사람은 패션에 상당한 조예가 있을 것이다. 일반인은 터키블루와 세룰리안블루가 어떻게 다른지 알지 못한다. 색깔의 구별도 쉽지 않지만 굳이 알 필요도 없다. 그러나 이런 상식이나 인식과는 별개로 패션 전문가에게는 그들만의 세상이 있다. 그들에게 색채의 역사에 대한 지식과 탐구는 무엇보다 중요한 분야다. 모든 사물에는 역사가 있다. 당연히 계보도 있다. 안드레아가 아무 생각 없이 입은 세룰리안블루 스웨터가 그냥 나온 게 아니듯 거의 모든 색채에는 고유의 계보와 역사가 있다.

2011년, 에르메스(Hermès)가 매혹적인 테이블웨어(식기 세트)를 선보였다. 단지 명품 브랜드에서 나온 식기쯤으로 치부할 수도 있지만 이 접시를 제대로 알려면 파란색의 계보를 제대로 알아야 한다. 에르메스의 이 테이블웨어 제품은 출시되자마자 전 세계 요리사와 상류층 부인들의 이목을 순식간에 사로잡았다. 그리고 품격 높은 장인 정신을 지향하는 전통의 브랜드, 그것이 에르메스임을 다시 한 번 소비자의 뇌리에 각인시켰다. 그도 그럴 것이 1837년 승마와 마구 관련 가죽 제품을 만드는 작은 가게로 출발해 패션으로 명성을 확장한 에르메스가 이제는 도자기의 명가로 소비자를 사로잡는 라이프스타일의 대명사가 될 줄 누가 알았겠는가.

에르메스가 1997년에 처음으로 선보인 도자기 제품은 '생 당크르 블뢰(Chaine d'Ancre Bleu)'. 우리 말로 '파란 닻의 사슬'이라는 뜻이다. 조선 시대와 중국의 우아한 청화백자(靑華白瓷)처럼 하얀색에 간결한 파란색 문양으로 소비자들을 매혹시켰다. 두 번째 제품은 '블뢰 다이외르(Bleus d'Ailleurs: 먼 나라의 파란색)'. 이름에서 알 수 있듯 2011년의 블뢰 다이외르는 생 당크르 블뢰의 계보를 잇고 있다. 한층 강렬해진 블루 빛과 단순하면서도 화려한 문양으로 도자기의 품격을 몇 배나 상승시켰다.

왜 이 도자기 제품에 '먼 나라의 파란색'이라는 이름이 붙었을까. 지금 당신이 한가로운 티타임을 즐기고 있다면, 그것도 에르메스의 이 찻잔으로 차나 커피를 마시고 있다면 지중해의 푸른 바다나 포르투갈의 성당, 모로코 마라

1,2. 에르메스의 '블뢰 다이외르' 시리즈. 이 코발트블루 컬러에 동서양의 역사와 문화가 담겨 있다.

케시의 전통 시장을 절로 떠올리게 될 것이다. 바로 당신이 들고 있는 찻잔의 이름 그대로 말이다.

코발트블루, 시간 여행을 떠나다

에르메스의 블뢰 다이외르에서는 고대 중앙아시아 지배자(티무르 제국)의 무덤 지붕의 기와나 동양의 청화백자에 사용된 생생한 코발트블루를 발견할 수 있다. 블뢰 다이외르 색채 계보의 뿌리는 페르시아에서 출발한다. 이 찻잔을 들여다보고 있으면 알라딘의 마법 양탄자를 타고 실크로드로 시간 여행을 떠난 기분에 사로잡힌다. 이것이 블뢰 다이외르가 의도하는 바다.

실제로 블뢰 다이외르의 코발트블루는 유럽 왕실에서 무한한 동경심과 함께 애용한 16세기 명나라와 원나라의 청화백자, 사마르칸트의 모스크 그리고 이스파한(Isfahan)의 미나레트(minaret: 메카를 향해 절할 시간임을 알리고 코란을 낭송하는 높은 첨탑)에서 온 것이다. 식기 표면의 문양은 리스본 등 포르투갈의 아줄레주(Azulejo: 도기로 만든 색채 타일)에서 자주 볼 수 있는 기하학적 패턴과 동양의 국화 문양에서 차용해왔다. 그야말로 도자기 제품 하나에 동서양의 역사와 문화의 융합이 담겨 있는 것이다.

솔직히 필자는 도자기 문외한이었다. 당연히 명품 브랜드의 테이블웨어에 대해서도 아는 바가 없었다. 그런데 에르메스의 블뢰 다이외르에 마음을 온전히 빼앗기고 말았다. 아마도 내 유전자 속에 '블루'에 대한 무한한 탐욕과 동경이 도사리고 있었는지도 모르겠다. 어쨌든 그때부터 도자기가 좋아졌다. 휴일 아침에 블뢰 다이외르의 찻잔으로 그윽한 커피 한 잔을 마시고 싶어졌다. 동양의 찬란한 문화유산이자 자부심이던 도자기가 어떻게 해서 유럽으로 건너갔으며, 그곳에서 어떤 연유로 활짝 꽃피었는지에 대해서도 알고 싶었다. 부끄럽게도 내 관심의 시작은 유럽 도자기에서 촉발했다. 청화백자 이전에 유럽 도자기를 먼저 알았다. 서양을 먼저 알고 동양으로 건너왔다. 서양 도자기가 좋아지니까 비로소 동양의 것에 마음이 끌렸다. 마치 연어가 본능에 의해 자신이 태어난 곳으로 회귀하는 것처럼 말이다.

오늘날 중국과 일본은 물론 한국 여성들의 마음을 현혹하고 있는 유럽 유명 브랜드의 테이블웨어 제품과 뿌리에 대해 소상하게 알고 있는 사람이 얼마나 될까. 유럽 도자기 브랜드의 대대적 공세는 한·중·일 3국이 도자 문화의 원류라는 사실조차 잊게 만든다. 그런 마음도 당연한 것이 예쁜 찻잔, 내가 끌리는 접시는 마음까지 치유해주기 때문이다.

나는 남자지만 품격 있는 도자기와 접시, 찻잔을 좋아한다. 그냥 좋은 게 아니다. 정말 사랑한다. 영화 「사운드 오브 뮤직」에서 마리아가 노래하는 '내가 좋아하는 것들'은 장미 꽃잎에 고인 빗물, 아기 고양이의 코털, 하얀 드레스에 푸른 띠를 맨 소녀들이다. 그것에 무슨 이유가 있겠는가? 그냥 그런 것들이 기분을 좋게 해준다는 사실만 존재할 뿐. 나 역시 도자기로 이루어진 접시와 찻잔, 화병과 촛대, 그릇들을 보고 있으면 절로 기분이 좋아진다. 그래서 나는 떠나야 했다. 유명 도자기를 만드는 공장과 마을, 도시를 찾아 떠나야만 했다. 도자기가 좋아진 것에 딱히 이유가 없는 것처럼 이들을 만드는 장소를 찾아 떠나는 것도 딱히 이유가 없다. '그냥 좋아서'다.

2014년 7월, 광화문에서 조용준

유럽
도자기
여행

동유럽 편

남자, 포슬러니아 성지를
순례하다

CONTENTS

CHAPTER

1

마이슨의 '파란 쌍검', 승리를 쟁취하다

청화백자의 전설을 따라잡은 마이슨

5월의 노란 융단 속으로
들어가다

유럽의 봄은 가히 야생화의 천국이라 할 만하다. 어느 곳을 가든 도심만 벗어나면 들판에 가득 피어 있는 꽃무리를 흔히 볼 수 있다. 그중에는 야생화도 있고, 식물성 기름을 얻기 위해 대량으로 재배하는 것도 있다. 잘 알려져 있듯 4월부터 5월까지의 네덜란드는 수출용 튤립이 화려하게 들판을 장식한다. 5월 말부터 7월 초까지 남프랑스는 해바라기나 라벤더의 천국이다. 이때는 들판이 온통 노랗거나 보랏빛이다. 시골 어느 마을에 가도 탐스러운 수국이 자태를 뽐낸다.

독일을 비롯한 동유럽의 5월은 온통 노란색이다. 들판마다 유채꽃이 가득 피어 있다. 물론 한국인이라면 유채꽃은 매우 익숙하다. 봄에 제주도 여행을 다녀온 사람이라면 누구나 보았을 테니까. 그러나 동유럽 들판에 지천으로 피어 있는 유채밭은 그 규모가 다르다. 노란 지평선이 보일 만큼 대단위 경작지도 많을뿐더러 초록 들판과 노란 유채밭이 '자연의 누비옷'을 만들어 놓은 것처럼 한 편의 거대한 파노라마를 연상케 한다.

동유럽의 도자기 마을을 찾아 나서기 시작한 것도 5월이었다. 차를 몰고 이 마을에서 저 마을로 장시간 다녀야 했기에 몸은 피곤했지만, 눈만큼은 언제나 최고의 호사를 누렸다. 조금만 일찍 왔더라면 아직 꽃이 만개하지 않아 새파란 들판이 기다리고 있었을 것이고, 조금 더 늦게 왔더라면 유채꽃을 베어낸 텅 빈 황톳빛 들판이 반겨주었을 텐데 시기를 잘 맞춘 덕에 형언하기 힘든 노란색의 향연을 맘껏 즐길 수 있었다.

뮌헨에서 출발해 마이슨(Meißen 또는 Meissen)*으로 가는 2시간 남짓한

*마이슨
우리는 흔히 Meissen을 '마이센'이라고 발음하지만, 독일 현지에서는 '마이슨'이라고 발음한다. 마찬가지로 Dresden도 '드레스덴'이 아니라 '드레스든'이라고 부른다. 이 책에서는 독일 현지의 발음을 따라 마이슨, 드레스든으로 표기했다.

뮌헨에서 도자기의 도시 마이슨으로
가는 길에 만난 5월의 유채밭.
노란 지평선을 이룰 만큼 규모가 상당하다.

길도 그랬다. 마치 천상의 화원에 들어와 비밀의 문을 열고 들어가면 노란

융단 속으로 미끄러지듯 푹 파묻히는 느낌이었다고 할까.

마이슨은 독일 작센(Sachsen) 주(州)의 도시로 엘베(elbe) 강변에 자리한

다. 처음엔 슬라브 인이 만든 작은 마을에 불과했으나 929년 하인리히 1세

(Heinrich I, 876~936, 독일 국왕 재위 919~936)에 의해 도시로 거듭났다.

13~15세기에 건립한 아름다운 고딕 양식의 대교회를 비롯해 1471~1483

년에 건설한 알브레히츠부르크(Albrechtsburg), 1479년의 건축물로 1875

년에 개축한 시청사 등이 유명하다.

엘베 강가에서 본 마이슨의 전경. 고딕 양식의 대교회와 알브레히츠부르크 성이 어우러져 독특한 풍광을 연출한다.

그러나 마이슨은 누가 뭐래도 '도자기의 도시'다. 마이슨을 찾는 여행자 대부분은 마이슨 도자기 회사(Porzellan Manufaktur Meißen)를 방문하는 것이 가장 서둘러야 할 일이다. 이를 증명하기라도 하듯 마이슨 시내의 주요 도로 한가운데에는 마이슨 도자기 회사로 가는 화살표가 그려져 있다. 이정 표로도 모자라 아예 도로에 표시를 해놓았을 정도니 이 회사가 마이슨 시에 얼마나 중요한 존재인지 실감할 수 있다.

마이슨은 이를테면 '유럽 도자기의 성지'이다. 마이슨은 유럽 도자기 역사의 출발점이다. 그 이전까지는 중국과 한국, 일본 등 극동 지역에서만 생산하던 경질 도자기를 유럽 국가 가운데 최초로 생산하는 데 성공한 곳이 바로 마이슨이기 때문이다. 베를린 출신의 연금술사 요한 프리드리히 뵈트거(Johann Friedrich Böttger, 1682~1719)가 처음으로 자기를 만드는 데 성공해 마이슨이 유럽 최초의 자기 공장을 설립한 것이 1710년이다. 그렇게 새 역사를 이룩한 명성이 지금까지 이어지는 것이다.

이런 사실을 전혀 모른다 해도 많은 여성에게 '마이슨'이라는 이름은 거의 신격화된 존재처럼 마력을 발휘한다. 마이슨 테이블웨어, 그것이 여의치 않다면 접시 몇 개, 찻잔 세트 하나라도 갖기를 열렬히 소망한다. 따라서 동유럽의 도자기 마을을 찾아 떠나는 첫 번째 여정은 당연히 마이슨이 될 수밖에 없다. 마이슨으로 가는 길은 곧 도자기 탄생의 비밀을 찾아가는 '모태(母胎)로의 회귀'를 의미한다.

유럽에는 마이슨처럼 도시 이름이 곧 도자기 회사 이름이기도 한 곳이 많다.

1. 마이슨 도자기 회사를 상징하는 '쌍검' 문양 깃발이 휘날리는 마이슨 도자기 박물관. 건물 뒤편은 공장이다.
2. 마이슨 도자기 회사의 '쌍칼' 문양과 설립 연도가 새겨진 접시. 3. 고대의 투구를 현대적으로 재해석한 도자기 제품.
4. 파울 슈리히(Paul Scheurich)가 디자인한 '에스트렐라(Estrella)'. 1924년 작.

17세기에는 도자산업이 첨단 산업으로 많은 각광을 받았기 때문이다. 요즘의 삼성전자 스마트폰처럼 도자기 역시 시장성과 수익 창출에 뛰어난 제품으로 취급돼 보다 뛰어난 도자기 제품을 만들기 위해 나라는 물론 도시 간에도 치열한 경쟁을 벌였다. 도시에 도자기 회사 하나가 들어서면 일자리 창출이 늘어나고, 이는 도시 경제를 풍요롭게 할 뿐 아니라 도자기 문화 자체가 도시의 자랑거리가 되다 보니 도시 이름이 곧 도자기 회사 이름이 되는 것은 당시로서는 매우 자연스러운 현상이었다.

아우구스트 1세,
도자기에 눈을 뜨다

마이슨을 찾아가는 여행의 출발지로는 뮌헨이 편리하다. 뮌헨에서 차를 빌린 나는 마이슨으로 향했고, 뮌헨의 도심을 빠져나오자마자 이내 유채꽃의 바다와 만날 수 있었다. 뮌헨에서 마이슨으로 가는 길에는 콧노래가 절로 나온다. 길 옆으로 꽃이 그득해서 그런가, '행복한 드라이브'란 이럴 때 쓰는 말이리라. 꽃에 취해 가다 보면 길은 어느 순간 울창한 숲 속으로 연결된다. 푸른 산림이 뿜어내는 촉촉하고 상큼한 기운에 젖다 보면 급한 내리막길이 나오고, 이내 길 건너편에 성채와 교회가 우뚝 솟아 있는 마을 전경이 펼쳐진다. 드디어 마이슨에 도착한 것이다.

마이슨이 유럽 도자기의 시발점이 된 것은 전적으로 작센의 군주이자 폴란드 왕인 선제후(選帝侯) 아우구스트 1세(August the Strong, 1670~1733)*의 공이 크다.

'강건왕(Augustus der Starke, August the Strong)'으로도 불리는 아우구

*아우구스트 1세
작센 선제후로는 프레데리크 아우구스트 1세(Frederick Augustus I, 재위 1694~1733), 폴란드 왕이자 리투아니아 대공으로는 아우구스트 2세(재위 1697~1706, 1709~1733)이다. 여기서는 아우구스트 1세로 통일한다.
선제후(選帝侯, Kurfürst)는 중세 독일에서 황제를 선정하는 자격을 지닌 제후로 백작·공작 그리고 대공과 같이 대단히 높은 지위를 가졌으며, 이제는 신성로마제국의 봉건 제후를 가운데 왕과 제후를 함께 다룰으로 돌았다.

평화로운 드레스든 시내 전경.
주말 피크닉을 나온 현지인들의
여유로운 한때.

스트 1세는 작센 지역의 산업과 교역 발전에 큰 공헌을 했지만, 그가 태어난 드레스덴을 아름답게 꾸미는 데 열중하는 등 호사 취미와 낭비가 심한 사람이었다. 사생활도 방탕해서 기록에 의하면 365~382명 정도로 추정되는 사생아가 있었다고 한다. 당연히 아우구스트 1세는 재정적으로 매우 어려웠고, 무엇인가 금고를 메울 수 있는 사업이 절실했다. 그런 그가 요한 프리드리히 뵈트거라는 연금술사를 붙잡아둔 것도 연금술을 통해 다른 물질을 금으로 바꿀 수 있을지 모른다는 기대감 때문이었다.

뵈트거는 독일 튀링겐(Thüringen) 주에 자리한 슈라이츠라는 마을에서 서기의 아들로 태어났고, 약학을 연구하기 위해 베를린으로 떠나 유명한 약제사 밑에서 수학했다. 그러다 한 약장수를 알게 되면서 연금술에 눈을 뜨고 이에 몰두하게 되었는데, 이 사실을 안 그의 스승이 격노해 제자

1. 마이슨 도자기 박물관에 진열된 '쌍칼' 문양의 연도별 변천사. 2. 마이슨 기념품 가게에 전시된 동양풍 화병과 피겨린.
3. 요한 프리드리히 뵈트거의 흉상. 아우구스트 1세의 명을 받고 실험에 착수해 유럽 최초로 도자기 제작에 성공했다.

를 고발해버렸다. 신변의 위협을 느낀 뵈트거는 베를린을 떠나 비텐베르크(Wittenberg)로 도망가려다 국경에서 체포돼 드레스든 인근의 모리츠부르크(Moritzburg) 성에 감금됐다. 이때가 1701년 11월이었다. 이후 그는 한평생 드레스든에 억류되어 고향에 돌아가지 못하고 타향에서 숨을 거두었다.

어쨌든 뵈트거가 드레스든으로 잡혀온 다음 해인 1702년, 에렌프리트 발터 폰 치른하우스(Ehrenfried Walther von Tschirnhaus, 1651~1708)라는 수학자 겸 물리학자가 아우구스트 1세에게 도자기를 한번 만들어보자고 제안했다. 마침 동양 도자기 마니아였던 아우구스트 1세는 도자기 제작에 성공하면 큰돈을 벌 수 있다는 계산을 하고 있던 터라 귀가 솔깃할 수밖에 없었다. 그는 치른하우스에게 뵈트거를 감독할 것을 명하고, 성안에 뵈트거를 위한 실험실을 만들었다. 거의 감금당하다시피 한 채 실험과 연구를 종용받던 뵈트거는 1702년과 1703년, 두 차례의 탈출을 시도했지만 모두 실패로 끝났고, 다시 붙잡혀 도자기 실험과 연구에 매달릴 수밖에 없었다.

뵈트거, 유럽 최초의 도자기 제작에 성공하다!

1704년에 아우구스트 1세는 치른하우스를 총감독으로 임명하고, 뵈트거를 비롯한 다른 연금술사들을 모아 도자기 개발 팀을 만들어 본격적으로 연구소를 운영하기 시작했다. 당시 유럽은 중국의 백색 도자기를 '백색의 황금(Weisse Gold)'이라 부를 정도로 대접하던 시절이었다. 그러니 이 연구소에 대한 아우구스트 1세의 기대가 얼마나 컸는지 알 수 있다.

1705년 가을, 뵈트거는 마이슨의 알브레히츠부르크 성으로, 다시 드레스든의 베누스 요새 내 철창으로 둘러싸인 실험실로, 1706년 가을에는 스웨덴의 작센 침공에 대비해 드레스든 남쪽의 산골 마을인 쾨니히슈타인(Königstein)으로 옮겨가는 등 철저한 감시 속에서 실험을 계속해야 했다. 그 사이에도 그는 끊임없이 도자기 제작에서 손을 떼고 싶다는 의사를 표명했지만 받아들여지지 않았다. 그러던 1707년 말, 아우구스트 1세는 불황에 허덕이는 작센의 경제를 재건하기 위해 공업 진흥을 도모한다는 포고령을 내렸고, 이에 따라 뵈트거 또한 본격적으로 도자기 제작에 내몰렸다. 이런 분위기가 효과적이었던지 포고령과 때를 같이해 뵈트거는 적갈색의 석기(Stoneware) 제작에 성공했다. 하지만 안타깝게도 치른하우스는 유럽 최초의 도자기 제작을 보지 못한 채 1708년에 세상을 떠났다. 그의 죽음으로 도자기 제작 연구는 잠시 중단됐으나 아우구스트 1세가 1710년 1월 23일 유럽 최초의 도자기 공장 설립을 허가하고, 뵈트거도 연구에 매진해 양질의 백자를 만들 수 있는 흙, 즉 백도토(白陶土)의 발견에 총력을 기울였다.

여기서 도기(陶器)와 자기(瓷器)의 차이점을 알아보자. 우선 동양과 서양의 구분법이 약간 다르다. 중국에서 도기는 철 함유량이 3% 이상인 보통의 점토를 사용해 900℃ 내외의 온도에서 구운 것을 의미하고, 자기는 철 함유량이 3% 이하인 자토(瓷土: 보통 고령토)를 사용해 1300℃ 이상의 고온에서 구운 것을 말한다. 그러나 서구에서는 가소성이 높은 점토를 사용해 800~1000℃의 온도에서 구운 것을 도기(Earthenware)라 부르고, 불순물을 많이 함유한 점토에 유약을 바르지 않고 1,200~1,300℃의 온도에서 구운 것을 석기(Stoneware), 고령토와 백돈자(白墩子: 주로 백운모로 구성된 유리질 암석)를 혼합한 재료로 약 1280℃의 높은 온도에서 구운 것을 자기

(Porcelain)라 부른다.

이렇게 백색 자기를 만들 흙을 발견하기 위해 공을 들인 노력은 헛되지 않아 뵈트거는 1710년 독일 작센과 체코 보헤미아의 경계에 있는 에르츠게비르게(Erzgebirge) 산맥에서 일종의 고령토인 '슈노르(혹은 슈네베르크) 흙'을 찾아냈고, 마침내 처음으로 도자기 제작에 성공했다. 도자기 제작에 나선지 8년여 만에 결실을 거둔 것이다. 마이슨의 알브레히츠부르크 성에 도자기 공장을 세운 것은 그해 6월 6일의 일이었다. 초대 감독관은 물론 뵈트거였다. 1714년, 뵈트거는 도자기 제조 비법을 발설하지 않는 조건으로 13년 만에 구금 상태에서 벗어났다. 남작 작위도 하사받았다. 그러나 그는 여전히 작센 지방을 벗어날 수 없었다. 아우구스트 1세가 이번에는 황금을 만들라고 종용했기 때문이다. 그로부터 약 5년 후인 1719년 3월, 뵈트거는 불행하게도 37세의 나이로 세상을 떠났다. 금을 만들기 위한 실험을 하던 중이었다. 오랜 기간의 억류 생활과 강도 높은 실험에 따른 독성 물질 중독 그리고 압박감에 의한 음주와 흡연이 그의 건강을 앗아간 것이다. 그는 새로 생긴 성 요한 공동묘지(Johannisfriedhof)의 첫 번째 매장자가 되었다. 한평생 권력자의 돈벌이에 이용된 연금술사의 쓸쓸한 죽음이었다.

뵈트거와 치른하우스의
진실 게임

그러나 유럽 최초의 도자기 제작자에 대해서는 또 다른 견해도 있다. 바로 뵈트거가 첫 도자기 제작자가 아니라 그의 감독관이던 치른하우스가 실제 제작자라는 주장이다. 이런 주장의 배경은 다음과 같다.

마이슨의 파란 꽃무늬 도자기 화병과 도자기로 만든 나팔꽃.

뵈트거가 죽은 해인 1719년, 마이슨 도자기 회사에서 일하던 도자기 직공 자무엘 슈퇴첼(Samuel Stölzel)이 도자기 제조 비법을 가지고 오스트리아 비엔나로 탈출했는데 그가 도자기 제조 비법의 주인은 뵈트거가 아니라 치른하우스라고 주장한 것이다. 같은 해에 마이슨 도자기 회사의 사무처장이던 카스파어 부시우스(Caspar Bussius) 역시 도자기 제조는 뵈트거가 아니라 치른하우스가 완성했다는 기록을 남겼다.

야사(野史) 같은 이야기지만, 치른하우스가 죽은 지 3일 후 공교롭게도 그가 살던 집에 도둑이 들어 작은 도자기 하나를 훔쳐갔는데 이것이 바로 치른하우스가 만든 도자기였다고 한다. 나중에 뵈트거도 치른하우스가 이미 도자기 만드는 법을 알고 있었다고 시인했다는 이야기도 있다. 그럼에도 공식적인 유럽 도자기 최초의 제작자는 여전히 뵈트거다. 마이슨 도자기 회사 정문 맞은편 길 언덕에는 뵈트거 흉상이 청동으로 세워져 있고, 여기에는 '도자기의 발명자(Erfinder des Porzellan)'라는 영광스러운 비문(碑文)이 쓰여 있다. 어쩌면 치른하우스가 뵈트거보다 일찍 사망했기 때문에 그 공이 모두 뵈트거에게 넘어간 것인지도 모르지만 진실은 오로지 두껍게 먼지 쌓인 오랜 역사의 한 페이지에 묻혀 있을 따름이다.

1710년 도자기 공장이 처음 세워진 당시 마이슨 명칭은 '폴란드 왕과 작센 지방 선제후의 도자기 공장(Königlich-Polnische und Kurfürstlich-Sächsische Porzellan-Manufaktur)'이라는 긴 이름을 지니고 있었다. 앞서 말했듯 아우구스트 1세가 작센 선제후이자 폴란드 왕이기 때문이다. 그러나 1918년 이후부터는 작센 주 정부가 마이슨 도자기 회사의 대주주가 됐다. 이름도 '국립 마이슨 도자기 회사(Staatliche Porzellan-Manufaktur

사자 형상의 뚜껑 손잡이가 달린 마이슨의 청화백자 화병. 2010년에 제작한 회사 창립 기념 작품.

Meißen)'로 바뀌어 오늘에 이르고 있다. 마이슨 도자기 회사가 푸른색의 '쌍칼(Gekreuzte Schwerte)'을 사용한 것은 1725년부터다. 이전에는 아우구스트 1세 선제후를 뜻하는 'AR(Augustus Rex)'이라는 글자를 사용했으나 도자기와 어울리지 않는 칼을 상징으로 내세운 것은 작센 지방의 문양이 '쌍칼'이기 때문이다.

대지는 모든 것을 포용한다. 흙도 마찬가지다. 그런 흙의 정화(精華)가 도자기다. 파괴와 공격, 단절의 상징인 '칼'이 도자기의 상징이 되어 지금까지 최고의 명품 도자기를 나타내고 있다는 것은 참 아이러니하다. 아마도 마이슨 도자기 회사가 도자기를 굽게 된 과정이 그만큼 폭력적이고 공격적이었다는 것을 은연중에 드러내고 있는 듯하다.

유럽은 1710년을 기점으로 비로소 동양 도자기에 대한 흠모와 찬탄, 시샘에서 조금씩 벗어날 수 있었다. 그 시발점이 미적 가치에 대한 동경보다 권력자들의 탐욕과 시샘, 가식에 의한 것이라 해도 유럽이 독자적으로 도자기를 제작할 수 있게 되었다는 것은 동양의 우월적 가치 하나가 무너졌다는 사실을 의미한다. 오랜 시간이 걸리기는 했지만 언제부터인가 서양 도자기가 명성과 디자인적 측면에서 동양 도자기를 앞서기 시작했다. 지금은 대중성에서도 동양 도자기를 훨씬 추월해버린 것이 현실이다. 한번 전복된 도자의 패권은 쉽게 바뀌지 않고 있다. 동양 도자기의 찬란한 역사와 아름다움은 오로지 박물관에서 박제된 채로 빛을 발하고 있을 따름이다.

한때 유럽 왕실에 도자기를 수출한 일본은 오히려 자국에 '마이슨 도자기 박물관'을 세우고 찬양하며 치켜세우기에 바쁘다. 유럽 도자기의 가장 열렬한 소비자도 일본인이다. 물론 일부 브랜드의 경우이기는 하지만 한때 자국의 것을 모방한 유럽 도자기를 거꾸로 베끼는 일도 서슴지 않는다. 한국의 사정도 크게 다르지 않다. 국내 유수의 백화점들이 특별 기획으로 전시하는 것은 유럽의 도자기들이지 우리 것이나 동양의 도자기 제품은 아니다. 한국 주부들이 도자기 제품을 컬렉팅한 블로그를 보면 대부분 유럽의 그릇들이다. 이렇게 도자기 역사의 장대한 흐름을 바꿔놓은 것이 바로 마이슨 도자기다.

도자기 역사를 바꾼
청화백자

그런 의미에서 마이슨 도자기 박물관 초입에 들어서면 가장 먼저 눈에 띄는 청화백자 화병은 여러모로 시사하는 바가 크다. 박물관이 가장 자랑스럽게 진열해놓은 전시품으로 청화백자를 내세운 것은 세계 도자기 제작의 중심은 자신들이라고 공공연하게 주장하는 것처럼 보인다.

청화백자는 백자, 즉 하얀 자기에 푸른색 안료인 코발트블루로 그림을 그려 장식한 것을 말한다. 청화백자는 지구의 도자기 역사를 바꾸어놓은 주역이다. 한순간에 유럽을 매료시켜 모든 왕실과 귀족이 사재기 쟁탈전에 뛰어들게 만든 주인공이기도 하다.

일단 청화백자는 이전까지 유럽 왕실이 사용하던 투박한 식기와는 차원이 달랐다. 하얀 바탕에 파란 장식은 기품이 있었으며, 우아하고 아름답기까지 했다. 무엇보다 그들이 처음 본 청화백자에 그려진 파란색 무늬는 어느 곳에서도 보지 못한 것이었다. 유럽 왕실은 모두 청화백자에 눈이 멀어 너도나도 코발트블루의 바다에 빠져들었다. 그래서 탐미주의를 대표하는 오스카 와일드(Oscar Wilde, 1854~1900)는 청화백자, 즉 쯔비벨무스터

(Zwiebelmuster)에 대해 "일상에서 파란색 도자기를 사용하면 할수록 그 깊은 세계에 점점 도달하기 어려워진다"고 표현했다.

오늘날 주요 경매시장에서 수백억 원을 호가하는 가격에 팔려 나가며 경매가 신기록을 경신하는 도자기의 대부분은 중국과 조선 시대의 자기들이다. 그중에서도 옛 청화백자는 인기 상종가를 달리고 있다.

이는 18세기에도 마찬가지였다. 초창기 마이슨 도자기 회사의 최대 과제는 어떻게 하면 동양의 자기를 최대한 가깝게 모방한 제품을 만들 것인가에 집중했다. 그래서 마이슨 도자기 박물관이 가장 자신 있게 전시한 작품이 청화백자의 모방품이라는 것도 그릴 놀랄 만한 일은 아니다. 무엇보다 마이슨 도자기 회사의 로고인 쌍칼의 컬러가 파란색라는 사실을 주목할 필요가 있다. 마이슨 도자기 박물관의 청화백자 제품들은 중국의 역사박물관이나 대만의 국립박물관에서 갓 공수해온 것처럼 생생하고 찬란하기까지 하다. 코발트블루의 아름다움에 매료된 유럽은 기어코 동양 사회가 유구히 이어오던 청화백자의 전설을 따라잡은 것이다.

마이슨으로 가는 길

한국에서 항공편으로 독일에 가려면 가장 수월한 중간 기착지는 뮌헨이나 프랑크푸르트이다. 개인적 취향에 따라 다르겠지만 유럽 여행의 시작점은 프랑크푸르트보다 뮌헨을 추천한다. 뮌헨에서 렌터카로 오스트리아 잘츠부르크(Salzburg)로 넘어가는 데에는 약 1시간 30분이면 충분하다. 또 뮌헨은 알프스를 넘어 이탈리아로 가기에도 편리하다. 뮌헨에서 이탈리아로 가다 보면 스위스 알프스보다 더 아름다운 경치를 자랑하는 북부 이탈리아의 알프스, 즉 돌로미테(Dolomite) 지역이 나온다. 무엇보다 뮌헨은 맥주의 본고장이다. 한때 한국의 생맥줏집마다 걸려 있던 옥토버페스트 사진을 상기해보라. 넓은 광장 같은 맥줏집에 사람들이 가득 모여 저마다 맥주잔을 높이 쳐들고 있는 풍경의 원조가 바로 뮌헨이니 술꾼들에게 이곳보다 더 좋은 도시도 드물다. 게다가 뮌헨은 도자기 탐방에서 절대 빼놓을 수 없는 중요한 스폿이다.

CHAPTER

2

쯔비벨무스터, 새로운 전설을 쓰다

클래식 중의 클래식, 쯔비벨무스터

마이슨 쯔비벨무스터
플레이트. 쯔비벨무스터는
독일어로 양파 문양을
뜻하지만 실제로는
석류꽃이다.

도자기의 금자탑을 세운
마이슨

마이슨 도자기 회사는 약 20년(1720~1739)의 노력 끝에 코발트블루를 안료로 사용하는 중국의 청화백자를 재현하는 데 성공했다. 이 과정에서 자연스럽게 로코코 양식 등 점차 유럽인의 감성을 반영한 작품이 많이 등장하게 되었는데, 이것이 바로 마이슨의 걸작 '쯔비벨무스터'의 탄생 배경이다.

쯔비벨무스터는 전 세계의 모든 주부가 선호하는 식기 세트 중에서도 클래식 중의 클래식이다. 아무리 클래식과 팝아트가 융합하는 컨버전스(Convergence)의 시대라 해도 베토벤은 베토벤이고 비틀스는 비틀스다. 베토벤이 마이클 잭슨이나 싸이(Psy)가 될 수는 없는 것이다.

MEISSEN
MANUFAKTUR
SEIT 1710

마이슨 도자기 박물관은
전시실 입구에 청화백자
작품을 배치했다.

쯔비벨무스터가 도자기의 클래식이 될 수 있었던 것은 이전에는 유럽에서 만들 수 없던 '마이슨 스타일의 청화백자'를 만들어냈기 때문이다. 하얀 바탕에 파란색 문양이 만들어내는, 전에 볼 수 없던 고결함과 우아함이 유러피언을 매료시켰다.

독일어로 '쯔비벨(Zwiebel)'은 양파를, '무스터(Muster)'는 문양을 의미한다. 따라서 쯔비벨무스터는 '양파 문양'이라는 말이지만 쯔비벨무스터 문양은 양파와는 아무 상관이 없다. 정확히 말하면 쯔비벨무스터 문양은 양파가 아니라 석류꽃이다. 쯔비벨무스터의 패턴은 '풍요'를 의미하는 석류와 '장수'를 상징하는 복숭아 문양이 교차하며, 중앙에는 대나무 줄기와 연꽃, 국화꽃이 어우러진다. 여기서 대나무는 남성, 연꽃과 국화꽃은 여성의 상징으

1. 조선 시대의 보상화당초문이 그려진 청화백자 접시. 2. 마이슨 도자기 박물관의 쯔비벨무스터 세트. 3. 튤립을 꽂아두는 화병 용도의 쯔비벨무스터. 작품 이름은 '튤립 블라섬'.

로 인간의 완벽함이 남녀의 조합에서 탄생한다는 것을 암시하고 있다. 결국 마이슨 도자기는 동양의 청화백자에 사용된 대나무·배·석류꽃·연꽃 등을 짜깁기하는 과정에서 독특한 문양을 탄생시켰고, 이것이 양파꽃과 비슷하다고 해서 쯔비벨무스터가 된 것이다. 이런 오류는 수정되지 않은 채 지금까지 이어져왔다. 예술의 역사에서 사물을 잘못 이해한 데에서 오는 오류는 쯔비벨무스터가 처음이 아니다. 훨씬 이전부터 있어온 일이다.

쯔비벨무스터의 문양은 양파가 아닌 '석류꽃'

지난 1994년 4월 28일, 뉴욕 크리스티 경매에서 조선 시대의 '보상화당초문(寶相花唐草文) 청화백자' 접시가 무려 308만 달러(당시 환율로 약 26억 원)에 팔렸다. 지금은 이 기록이 깨진 지 오래되었지만 그때에는 세계 도자기 역사상 최고의 낙찰가였다. '보상화'는 원래 연꽃을 말하지만 도자기에서는 형태가 엉뚱하게 그려져 있다. 이는 당시 페르시아의 석류꽃 문양에서 영향을 받았기 때문이다. 청화백자의 안료인 코발트블루가 페르시아로부터 들어온 사실에서 미루어 알 수 있듯 석류꽃을 즐겨 사용한 페르시아의 문양이 조선 땅에 들어와 '보상화'로 변형된 것이다. 그렇게 석류꽃은 조선에서 '보상화'가 되었고, 독일 마이슨에서는 '양파꽃'이 됐다.

무늬가 연꽃이든 석류꽃이든 양파꽃이든 중요한 사실은 이 도자기가 예술적 가치가 있는지, 대중의 사랑을 받을 만한 미적 감수성을 지니고 있는지의 유무다. 이런 관점에서 마이슨의 쯔비벨무스터는 가히 도자기 역사의 금자탑을 쌓아 올렸다고 할 수 있다. 지금도 마이슨은 쯔비벨무스터 문양을 식기

1. 마이슨 쯔비벨무스터 에밀 파울 보너(Emil Paul Börner)디자인 도자기. 1927년 작. 2. 마이슨의 화병. 다양한 디테일이 반영돼 있다.

1. 베를린 KPM 사의 쯔비벨무스터. 2. 동양풍의 화려한 채색 자기. 3. 체코 체스키의 쯔비벨무스터 접시.

는 물론 문구, 화병, 욕실 제품에 이르기까지 750개 이상의 품목에 적용해서
생산하고 있다.

마이슨 도자기 역사에서 1기가 뵈트거의 시대였다면 2기는 요한 그레고르
헤롤드(Johann Gregor Hörold, 1696~1775)의 시대로 대변된다. 바로 헤
롤드가 쯔비벨무스터 신화를 만들어낸 주인공이다.

그는 오스트리아 비엔나에서 태피스트리 화가로 일하다가 1720년 마이슨
이 새로운 도자 화공을 뽑는다는 소식을 듣고 곧바로 응모해 마이슨의 화공
이 되었다. 1723년에는 '궁정 화가'라는 칭호를 얻을 만큼 마이슨에서는 독
보적 존재였다. 그는 마이슨에서만 45년 동안 일했는데, 도자의 형태를 만
드는 성형가(Modelleur)가 아니라 화가(Maler)로서 헤롤드는 금속산화물
에서 얻은 밝은 색깔을 이용해 다양한 패턴을 만들어냈다. 그는 수년간 실험
을 거쳐 열여섯 가지 색깔의 유약을 발명해 중국 시리즈 문양을 완성했고,
네덜란드나 프랑스 풍경화 등의 복잡한 색감을 재현하는 데에도 성공했다.

그런데 아이러니하게도 이 시기에 마이슨 백자 도자기 제조 비법이 외부로
새어 나가 백색 자기를 만드는 공장들이 난립하기 시작했다. 독일에만 무려
28개의 도자기 공장이 생겨난 것이다.

이에 마이슨 도자기 회사는 자신들이 생산한 도자기 제품이라는 것을 표시
하기 위해 고유의 문양을 넣기 시작했고, 처음에는 아우구스트 1세를 나타
내는 'AR(Augustus Rex)'이라고 표기했다가 1723년부터 작센 지방의 상징

인 쌍칼을 그려 넣었다. 물론 푸른색으로 말이다. 지금도 마이슨의 쯔비벨무스터에는 전면의 대나무 줄기 밑동에 쌍칼 문양의 마크가 들어가 있다. 유달리 카피 제품이 많은 마이슨 쯔비벨무스터의 정품임을 입증하기 위해 아예 마크를 전면에 그려 넣는 것이다.

헤롤드가 코발트블루 컬러의 쯔비벨무스터를 선보인 것은 1739년인데, 이는 청나라 강희제(康熙帝, 1654~1722) 시대의 청화백자에서 영감을 얻은 것이 틀림없다. 어쨌든 마이슨의 쯔비벨무스터는 나오자마자 선풍적 인기를 끌었다. 그러나 청화백자는 채색 자기보다 노력과 비용을 절감할 수 있기 때문에 카피와 변종 등의 대량생산이 가능하다는 태생적인 취약점을 안고 있었다. 시간이 지남에 따라 60여 개에 달하는 도자기 회사들이 마이슨의 쯔비벨무스터를 모방하는 사태에 이르렀다. 심지어 제품 뒷면에 '마이슨'이라고 표기하는 일도 비일비재했다. 상표법과 저작권에 대한 인식조차 없을 때이니 마이슨 도자기 회사로서는 속수무책이었다.

원조 마이슨 vs.
서민 마이슨

이때부터 시작된 쯔비벨무스터 진위 논란은 300년이 지난 지금까지 이어지고 있다. 고급 도자기에 대한 사람들의 소유욕과 이를 악용한 탐욕의 역사가 멈추지 않고 있기 때문이다. 지금 이 순간에도 수많은 '마이슨 쯔비벨무스터'가 나돌고 있으며, 이들 가운데 진품을 가려내기란 매우 어려운 일이다. 게다가 1926년 독일 대법원은 "마이슨 쯔비벨무스터(Meissen Zwiebelmuster)라는 단어 자체는 공공의 것"이라는 판결을 내렸다. 그러니

짝퉁 쯔비벨무스터가 넘쳐나는 것도 이상한 일만은 아니다. 심지어 19세기 말 마이슨이 재정 위기에 처했을 때 쯔비벨무스터에 대한 디자인 사용권을 매각했기 때문에 후첸로이터(Hutschenreuther)나 체코의 체스키(Český) 등에서도 마이슨의 쯔비벨무스터와 유사한 디자인을 볼 수 있다.

물론 쯔비벨무스터의 모사품이 넘쳐나기 이전부터 마이슨과 인근에는 도자기 공장이 우후죽순으로 생겨났다. 누군가 잘나가는 것을 보면 너도나도 비슷한 일에 뛰어드는 현상은 서양이라고 크게 다르지 않은 모양이다.

카를 타이헤르트(Carl Teichert)도 그런 사람 중의 하나였다. 평소 타일에 관심이 많았던 그는 타일과 벽난로를 제작하는 공방을 처음으로 사들였다. 그러다 도자기가 돈이 된다는 것을 알고 자신의 공방 이름을 '마이슨 벽난로와 도자기 공장'으로 바꾸고 본격적으로 도자기 제작에 나섰다. 그러나 그는 1871년에 발생한 프랑스-프러시아 전쟁 도중에 사망하고, 그의 동생인 에른스트 타이헤르트(Ernst Teichert)가 이 공방을 기업화하기에 이르렀다. 바로 이 공장이 오늘날 체코에서 가장 유명한 '체스키 도자기 회사(Český Porcelan)'의 모태가 됐다.

마이슨 도자기의 쯔비벨무스터를 가장 먼저 따라 한 곳은 타이헤르트 형제의 도자기 회사였다. 지금도 이 회사의 쯔비벨무스터는 마이슨의 쯔비벨무스터와 매우 유사해 많은 사람이 혼동한다. 특히 타이헤르트 형제의 도자기 회사 로고는 타원형 안에 'MEISSEN'이라고 표기해놓아 많은 사람이 이 제품을 마이슨 도자기로 잘못 이해하는 경우가 왕왕 생기곤 한다. 원조인 마이슨 도자기보다 가격이 저렴해서 '서민의 마이슨'이라 불리기도 한다.

그래서 독일의 도자기 전문가들은 이 회사 제품을 마이슨 도자기와 구분

마이슨의 쯔비벨무스터는 카피와 변종으로 대량생산이 가능하다는 태생적인
취약점을 안고 있었기에 문양의 나무 줄기 밑동에 쌍칼 로고가 들어가 있다.

하기 위해 반드시 '슈타트 마이슨(Stadt Meissen)'이라고 부른다. 슈타트 (Stadt)의 '도시'라는 뜻을 강조해 마이슨 도자기 회사에서 만든 것이 아니라 마이슨 도시에 있는 공장에서 만든 제품임을 강조하고 있다.

오늘날에도 유럽의 많은 도자기 회사가 청화백자 계열의 자기를 생산하고 있으며, 독일의 작센 지방과 체코에는 여전히 쯔비벨무스터를 주력 제품으로 생산하는 도자기 회사가 많다. 쯔비벨무스터는 가히 우아하고 기품 있는 '그릇의 제후'라 할 만하다. 다른 채색 자기에 비해 화려함은 뒤지지만 항상 곁에 두고 싶고 손길이 자주 가는 것은 역시 백자에 코발트블루 장식이 있는 그릇들이다.

유럽 왕실을 사로잡은 아리타 도자기

마이슨 도자기 회사의 2기는 동양의 영향에서 벗어나지 못하고 모방하기 급급하던 때였다. 창조적 영감의 대부분이 동양에서 온 것이었으므로 이때 작품들은 누가 봐도 '동양풍'이라고 느낄 수 있는 것이 상당수다. 특히 채색 자기는 일본 아리타 자기(有田燒)의 영향이 매우 컸다. 그 이유는 마이슨 가마를 탄생시킨 아우구스트 1세가 아리타 3대 양식의 하나인 가키에몬 스타일을 매우 좋아했기 때문이다.

사카이다 가키에몬(酒井田柿右衛門)이라는 사람이 1643년께에 완성한 이 양식은 중국 도자기의 모방으로 시작했으나 유백색 바탕에 여백을 충분히 남기면서 섬세하고 화려한 그림을 장식한 도자기로 발전했다. 가키에몬에 대한 아우구스트 1세의 사랑은 도가 지나칠 정도였다. 드레스덴의 츠빙거 (Zwinger) 궁전에 도자기 전시관을 만들어 이름도 '일본 궁전(Japanisch)'이라고 불렀다.

이렇게 일본 도자기가 유럽 왕실에서 사랑받을 수 있었던 것은 중국이 명나라에서 청나라로 교체되는 시기에 바닷길을 막는 쇄국정책을 폈기 때문이다. 중국에서 도자기 제품의 수입이 끊기자 네덜란드 동인도회사는 일본과 베트남을 새로운 수입처로 선택했고, 결과적으로 아리타 도자기가 유럽에서 각광받게 된 것이다. 아리타 도자기는 중국 도자기와 달리 화려한 색채로 유러피언의 마음을 사로잡았다. 이때의 일본 도자기들은 아리타 인근의 이마리(伊萬里) 항구를 통해 유럽으로 수출됐기 때문에 유럽에서는 아리타 도자기를 '이마리(Imari) 도자기'라고 부르기도 한다.

이렇듯 독일 작센 지방의 선제후가 일본 아리타 도자기를 애지중지한 것처럼 아리타 역시 그에 상응하는 특별 대접으로 화답했다. 1990년대 초에 아리타는 도자 공원(Porcelain Park)을 조성하고 전시관을 세웠는데, 그 건축 양식은 바로 독일 바로크 양식의 걸작으로 평가받는 츠빙거 궁전을 흉내 낸 것이었다.

명나라의 용(龍), 유럽에서 부활하다

물론 마이슨의 초창기 도자기가 일본풍만 모방한 것은 아니다. 마이슨 도자기 초기를 주도한 헤롤드는 1725년부터 상회 기법(Overglaze), 즉 유약을 입히고 1차 소성(燒成)을 마친 후 완제품이 된 도자기 표면에 그림을 그려

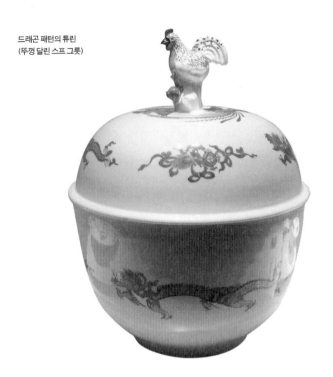

드래곤 패턴의 튜린
(뚜껑 달린 스프 그릇)

다시 굽는 방식을 도입했다. 이때 중국풍의 그림을 모사해 다채로운 색감의 자기를 생산하기 시작했다. 대나무와 호랑이, 다람쥐와 포도, 붉은 용과 봉황 등의 모티브가 대표적인 시누아즈리(Chinoiserie) 도안이 됐고, 이는 더욱 다양한 조합으로 발전했다.

당시에 나온 대표작이 바로 '명나라 용(Ming Dragon)' 패턴으로 불리는 용 도안이다. 중국에서 행복과 번영의 상징으로 각광받는 용을 일본식으로 강렬하게 채색한 것이다. 명나라 용 패턴은 용과 봉황을 함께 그린 '황실의 용 (Court Dragon)' 패턴과 함께 마이슨의 대표적 용 디자인이 되었다. 200년

넘게 붉은색으로만 그려온 용 패턴은 현재 여덟 가지 컬러로 제작하고 있으며, 현대적 스타일로 변형해 침구와 인테리어용품 등에 광범위하게 적용하고 있다.

마이슨 도자기 초기의 걸작 가운데 또 하나는 1737년부터 제작하기 시작한 '백조 세트(Swan Services)'다. 백조가 물결을 거스르며 헤엄쳐 나아가는 형상을 묘사한 것으로 갈대와 왜가리, 돌고래처럼 물과 관련한 모티브를 조합해놓았다. 무려 2천 개 이상의 낱개 제품을 조합한 백조 세트는 중앙에 놓인 포세이돈 피겨린(figurine) 하나만 해도 가격이 1만 5,000달러에 달한다. 이 제품들 역시 지금도 생산되고 있다.

'스완 서비스'는 아우구스트 2세(August II, 1670~1733, 폴란드 왕으로는 아우구스트 3세)의 신하였던 하인리히 폰 브륄(Heinrich von Brühl, 1700~1763)의 결혼 선물로 만들어졌다. 아우구스트 2세는 1733년 브륄을 마이슨의 감독관으로 임명했다.

브륄은 매우 탐욕스러운 사람이었으므로, 왕은 마이슨 도자기를 구입하는 데 돈을 지불했지만 브륄은 자신의 지위를 이용해 오히려 도자기를 공짜로 가져갔다. 당시 독일에서 권력이 센 명망가 가문 출신인데다 교활하고 처세에 능했던 브륄은 왕을 구워삶아서 1737년 자신의 결혼식 선물로 도자기 세트를 만들게 했다.

그런데 문제는 브륄이 왕조차도 혀를 내두를 정도로 사치스럽고 유흥을 좋아한다는 데 있었다. 그래서 브륄은 평소에도 자신의 모든 파티에 80~100개의 서로 다른 접시를 사용하게 했다. 그러니 결혼 축하연에 쓰일 서비스는 매우 특별한 것이어야 했다.

1. 스완 서비스 접시 2. 스완 서비스 다과 접시

결국 이를 제작하는데 켄들러는 물론 요한 프리드리히 에버라인(Johann Friedrich Eberlein), 요한 고티에브 에데르(Johann Gottlieb Ehder) 등 당대 마이슨의 뛰어난 성형사들이 모두 동원되어 서비스를 만들기 시작했다. 이 작업은 결혼식이 끝난 다음에도 계속되어 1741년(혹은 1742)까지 무려 2,200개라는 어마어마한 서비스가 탄생했다. 어느 왕도 이런 서비스를 갖지 못했는데, 그것을 일개 신하가 가져간 것은 정말 역사의 아이러니라 할 만하다. 뒤에서 자세히 보겠지만 프로이센의 프리드리히 대왕이 주문했던 '뮐렌도르프(Möllendorff) 서비스'조차도 1천여 점에 불과했다.

'스완 서비스'에 들어간 모티프를 보면 당연히 중앙에 백조가 들어가고, 그 위 하늘에는 학이 날아간다. 바탕 무늬는 조가비의 주름에서 따왔고, 식물 문양은 파피루스에서 왔다. 독일어에서 브륄은 원래 습지를 뜻한다. 그러므로 물가에 사는 동식물들이 차용된 것이다.

이 서비스에는 '가장 유명한 바로크 마이슨 자기', '성형과 불 조절의 개가', '상상 이상의 테이블웨어' 등 많은 수식어가 따라다니는데, 안타깝게도 제2차 세계대전 중 소련군이 독일을 점령할 때 절반 정도가 파괴됐다. 너무 허망하게도 소련 병사들이 사격 연습의 타깃으로 삼아 없앴다. 절반은 브륄 가문이 폴란드 쪽으로 대피시켜 살아남았다.

현재 이 서비스는 각 박물관이나 컬렉터들이 쌍심지를 켜고 구하려는 작품이 되어 매우 높은 가격에 거래되고 있다. 2015년 런던 옥션에서 티 컵과 소서 한 세트가 무려 3만 1,250파운드(약 4,650만원)에 팔렸다.

CHAPTER

3

외교의 꽃이 된
피겨린

살아 있는 도자기 인형

/

마이슨 도자기가 활짝 꽃피고 독창적인 장인들에 의해 예술의 경지에 오르는 데 혁혁한 공을 세운 인물은 요한 요하힘 켄들러(Johann Joachim Kändler, 1706~1775)다. 작센 피슈바흐 출신의 조각가이자 도공인 그는 1730년 아우구스트 1세의 궁정 조각가가 되었다. 사망할 때까지 44년 동안 마이슨 도자기의 모델 마이스터로 일하면서 1천 점이 넘는 작품을 남겼으며, 도자 인형(피겨린)의 창시자로도 유명하다. 그가 1745년에 디자인하고 19세기 초에 다시 제작한 '눈꽃송이의 만개(Snowball Blossom)'를 보고 있노라면 빼어난 자태와 예술성에 할 말을 잃게 된다. 도자기가 이토록 섬세하고 담백한 화려함을 지닐 수 있는 것인지……. 눈이 부실 정도로 빛나지만 설원(雪原)에 딸기꽃 한 송이가 피어난 듯 간결함과 단순함의 미학이 극대화된 느낌을 준다.

켄들러의 재능은 도자 인형에서 여실히 드러난다. 그가 만든 대형 피겨린만 보더라도 도자기로 사람이나 동물을 표현하는 데 얼마나 뛰어났는지 알 수 있다. 동양의 부처, 그것도 남성이 아닌 여성 부처를 묘사한 작품은 얼굴에 깃든 해학성이 중국 고대의 영향을 그대로 받은 듯하고, 현란한 꽃무늬로 장식된 의상은 그 세밀함에 경탄을 금할 수가 없다.

유럽의 도자 인형, 즉 피겨린 역시 동양이 원류(源流)다. 중국 베이징 천안문 광장 한쪽에 중국국가박물관이 있다. 선사시대부터 최근의 것까지 시대별로 모아놓은 주요 문화재들을 한순간의 눈길로 지나치기는 어렵다. 그중에서도 눈길을 사로잡는 것은 도자기와 토용(土俑)이다.

요한 요하힘 켄들러가 디자인한 '눈꽃송이의 만개'. 설원에 한 떨기의 딸기꽃이 피어난 것처럼 보인다. 단순함의
미학이 극대화된 작품으로 평가받는다. 마이슨 도자기 박물관 소장. 1746년 작.

1. 중국 진나라의 병마용. 중국국가박물관 소장. 2. 1731년 켄들러가 디자인하고 마이슨이 1950에 제작한 '앉아 있는 여성 파고다'. 마이슨 도자기 박물관 소장. 3. 춘추시대의 중국 토용으로 해학적인 얼굴 표정이 일품이다. 중국국가박물관 소장.

토용을 요즘 유행하는 말로 바꾸면 '피겨린' 혹은 '피규어'다. 토용과 피겨린의 차이점이 있다면 그것이 산 사람을 위한 것이냐 혹은 죽은 사람을 위한 것이냐 하는 것뿐이다. 피겨린이 도자 인형 혹은 영화와 만화, 게임 등에 나오는 캐릭터들을 축소해 거의 완벽한 형태로 재현한 인형이라면 토용은 죽은 사람을 위한 피겨린이다.

중국 진(秦)나라 시황제(始皇帝) 능에서 발견된 거대한 병마용(兵馬俑)의 용도도 마찬가지다. 흙으로 만든 이 군사들은 일차적으로는 죽은 시황제를 호위하는 역할을 하지만 보다 근원적인 의미를 찾아보면 죽은 이가 외롭지 않게 하려는 배려의 정서가 깔려 있다. 살아서 누린 권세와 영광을 죽어서도 누리게 해주려는 기원 혹은 욕망의 산물인 셈이다. 이런 점에서 토용은 우리나라의 '꼭두' 혹은 '똑둑'과 같다. 전통 장례식 때 사용하는 상여를 장식하는 나무 조각상이다. 꼭두는 인간 세상과 초월적 세계를 연결해주는 존재로, 저승으로 건너가는 길의 안내자인 동시에 저 세상으로 떠나는 영혼을 달래주고 즐겁게 해주는 위무자(慰撫者)의 역할을 했다.

중국 상대(商代)와 서주(西周) 시대에는 순장(殉葬)이 유행했다. 산 사람을 죽은 이와 함께 묻어 저승길이 외롭지 않도록 동행을 만들어준 것인데, 춘추시대 이후 순장이 사라지면서 사람을 본떠 만든 토용을 무덤에 넣는 새로운 습속이 유행하기 시작했다. 모양도 인물에서 동물이나 마차, 부엌 용구 등으로 차츰 종류가 많아졌다. 이렇게 무덤의 '껴묻기(부장)' 용도로 만든 토용이 점차 도자기 인형, 즉 '도용(陶俑)'으로 바뀌기 시작한 것은 전한(前漢) 말기부터다. 산화납(PbO)을 주성분으로 하는 고대 동양 유약(釉藥)의 중심인 연유(鉛釉)가 전국시대에 등장하기 시작해 한나라 때에 널리 사용되었기 때문이다.

연유를 발라 구운 도기는 광택이 좋고 투명도도 뛰어난데다, 여기에 금속산화물을 첨가하면 각종 색유(色釉) 제작이 가능하기 때문에 많은 인기를 얻었다. 예를 들어 동(銅)을 첨가하면 녹색 도기, 철을 넣으면 갈색과 홍색 도기, 코발트를 넣으면 청색 도기가 된다.

그러나 이 시절부터 연유를 사용해 만든 도기들은 주로 껴묻기용으로 사용했는데, 이는 산화납이 인체에 해로워 유약이 도기 표면에 묻어날 경우 매우 위험하다는 사실을 그 당시 이미 알고 있었던 것으로 추정된다. 실제로 서한과 동한 시대의 중심지인 창안(長安)과 뤄양(洛陽)에 사는 도공들의 사망률이 높았던 것으로 조사된 연구 보고가 있다. 아무튼 유약을 바른 도용은 당나라 때 매우 성행했고, 북송(北宋) 이후 점차 쇠락하지만 도용의 껴묻기 풍속은 명나라 때까지 이어졌다.

중국 당삼채(唐三彩)의
전통을 이은 피거린

지극히 개인적인 취향의 문제지만 도용의 최고봉으로는 당나라 때 등장한 '당삼채(唐三彩)'를 꼽고 싶다. '삼채', 즉 '세 가지 색깔'이란 단어는 철·아연·동·코발트·망간 등을 배합한 유약을 사용해 도자기를 구워내면 노란색, 녹색, 파란색, 하얀색을 띠는 데에서 그 이름이 유래했다.

한무제(漢武帝)가 실크로드를 개척하고 현재의 신장(新疆) 지역을 장악하면서 당나라 상류층에서는 서역풍이 크게 유행했다. 당시 유행을 반영한 삼채는 창안과 뤄양을 중심으로 성행하다가 '안사(安史)의 난' 이후에 쇠퇴하

1. 얼굴 표정까지 매우 사실적으로 포착한 아라비아 상인 도용. 중국국가박물관 소장.
2. 풍부한 얼굴 표정으로 풍자성을 표현한 당나라의 도용. 중국국가박물관 소장.

기 시작했다. 당나라 이후에는 삼채가 발견되지 않고 있어 문화재의 연대를 파악하는 시금석이 되기도 한다. 특히 당삼채에는 낙타 등 이전에는 볼 수 없었던 서역 동물과 아라비아 상인이 등장하고 있어 당나라가 활발한 대외 교역을 전개했다는 사실을 방증하고 있다.

당삼채 도용은 다채로운 색감뿐 아니라 그 생생한 표정이 도기라는 재료의 속성을 뛰어넘어 인간의 희로애락을 자유자재로 묘사해놓아 예술적 가치가 높다. 아마도 권세 있는 집안의 시종을 묘사한 것으로 보이는 녹색 복장의 도용(63쪽 아래 사진)을 보면 얼굴 표정이 상당히 사실적이고 절묘해서 절로 웃음이 나온다. 불만에 가득차서 뚱하게 부어 있는 얼굴 표정은 시종이 겪는 일상을 가감 없이 보여준다.

마이슨 도자기 회사에 있는 박물관에는 이미 명품의 반열에 오른 도용들, 즉 마이슨에서 제작한 피겨린이 전시돼 있다. 이 도자 인형들이야말로 중국의 당삼채가 그 뿌리다. 디자인의 우수성이라는 측면에서 보면 당삼채는 마이슨의 피겨린과는 비교도 되지 않는다. 그러나 천년이라는 긴 세월의 간극을 감안하면 얘기가 달라진다. 그토록 오래된 옛것임에도 요즘 것에 비해 별로 뒤지지 않는 기술과 미적 감수성이 있다. 이렇듯 중국에서 건너간 '도용 문화'는 마이슨을 비롯한 유럽 전역에서 활짝 꽃피었고, 그 전통은 지금까지 이어지고 있다.

유럽에서 좀 유명한 관광지에 가면 어김없이 기념품 가게에 전시돼 있는 것이 피겨린이다. 물론 값싸고 조악한 것도 많다. 그러나 오늘날 유럽에 광범위하게 퍼진 피겨린 문화는 도자 문화의 일부이고, 도자기와 피겨린은 떼려야 뗄 수 없는 동전의 앞뒤와 같다.

당나라 때 성행한 '당삼채' 도용으로
낙타와 아라비아 상인의 등장이 이채롭다.
중국국가박물관 소장.

1. 1760년 켄들러가 디자인한 아우구스트 3세의 손녀 흉상. 마이슨 도자기 회사가 1924년에 제작했다. 마이슨 도자기 박물관 소장. 2. 당시 유럽 사교계의 생활상을 보여주는 켄들러의 초기 피겨린. 3. 현대 회화 작품의 특성이 잘 드러나 있는 마이슨의 피겨린. 4. 마이슨의 클래식 버전 피겨린.

특히 마이슨의 피겨린은 장식품 그 이상의 의미를 지닌다. 한때 유럽 왕실 외교에서 피겨린은 빼놓을 수 없는 선물이었고, 피겨린을 통한 정치 외교가 꽃핀 시절이 있었다. 처음부터 피겨린이 선물을 통한 유럽 왕실 외교의 핵심이 된 것은 아니다. 마이슨이 백색 경질자기를 만들던 때에는 도자기가 최고의 선물이었다. 그전까지는 으레 은으로 만든 테이블웨어와 프랑스 연질자기인 파이앙스(Faience)* 도자기 그리고 유리 제품이 최대한의 '격식을 갖춘' 선물 세트 품목이었다. 그러나 마이슨 도자기가 등장한 이후 여기에 예물 품목 하나가 더 추가된 것이다.

피겨린이 유럽 왕실
외교의 꽃이 되기까지

마이슨 도자기가 유럽 왕실 외교를 위한 선물로 처음 사용된 것은 1713년의 일로, 아우구스트 1세가 친척인 하노버(Hanover) 선제후의 왕비이자 팔츠(Pfalz) 선제후 프리드리히 5세의 딸인 조피(Sophie, 1630~1714)에게 보낸 것이다. 광적인 도자기 수집가이자 감정가였던 조피는 죽을 때 수백 점의 도자기를 남겼는데, 이 중 남아 있는 것은 마이슨 찻잔과 받침 두 개뿐으로 런던 영국박물관에 보존돼 있다.

독일 하노버 왕가의 유물이 영국으로 건너가게 된 이유는 그녀가 바로 영국 왕 조지 1세의 어머니이기 때문이다. 가톨릭을 신봉하는 사람은 왕이 될 수 없고, 왕이 가톨릭교도와 결혼할 경우 그 자손은 영국 왕이 될 수 없다는 사실을 명문화한 왕위계승법(Act of Settlement)에 따라 조피는 스튜어트 가문의 마지막 왕으로 자식이 없던 앤(Anne, 1665~1714) 여왕

광택이 나는 프랑스 연질 자기. 프랑스 루앙, 이탈리아, 타국에서도 많이 생산하고 있었다. 스페인까지.*

마이슨 도자기 회사가 만든 발레리나 피겨린. 마이슨 도자기 박물관 소장.

의 계승자가 됐다. 조피는 스코틀랜드 여왕 메리 스튜어트(Mary Stuart, 1542~1587)의 증손녀이자 개신교도였다. 그러나 조피가 앤 여왕이 서거하기 바로 몇 주 전에 사망하자 왕위는 그녀의 아들 루트비히 게오르크에게 넘어갔고, 그는 조지 1세(George I, 1660~1727)로 즉위했다.

이렇게 아우구스트 1세가 시작한 도자기 선물이 점차 흔해지자, 켄들러의 등장 이후 독창적인 피겨린이 새로운 선물로 인기를 끌면서 왕실과 귀족, 수집광들의 표적이 됐다. 특히 마이슨 피겨린은 가장 값어치 있는 선물로 여겨져 주요 외교 행사 때 사용됐다. 작센의 아우구스트 3세(August III, 1696~1763)는 1745년 프로이센의 공주 조피 프리데리케 아우구스테 폰 안할트-체르브슈트(Sophie Friederike Auguste von Anhalt-Zerbs, 1729~1796, 나중 예카테리나 2세)와 러시아 황위 계승권자 표트르 대제의 손자인 홀슈타인 고토르프(Holstein-Gottorp) 공작 카를 페터 울리히(Karl Peter Ulrich, 1728~1762, 나중 표트르 3세)와의 결혼 선물로 마이슨 도자기 세트를 보냈다. 작센과 러시아의 동맹 관계를 굳건히 하기 위한 이 도자기 세트에는 식기와 찻잔, 다수의 피겨린이 포함돼 있었다. 후에 예카테리나 2세는 마이슨 도자기 회사에 40개의 피겨린 작품을 특별 주문했는데, 그녀는 이것을 상트페테르부르크(St. Peterburg)에서 남쪽으로 39km 떨어진 푸시킨 시의 여름 궁전을 장식하는 데 사용했다(자세한 내용은『유럽 도자기 여행 : 북유럽편』참조). 이 궁전은 1762년 권좌에 오른 예카테리나 2세가 어린 시절 남편 표트르 3세와 불행한 결혼 시절을 보상받기 위해 구축한 쉼터이자 피난처였다. 오직 자신을 위한 여름 별궁을 원한 그녀의 바람은 동양 도자기들로 장식한 '중국 궁전'으로 실현됐다. 이 점에서

1. 1912년 파울 슈리히가 디자인한 작품. 마이슨 도자기 박물관 소장. 2. 퐁파두르 부인이 사랑한 두 애완견 '앵'과 '미미'.
마이슨 도자기 박물관 소장.

예카테리나 여제와 아우구스트 1세는 매우 닮았다. 자신만을 위한 도자기 방이나 궁전을 꾸미는 것은 당시 유럽의 왕실과 귀족을 비롯한 사교계에서 유행하던 아주 호사스러운 취미였다.

여왕, 애완견
피겨린을 만들다

예카테리나 2세를 위한 피겨린 제작은 1772년부터 1775년까지 3년여에 걸쳐 진행했는데, 이 작업은 켄들러와 또 다른 디자이너 미셸 빅토르 아시에(Michel Victor Acier, 1736~1799)가 맡았다. 또 예카테리나 여제는 애완견인 '리제타(Lisetta)'의 모습을 본뜬 피겨린을 특별 주문하기도 했다. 그녀는 리제타를 그린 초상화를 마이슨 도자기 회사에 직접 보낼 정도로 피겨린에 빠져 있었다고 한다.

예카테리나 여제처럼 애완견 피겨린을 주문한 또 다른 여인은 프랑스 루이 15세(Louis XV, 1710~1774)의 정부이자 로코코 문화의 상징으로 유명한 퐁파두르 부인(Madame Pompadour, 1721~1764)이다. 그녀는 앵(Ines)과 미미(Mimi)라는 두 애완견을 영원히 곁에 두고 싶은 마음에 이들의 피겨린 제작을 마이슨 도자기 회사에 의뢰했다. 이 외에도 마이슨 도자기를 외교 선물로 받은 왕실이나 주요 인물은 수없이 많다. 덴마크 프레드리크 4세와 프랑스 루이 14세도 마이슨의 초창기 테이블웨어를 선물로 받았고, 프리드리히 빌헬름 1세(Friedrich Wilhelm I, 1688~1740, 재위 1713~1740)는 거꾸로 아우구스트 2세에게 중국 도자기를 선물한 적도 있다.

당시 유럽 사교계에서는 만찬 때 설탕으로 만든 인형이나 장식품으로 식탁

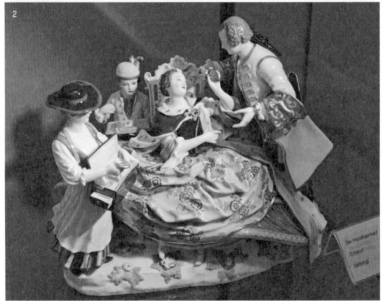

1. 1755년 프리드리히 엘리아스 마이어(Friedrich Elias Meyer)가 디자인하고, 1934년 마이슨 도자기 회사가 제작한 '말라바르(Malabar)의 연주가들'. 2. 켄들러가 제작한 피겨린 작품.

을 장식하곤 했다. 설탕 장식품은 여간 품이 드는 일이 아니었다. 그러던 차에 켄들러 피겨린의 등장은 설탕 장식품보다 값은 훨씬 비싸지만 모든 요리사의 수고를 덜어주는 단비와도 같았다.

마이슨 도자기는 프랑스와의 예술적 교류를 통해 한층 더 성숙해지고 문화적 층위도 다양해졌다. 마이슨은 프랑스 화가들, 이를테면 로코코 미술을 대표하는 장 앙투안 와토(Jean Antoine Watteau, 1684~1721)의 그림을 구입해 회화 속 요소들을 도자기 제품이나 피겨린 장식으로 활용했다.

와토는 프랑스 궁전과 상류사회의 풍속도를 로코코 특유의 테마와 정서로 잘 표현했기 때문에 그의 그림을 보면 당시 프랑스 상류계의 모습을 잘 알 수 있다. 와토의 그림에서 영감을 얻어 탄생한 것이 구리를 활용한 '구리-그린 와토 회화 기법'이며, 이 기법을 이용해 제작한 '그린 와토 서비스(Green Watteau Service)'는 1749년 작센 왕가에 헌정됐다. 와토의 그림을 도자기에 표현하기 위해 구리를 활용한 이 기법은 오늘날에도 마이슨 도자기에서 사용하고 있는데, 매우 복잡한 도자 장식 기술의 하나로 인정받고 있다. 18세기 이후 프랑스 화가들은 지금도 여전히 마이슨 도자기 장인들에게 영감을 주고 있는 듯하다. 그와 동시에 마이슨 도자기에 표현된 이러한 이미지 구성 요소들은 매우 독창적인 형태로 부활하고 있다.

켄들러가 주도한 마이슨 3기는 표면적인 그릇 형태를 탈피해 입체적인 예술품으로 나아가는 시기였다. 켄들러는 장식성이 돋보이는 도자기를 많이 만들었고, 특히 도자기를 두 번 구운 다음 그림을 그려 넣던 방식에서 벗어나 900℃에서 구운 초벌구이에 직접 코발트블루로 그림을 그린 후 유약을 입혀 1,450℃에서 두 번 굽는 공정을 완성했다.

1. 마이슨 도자기의 찻주전자. 우아함의 극치라고 표현할 수밖에 없다. 2. 마이슨 도자기 박물관에 있는 기념품 숍의 디스플레이. 3. 도자기로 만든 수국. 꽃향기가 풍겨날 것처럼 생생하게 묘사했다. 마이슨 도자기 박물관 소장.

1775년 헤롤드와 켄들러라는 두 걸출한 장인이 공교롭게도 같은 해에 세상을 떠나자 마이슨은 프랑스 출신의 조각가 미셸 빅토르 아시에를 영입했다. 마이슨 4기에 접어든 이때부터 마이슨 도자기는 로코코에서 네오클래식(신고전주의)으로, 약간은 단조로운 스타일로 변한다. 유명 화가들이 그린 꽃과 과일 그리고 나비 같은 곤충을 소재로 한 그릇들을 제작하기 시작한 것도 이 무렵이다.

장미 패턴은 마이슨 테이블웨어의 클래식이다. 마이슨의 장미는 분홍과 노랑, 두 종류가 있다. 현재 마이슨 도자기 박물관에서 파는 커피 잔이 개당 500유로 정도이니 마이슨 도자기로 식기 한 세트를 장만하려면 고급 승용차 한 대 가격은 너끈히 넘는다. 여기에 피겨린까지 더하면 서울의 집 한 채 가격이 들어갈 수도 있다. 왜 도자기를 '화이트 골드'라고 부르는지 이해할 수 있는 대목이다. 그러나 수요가 생산의 어머니라는 사실은 만고의 진리다. 그래서 중산층을 위한 '서민들의 쯔비벨무스터'가 등장하게 된 것이다.

파리 오트 쿠튀르 패션쇼의 모티브가 되다

마이슨 도자기는 회화뿐 아니라 예술의 다양한 장르를 도자로 표현하기 위해 애를 썼다. 이사도라 덩컨(Isadora Duncan, 1877~1927)과 함께 현대무용을 개척한 로이 풀러(Loie Fuller, 1862~1928)의 모습을 담은 피겨린 제작이 대표적인 예다. 풀러는 무용에 전기 조명을 이용했는데, 넓고 긴 스커트를 펼쳐 흔들며 여러 가지 불빛을 비추는 '스커트 댄스(Skirt Dance)'를 선보였다. 이사도라 덩컨과 마찬가지로 무용음악보다는 베토벤, 멘델스존,

드뷔시 등 콘서트 음악에 따라 춤을 춘 최초의 무용가이기도 하다.

자유롭고 개성적인 표현력을 강조한 그녀의 1892년 파리 데뷔 공연은 유럽 예술계에 일대 충격을 안겨줬다. 앙리 드 툴루즈 로트레크(Henri de Toulouse Lautrec, 1864~1901) 등 많은 화가가 그녀의 공연에서 영감을 얻었다. 마이슨의 피겨린은 긴 스커트나 베일을 이용해 몽환적이고 자유로운 로이 풀러의 몸짓을 잘 표현하고 있다. 오늘날 마이슨의 현대적 피겨린들은 이런 전통을 이어받은 것이다.

마이슨은 파리의 패션계와 협업하기도 한다. 오늘날 샤넬의 명성을 이끌었던 수석 디자이너 칼 라거펠트(Karl Lagerfeld, 1933~2019)는 1998년 여름 샤넬 오트 쿠튀르에서 마이슨이 제작한 스팽글과 버튼 등 수백 개의 오브

1. 미국 현대무용가 로이 풀러를 묘사한 마이슨의 피겨린. 2. 샤넬의 1994년 파리 오트 쿠튀르 협업을 기념한 피겨린. 마이슨 도자기 박물관 소장.

제를 작품에 사용했다. 마이슨은 또 여기에서 영감을 얻어 오트 쿠튀르 진출

을 기념하는 피겨린을 제작했다. 예술은 이렇게 '혼혈'을 통해 그 깊이와 넓

이를 확대해나간다.

이탈리아 출신 디자이너 잠바티스타 발리(Giambattista Valli, 1966~)의

'2013/2014년 오트 쿠튀르'의 주제도 바로 도자기였다. 그는 사라 제시카

파커나 페넬로페 크루즈 등 많은 셀러브리티가 선호하는, 현재 유럽에서 가

장 아름다운 드레스를 만들어내는 디자이너로 꼽힌다. 잠바티스타 발리는

패션쇼에서 마이슨과 영국의 웨지우드(Wedgwood)에서 영감을 받은 드레

스를 선보였는데, 마이슨 도자기 패턴은 '마이슨의 디바들(Meissen Divas)'

이라는 작품으로 등장했다. 이렇게 마이슨의 꽃과 나비들은 차갑고 오래된

도자기 속에서 화사하게 부활해 생명력을 얻었다.

디자이너들과의 협업은 마이슨이 패션 산업에도 눈을 뜨게 만들었다. 마이

슨은 각광받는 신예 디자이너 프리다 베위어(Frida Weyer)를 내세워 2013

년 5월 파리의 고급 기성복 시장에 진출했다. '마이슨 쿠튀르'는 1년에 두 번

밀라노의 '모다 돈나(Moda Donna)'에서 선보인다. 도자기 회사의 패션 실

험이 마이슨의 영광을 재현하는 성공작이 될지, 아니면 무모한 도전기로 끝

을 맺을지는 참 흥미로운 대목이 아닐 수 없다.

패션 디자이너
잠바티스타 발리가
디자인한 '마이슨의
디바들' 가운데 한
착장. 마이슨 도자기에
자주 등장하는 꽃과
나비를 모티브로 한
드레스.

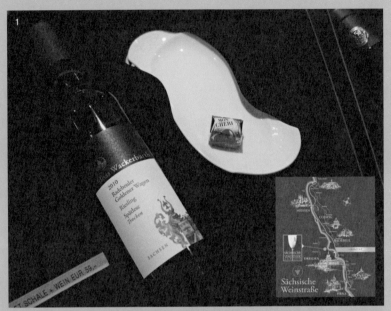

1. 마이슨 도자기 박물관의 와인 선물 세트와 작센 주의 '와인 가도'를 나타낸 지도.
2. 마이슨 도자기 회사의 포도 넝쿨 찻잔 세트.

Tip 마이슨 도자기 박물관을 즐기는 세 가지 방법

01. 스파클링 와인 젝트(Sekt) 도자기의 유명세에 가려져 있지만 마이슨은 와인의 고장이기도 하다. 엘베 강을 따라 피르나(Pirna)부터 마이슨까지 경사진 언덕에 계단식 포도밭이 조성돼 있는데, 이를 '작센 와인 가도(Sächsische Weinstraße)'라 한다.

이 지역의 포도는 리슬링과 머스캣의 교배 품종인 '골드리슬링'이 유명하고, 오로지 작센 지방의 작은 면적에서만 재배된다. 그러나 여행자들이 주목해야 할 품종은 '가난한 사람의 샤르도네'로 불리는 바이스부르군더(Weissburgunder), 즉 피노 블랑(Pinot Blanc)이다.

포도의 신맛과 감귤류의 향취가 살아 있는 스파클링 와인 젝트는 마이슨의 특산품. 와인 애호가라면 박물관을 들러보고 나서 마이슨 시내의 카페테라스에 앉아 향긋한 향을 음미하며 젝트 한 잔 마실 것을 권한다. 보글보글 일어나는 공기 방울을 보고 있노라면 마이슨이 도자기를 만들기 시작한 300년 역사의 깊이를 느낄 수 있을 것이다.

-----

02. 마이슨의 포도 넝쿨 시리즈 와인의 고장에 자리잡은 도자기 회사가 와인 관련 상품을 만들어내는 것은 지극히 당연하다. 마이슨 도자기 박물관에서는 이 지역 와인과 도자기를 한데 묶은 선물 세트를 판매한다. 사방에 포도밭이 널려 있으므로 마이슨 도자기 문양에 포도 넝쿨이 빠질 리 없다. 마이슨의 포도 넝쿨 시리즈는 5기의 시작이라 할 수 있는 1817년 이후 도예학교 학생들이 유약 처리 전에 산화크로뮴을 이용한 녹색 안료를 사용해 그림을 그려 넣는 방법을 개발하면서 시작됐다.

마이슨 도자기는 유럽의 예술과 문화에서 결코 빼놓을 수 없는 오브제의 하나인 포도 넝쿨 무늬를 풍요로움과 여유, 넉넉함으로 표현했다. 아무리 디지털 문명이 주류라지만 손으로 직접 흙을 빚어 모양을 만들고 무늬를 입히고 그림을 그려 불에 구운 도자기로 차를 마시는 품격은 그 어떤 것도 대체할 수 없을 것이다. 마이슨 도자기 박물관 2층에는 레스토랑과 카페가 있어 마이슨 도자기 제품으로 식사와 음료를 즐길 수 있다. 레스토랑 메뉴는 24유로부터 시작한다.

-----

03. 도자기로 만든 파이프오르간 마이슨 도자기 박물관에는 도자기로 만든 세계 최초의 파이프오르간이 있다. 이 파이프오르간은 아우구스트 1세의 지시로 만든 것이다. 소리가 나오는 공명통(파이프)이 자기이니, 이곳에서 나오는 소리와 금속이나 나무로 만든 파이프의 소리가 어떻게 다른지 비교해보자.

15~20분 동안 울려 퍼지는 연주를 들으려면 운이 좋아야 한다. 그룹 방문자들이 사전 예약으로 150유로의 연주료를 내야 파이프오르간의 건반이 열리기 때문이다.

마이슨 도자기 박물관

주소 Talstraße 9, 01662 Meißen, Germany
개관 시간 5월 1일~10월 31일 09:00~18:00, 11월 1일~4월 30일 09:00~17:00,
12월 31일 · 1월 1일 10:00~16:00
휴관일 12월 24일~26일(주말 · 공휴일 정상 개관)
입장료 성인 9유로, 맞춤형 특별 가이드 225유로(사전 예약제)
홈페이지 www.meissen.com

CHAPTER

4

드레스든에서
조선 도공의 숨결을
느끼다

도자기와 타일은 피를 나눈 형제

1. 2. 드레스든 신시가지와 구시가지를 잇는 중심 다리인 아우구스트 다리 밑 타일 벽화

파괴와 질곡의 도시,
드레스든

베를린에서 남쪽으로 189km, 마이슨에서 동남쪽으로 24km 거리에 자리한
드레스든(Dresden)은 유럽 도자기 역사에서 가장 중요한 도시다. 드레스든
이 있었기에 마이슨의 전설이 가능했기 때문이다. 마이슨에서 차로 30여 분

마이슨의 동양자기 모방은 지금도 계속되고 있는 현재진행형이다. 어쩌면 더 뛰어난 성취를 보이고 있는 듯도 하다.

달리면 드레스든 중심지의 엘베 강변에 도착한다. 체코에서 발원해 드레스든과 함부르크를 거쳐 북해로 빠져나가는 이 물줄기는 라인 강처럼 드레스든의 번영을 가져왔다. 드레스든은 '인간의 의지'가 세운 도시다. 잦은 전쟁으로 번번이 도시가 쑥대밭이 됐으면서도 그때마다 재건으로 도시의 부흥을 견인했고, 결국 '엘베의 피렌체'라는 찬사를 얻어냈다.

드레스든은 가톨릭과 개신교 사이에 일어난 최후이자 최대의 종교전쟁인 30년 전쟁(1618~1648)의 주 무대가 독일이다 보니 그 와중에 크게 훼손됐고, 1685년에는 대화재가 발생해 도시 전체가 화염에 휩싸였다. 또 '18세기의 세계대전'으로 일컬어지는 7년 전쟁 때에는 프로이센 군대의 막강한 포격을 받아 또 한 번 도시가 대파됐으며, 나폴레옹 전쟁 때에는 나폴레옹이 드레스든을 작전기지로 삼아 적지 않은 손상을 입었다. 제2차 세계대전이 끝나가던 무렵에는 미·영 연합군 공군의 융단 폭격으로 도시의 90% 이상이 처참하게 파괴됐다. 이후 동독에 속해 피폐해진 과정까지 포함하면 300여 년 동안 무려 일곱 번의 혹독한 시련을 겪은 셈이다. 그럼에도 오늘날의 드레스든은 언제 그런 일이 있었느냐는 듯 산뜻하고 쾌활한 모습을 보여준다. 자그마치 44개의 박물관, 56개의 갤러리, 36개의 무대가 있는 문화 도시로 탈바꿈한 것이다.

그런데 피렌체에 버금가는 예술 도시로서 명성을 쌓아 드레스든 시민들이 자부심을 갖도록 기초를 닦은 인물이 아우구스트 1세라는 사실이 참 재미있다. 강력한 지배력을 발휘해 이름에 'The Strong'이란 형용사가 붙은 '강건왕' 아우구스트 1세. 그는 엘베 강 유역에 '북쪽의 베네치아'를 만들고자 했으며, 이곳을 베를린보다 크고 베르사유 궁전처럼 화려한 도시로 꾸미고

아우구스트 다리 위에서 바라본
'브륄의 테라스' 전경.

자 했다. 그는 단순한 '탕아'가 아니었던 것이다. 아마도 그래서 괴테가 이 도시를 일컬어 "드레스든은 정말 사랑스러운 도시이다. 그리고 한마디 덧붙일 수 있다면, 결코 떠나고 싶지 않은 곳이다"라고 말했는지도 모르겠다.

드레스든에서 도자기 역사와 깊은 연관이 있는 곳은 세 군데다. 그중 가장 대표적인 곳이 '유럽의 발코니'라 불리는 브륄의 테라스 근처에 있는 '군주의 행렬(Fürstenzug)'이란 타일 벽화다.

폭격에서 살아남은 '군주의 행렬'

이 벽화가 오늘날까지 보존된 것은 온전히 '하나님이 보호하사'다. 무려 800대의 연합군 폭격기가 동원돼 4천 톤의 폭탄이 떨어지는 생지옥 속에서도 살아남은 것이니 그야말로 기적이라 할 수밖에 없다. 레지덴츠 궁전(Residenzschloss)에 딸린 왕실 마구간으로 지은 건물이 슈탈호프 (Stallhof)인데, 폭격으로 레지덴츠 궁전이 크게 파괴되는 와중에도 슈탈호프는 화를 면했다. 그 덕분에 슈탈호프 외벽에 그려진 벽화가 오늘날까지 모습을 유지하고 있는 것이다.

벽화의 이름이 '군주의 행렬'인 이유는 작센 공국을 다스린 베틴(Wettin) 가문의 역대 군주들을 연대기처럼 그려놓았기 때문이다. 처음에는 그림을 그려놓았으나 점점 손상이 심해지자 1906년에 마이슨 자기로 아예 타일을 만들어 벽화를 완성했다. 길이 102m, 높이 9.5m로 타일 벽화로는 세계에서 가장 길다. 총면적 969㎡에 사용한 타일의 개수만 2만 3,921개다. 1127년부터 1904년 사이에 이 지역을 통치한 역대 군주 35명 외에도 59명의 과학자와

1. 타일 벽화로는 세계에서 가장 긴 '군주의 행렬', 벽화의 끝 부분에 해당한다.
2. '군주의 행렬' 앞부분으로, 드레스덴의 초대 군주 콘라트 후작과 두 번째 군주 오토 2세가 나란히 말을 타고 지나가는 모습이다.

예술가, 농부 등을 함께 그려놓았다. 재미있는 것은 이 벽화를 그린 화가 빌헬름 발터(Wilhelm Walther)도 행렬 끝 부분에 들어가 있다는 사실이다. 자신이 연출한 영화에 슬쩍 얼굴을 내비치거나 카메오로 출연하는 영화감독처럼 말이다.

이 벽화와 관련해 또 한 가지 놀라운 사실은 폭격에 훼손된 타일이 고작 200장에 불과해 그것만 새로 교체했다는 점이다. 이는 과연 문화유산의 손상을 우려한 연합군 조종사들의 놀랍도록 정교한 폭격 솜씨 덕이었을까?

사진으로 봐도 확연하게 알 수 있듯이 타일 벽화의 묘사는 매우 섬세하고 정교하다. 마치 거대한 벽에 드로잉 펜으로 잉크를 찍어 세밀하게 그린 펜화처럼 보인다. 불에 구워 만든 타일로 이런 예술 작품을 창조해낸 정성과 끈기, 열정에 숙연해질 따름이다.

물론 남쪽 포르투갈에 가면 이에 전혀 뒤지지 않는 타일 벽화가 즐비하다. 코발트블루 안료를 사용한 청화백자 타일이어서 벽이나 건물 전체가 하나의 거대한 청화백자처럼 보인다.

유럽의 타일 벽화는
뿌리가 같은 형제

도자와 타일은 같은 피가 흐르는 형제다. 1,300℃ 이상의 고온에서도 갈라지지 않고 견딜 수 있는 흙은 자기로, 견디지 못하는 흙은 타일로 그 운명이 나뉜다. 따라서 도자 기술이 발달하면 타일 제조 기술도 절로 발전한다. 도자기는 초벌구이 위에 손으로 그림을 그려 다시 구워내는 것이니 도자기 그림을 잘 그리는 장인들은 타일 위에도 그림을 잘 그린다.

불행하게도 포르투갈은 도자기를 구워낼 수 있는 좋은 흙을 발견하지 못했다. 제아무리 포르투갈이라 해도 도자기를 구워낼 수 있는 가마 기술은 동양의 것을 따라갈 수 없었다. 그래서 흙으로 빚는 예술적 감성이 도자기가 아닌 타일로 흘러간 것이다. 스페인도 마찬가지다. 스페인의 도자기는 타일과 세계적인 명품 야드로(Lladró) 피겨린의 명성에 가려 있다. 타일은 스페인의 수출품 가운데 상위에 올라 있는 주력 제품이다.

포르투갈의 청화백자 타일이나 드레스덴의 '군주의 행렬' 벽화 타일은 그 뿌리가 같다. 마이슨의 타일은 중국이나 일본의 영향을 받아 독자적으로 개발한 것이고, 포르투갈의 타일은 일본에서 도자기를 수입하던 네덜란드의 델프트(Delft)에서 독자적으로 개량한 타일 기술이 포르투갈로 흘러 들어가

유제품 가게 '푼트 형제의 낙농장'의 화려한 천장 장식.

츠빙거 궁전 옥상에서 내려다본 궁정
정원의 모습. 츠빙거는 다른 궁전과
달리 옥상을 개방하고 있다.

다시 발전한 것이다.

물론 이베리아 반도에는 이와 다른 또 한 줄기의 흐름이 있다. 오래전 8세기의 북아프리카 무어 인이 스페인과 포르투갈을 지배하던 시절에 그라나다 알람브라 궁전과 세비야 알카사르를 비롯해 수많은 건축물을 장식한 이슬람의 빛나는 타일 문화가 있었다. 기독교 왕국에 의한 레콩키스타(Reconquista: 국토 복원 운동)의 기치 아래 그 흐름이 잠시 끊겼지만, 과거 '세비야 타일'의 명성은 오늘날 '발렌시아 타일'로 화려하게 되살아났다.

어쨌든 드레스든의 '군주의 행렬'이나 이베리아 반도의 수많은 타일 벽화는 모두 흙을 불로 다스려 만든 동양의 정수(精髓)가 전해져 생성된 걸작들이다. 겉으로는 상당히 다른 모습을 취하고 있어도 속을 파보면 같은 피가 흐

드레스든 관광의 중심지인 츠빙거 궁전 앞 광장

르는 형제이며 이들의 어머니는 동양 3국, 즉 한국, 중국, 일본이다.

유럽 왕실의 호사스러운 취미,
시누아즈리

드레스든에서 도자기 마니아들이 둘러봐야 할 두 번째 장소는 츠빙거 궁전이다. 독일어로 츠빙거는 '궁전 밖의 공터'를 의미한다. 레지덴츠 궁전 밖에 있는 공터에 축제 장소로 지은 건물이어서 츠빙거 궁전이라고 부른 것이다. 이 궁전은 프랑스와 이탈리아 여행에서 자극을 받은 아우구스트 1세의 명령으로 궁정 건축가 마토이스 다니엘 푀펠만(Matthäus Daniel Pöppelmann)이 1710년 착공해 1728년에 완성했다. 이때는 지금처럼 'ㅁ' 자 형태가 아닌 'ㄷ'자 형태였다. 푀펠만은 ㄷ자의 비어 있는 부분에 다시 회랑을 지어 완벽한 사각형을 만들고자 했는데, 1733년 아우구스트 1세가 사망하면서 자금이 부족해 착공을 미루다 아우구스트 2세가 1847년부터 1855년까지 약 8년에 걸쳐 완공했다.

17세기 초반 유럽 왕실에서는 '시누아즈리'라고 불린 중국풍의 동양 문물이 크게 유행했다. 당시 네덜란드 동인도회사는 1년에 최대 800만 점의 도자기를 중국과 일본에서 유럽으로 실어 날랐다. 유럽 상류층에서는 동양에서 수입한 도자기로 동양의 차와 커피, 초콜릿 등을 즐기는 것이 가장 사치스러운 여가 생활이자 호사스러운 취미 중 하나였다.

네덜란드는 원래 발트 해 주변의 상품을 포르투갈 리스보아(Lisboa)로 가져와 포르투갈 상선이 동양에서 갖고 온 물품과 맞바꾸는 방식으로 교역을 했다. 그러나 이에 대해 스페인이 압력을 가해오자 네덜란드는 직접 동양

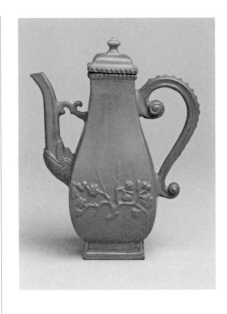

과 교역을 추진하는 쪽으로 방향을 잡았다. 보다 효율적인 무역과 영국 및 스페인과의 경쟁을 위해 1602년 네덜란드 동인도회사를 출범시킨 것이다. 그러자 효력(?)은 금방 나타났다.

1602년과 1604년 동인도회사는 중국에서 물품을 가득 싣고 돌아가던 포르투갈 상선 산타리나(Santarina)호와 카타리나(Catharina) 호를 강탈해 상선에 실려 있던 물품들을 암스테르담으로 가져갔다. 이 가운데에는 중국 도자기 수십만 점이 있었고 동인도회사는 이를 경매에 부쳤다. 그 결과는 유럽 왕실 전체를 뒤흔들었다. 프랑스의 앙리 4세, 영국의 제임스 1세를 위시해 수많은 귀족이 경매에 뛰어들었으며 너나없이 앞다퉈 도자기를 구매했다. 며칠 만에 그 많은 물품이 모두 팔려나갔고, 네덜란드 동인도회사가 거둔 이익은 천문학적 숫자였다(자세한 내용은 『유럽 도자기 여행 : 북유럽편』 참조).

이 소식이 유럽 전역으로 퍼져 나가면서 또 다른 흥분과 경쟁을 몰고 왔다. 중국 도자기의 우수성과 미학성에 매료된 유럽의 실력자들이 속속 아시아로 눈을 돌려 어떻게 하면 중국 도자기를 획득할 수 있을지 관심을 갖기 시작한 것이다. 중국 역시 이에 부응할 준비가 돼 있었다. 1673년 청나라 4대

유럽 최초로 경질자기의 초석이 된 뵈트거의 석기 제품.

황제 강희제(재위 1661~1722)는 명나라 때의 쇄국정책을 풀고 해상 교역 금지령을 취소했다. 그가 내린 교지에는 "강남의 저장(浙江)·푸젠(福建)·광둥(廣東) 성 일원의 백성들은 상선을 이용해 바다에 나가 무역하는 것을 허락한다"는 내용이 담겨 있었다.

조선 도공 이삼평의 손길을 느끼다

드레스든의 아우구스트 1세가 동양 도자기를 미친듯이 사 모으기 시작한 것도 마이슨에서 유럽의 첫 경질자기 작품을 만들던 1710년부터다. 그의 사재기는 1730년까지 계속됐고, 마침내 유럽에서 가장 많은 동양 도자기 컬렉션을 보유한 갤러리를 완성했다. 1728년 츠빙거 궁전이 완성돼 옛 궁전에서 옮겨온 동양 도자기와 마이슨 도자기는 총 2만 3,000여 점. 목록만 해도 884쪽에 달하는 엄청난 양이었다. 1735년에는 수집품 수가 3만 5,000여 점으로 늘어났다. 이 컬렉션들을 보관한 방은 중국산 실크로 벽을 도배했고, 동양 전통의 옻칠을 한 장식장을 들여놓았다. 당시에는 왕실이나 다른 귀족들에게 권력을 뽐내기 위한 방편으로 '시누아즈리'에 버금가는 것은 없었다.

그러나 프리드리히 아우구스트 1세의 조카로서 왕위를 계승한 프리드리히 아우구스트 2세는 도자기보다 그림과 음악에 더 관심이 많았다. 그 덕에 츠빙거 궁전의 회화 박물관은 라파엘로가 그린 '시스티나 성모마리아'를 비롯해 이탈리아 르네상스 시대와 바로크 시기의 작품은 물론 플랑드르 명작들을 소장해 독일에서 가장 중요한 갤러리이자 세계적인 미술관이 됐다. 이 시절에는 아우구스트 1세의 도자기들이 지하실로 옮겨져 방치되기도 했다.

1. 드레스든 도자기 박물관의 중국 도자기들. 2, 3. 중국 도자기를 모방한 1730년 마이슨 도자기.

드레스든 도자기 박물관을 둘러볼 때에는 마음이 그리 편하지 않다. 박물관의 출발이 아리타 도자기에 대한 아우구스트 1세의 넘치는 애정에서 촉발한 것일뿐더러 일본 도자기의 영향력을 곳곳에서 확인할 수 있기 때문이다. 네덜란드 동인도회사가 유럽으로 들여온 아리타 도자기는 100여 년 동안 공식 기록만 해도 120만여 점이 넘는다. 비공식적인 것까지 합치면 이의 2~3배가 넘을 텐데 이럴 때마다 조선 도자기의 영예와 자취는 어디로 사라진 것인지 착잡하기 그지없다. 알려져 있다시피 일본 도자기의 시발은 아리타 도자기이고, 아리타 도자기는 조선 도공 이삼평(李參平, ?~1655)에 의해 시작됐다. 다시 말해 일본 최초의 도자기는 조선 도공의 손에서 탄생했다.

도요토미 히데요시(豊臣秀吉, 1537~1598)가 일본 열도를 통일할 무렵 일본 무장들 사이에 다도가 크게 유행했다. 다도계의 거목 센 리큐(千利休, 1522~1591)가 고려 도자기를 유난히 사랑해서 히데요시를 비롯한 일본의 무장들도 자연스럽게 고려자기에 많은 관심을 가지고 있었다. 임진왜란 때 사가 현(佐賀縣)의 영주 나베지마 나오시게(鍋島直茂, 1536~1618)는 1만 2,000명의 군사를 이끌고 조선 땅에 쳐들어왔다가 일본으로 퇴각할 때 수천 명의 도공을 붙잡아가서 일본에 정착시키고 도자기를 굽게 했다. 이때 일본으로 끌려간 이삼평 역시 가나가에 산베에(金ヶ江三兵衛)라는 일본 이름을 얻고 도자기를 만들 때 필요한 고령토를 찾아다녔는데, 그 결과 아리타에 있는 이즈미야마(泉山)에서 태토(胎土)를 발견해 이곳에 가마를 만들고 일본 최초의 백색 도자기를 만들기 시작했다. 1616년의 일이다.

이후 1643년경 사카이다 가키에몬이라는 사람이 아리타 3대 양식 중 하나인 가키에몬 스타일을 완성했고, 이것이 아우구스트 1세의 눈을 사로잡은 것이다. 그러니 드레스든에 전시돼 있는 일본과 마이슨 도자기의 모든 것이 조선 도공 이삼평의 손에서 시작됐다고 한다면 너무 과장일까? 드레스든 박물관 입구 안쪽 벽에도 다음과 같은 안내 문구가 붙어 있다.

"일본 도자는 조선 도공 이삼평으로부터 시작됐다."

이러니 어찌 마이슨 도자기와 드레스든이 남달라 보이지 않을 수 있으랴. 비록 물리적 시간과 공간은 떨어져 있지만 조선 도공 이삼평은 이곳 이역만리 드레스든과 마이슨에서도 여전히 살아 숨 쉬고 있다.

설치미술 작품 같은 '예술적 건물 통로'

드레스든은 엘베 강을 경계로 츠빙거 궁전 등이 있는 구시가(Altstadt: 알트슈타트)와 신시가(Neustadt: 노이슈타트)로 나뉜다. 지도를 보면 엘베 강 위쪽이 노이슈타트인데, 알트슈타트와 달리 모던한 디자인이 돋보이는 건축물과 경쾌한 분위기가 이 지역의 특징이다. 어찌 보면 드레스든 시민들의 소탈한 문화적 감수성이 더 잘 드러나는 곳은 노이슈타트다. 그러므로 드레스든에 오면 알트슈타트에만 있지 말고 아우구스트 다리를 건너 노이슈타트 지역도 들러보길 권한다.

노이슈타트에서 먼저 둘러보아야 할 곳은 쿤슈토프파사게(Kunsthofpassage)이다. 그대로 직역하면 '예술적 건물 통로'로, 바르셀로나나 비엔나처럼 건물 외벽을 갖가지 벽화와 타일로 장식하거나 현대의 설치미술처럼 꾸민 독

특한 건물들이 모여 있다. 미로 속을 헤매다 뜻하지 않은 보물을 찾아낸 느낌이 이럴 것이다. 실제로 찾기도 쉽지 않다.

사진에 보이는 곳은 '원소의 뜰(Hof der Elemente)'이란 이름을 가지고 있는데, 건물의 모든 파이프를 건물 외벽에 설치해 악기 모양으로 디자인한 것이 인상적이다. 비가 올 때면 빗물이 나팔 모양으로 휘어진 파이프를 통해 아래로 떨어지고 그렇게 떨어진 물은 다시 나팔 모양의 기둥에 모여 작은 분수를 이루는데, 빗물이 파이프를 흘러갈 때 나는 독특한 소리와 어우러져 종합적인 시청각 예술이 따로 없을 정도다. '원소의 뜰'에는 황금색 알루미늄판

1. 쿤슈토프파사게 '원소의 뜰'에 있는 또 다른 건물. 건물 외벽에 높은 가지에 달린 나뭇잎을 먹는 기린의 모습을 재현했다.
2. 쿤슈토프파사게 '원소의 뜰'. 건물의 모든 파이프를 외벽에 배치해 악기 모양으로 디자인했다.
3. '원소의 뜰'에 있는 건물로, 황금빛 알루미늄판은 햇빛이 닿으면 노란 낙엽처럼 반짝거린다.

이 마치 포스트잇처럼 붙어 있는 색다른 건물도 있다. 자칫 밋밋할 수 있는 건물 외벽을 이처럼 단순한 장식으로 지루하지 않게 바꾸어놓은 창의력에 입이 다물어지지 않는다. 알루미늄판에 햇빛이 닿으면 눈부신 가을날의 노란 낙엽들처럼 반짝반짝 빛이 난다.

세계에서 가장 아름다운
유제품 가게

노이슈타트에서 꼭 들러야 할 또 다른 장소는 세계에서 가장 아름다운 유제품 가게다. 바로 드레스든 바우츠너 거리 79번지(Bautznerstrasse 79)에 본점이 있는 '푼트 형제의 낙농장(Pfunds Molkerei)'이다. 얼마나 근사하면 1998년 기네스북에까지 등재됐을까. 이 가게는 파울 구스타프 레안더 푼트(Paul Gustav Leander Pfund, 1849~1923)라는 농부가 드레스든 시민들에게 신선한 유제품을 공급하기 위해 1879년에 개업했다. 이듬해에는 배우이던 동생 프리드리히 푼트(Friedrich Pfund)까지 동참해서 1883년부터 가게 이름을 정식으로 '드레스든 푼트 형제의 낙농장(Dresdner Molkerei Gebrüder Pfund)'이라고 부르기 시작했다.

가게는 당시로선 매우 혁신적인 영업 방식을 선보인 듯하다. 그때 이미 소젖을 짜고 우유를 가공하는 전 과정을 손님이 가게 내부에서 볼 수 있도록 했고, 위생과 품질 관리를 최고 목표로 삼았다니 말이다. 초창기에는 소 여섯 마리에서 하루 150리터의 우유를 짜냈으나 성장에 성장을 거듭해 1930년대에는 하루에 우유 6만 리터에 달하는 유제품을 생산했다고 한다. 독일 최초로 농축 우유인 연유를 개발했으며, 우유 비누와 유아 식품 등도 판매했다.

당시 푼트 형제의 낙농장은 유제품 판매뿐 아니라 포장지, 스티커 등의 인쇄업과 유통, 심지어 사원들의 유니폼까지 직접 만들어 입히는 자급 시스템을 갖췄다. 사원들은 사원 아파트에 살면서 자녀를 회사에서 운영하는 교육기관에 보냈으니, 지금 봐도 매우 선도적인 복지 시스템이 아닐 수 없다. 바우츠너 거리에 있는 본점은 1891년에 설립했으며, 내부 타일 장식은 독일 도자기 회사 '빌레로이 앤 보흐(Villeroy & Boch)'가 제작했다. 이 브랜드는 한국 주부들 사이에서 '빌보'라는 줄임말로 유명하고, 그릇도 인기가 많다.

푼트 형제의 낙농장이 가게 장식을 도자기 회사에 맡겼다는 것은 그만큼 이들의 심미안이 높다는 얘기이고, 이 사업에 대한 자부심 또한 대단하다는 의미다. 스페인이나 포르투갈에 가면 가게가 크고 번성하거나 전통이 있을수록 좋은 타일 제품으로 내·외부를 장식한 모습을 흔히 볼 수 있다. 타일 장식이 그 가게의 권위를 나타내는 것이다. 푼트 형제의 낙농장 내부를 둘러보면 단번에 알 수 있을 것이다. 그 어떤 왕궁 못지않게 호화롭다는 사실을!

빌레로이 앤 보흐가 제작한 타일로 푼트 형제의 낙농장 내부를 장식한 화려한 벽화.

💬 *Tip* 드레스든 제대로 둘러보기

01. 브륄의 테라스 '군주의 행렬' 타일 벽화가 있는 곳은 '브륄의 테라스' 뒤편으로 테라스를 접한 건물 바로 뒷길에 있다. 브륄의 테라스는 구시가와 엘베 강이 만나는 곳에 조성한 긴 프롬나드로, 일종의 산책길이다. 원래는 성벽이었으나 아우구스트 2세 때의 세도가인 하인리히 폰 브륄 백작이 10여 년에 걸쳐 이곳을 정원으로 바꾸었다. 그래서 이름도 '브륄의 테라스'다. 그 후 이곳을 산책하던 괴테가 벽화에 반해 '유럽의 발코니'라고 칭송했다.

드레스든 구시가의 유명 건축물은 모두 브륄의 테라스 주변에 밀집해 있고 강 건너 신시가를 바라볼 수 있어서 항상 많은 관광객이 모이는 관광 명소이자 축제의 장이다. 탁 트인 경관과 곳곳에 자리한 조형물, 작은 정원 분수 등이 어우러져 마냥 쉬어 가고 싶은 테라스로 손색이 없다. 엘베 강을 따라 오가는 유람선도 모두 이곳에서 출발한다. 테라스 아래에 있는 성벽으로 내려가면 드레스든 요새(Festung Dresden)가 나오는데, 박물관으로 꾸며 중세 시대 무기와 원래의 성벽 모습을 전시하고 있다.

---

02. 츠빙거 궁전 드레스든 중앙역에서 츠빙거 궁전으로 가려면 전차를 타고 네 정거장 간 다음 테아트레플라츠(Theatreplatz: 극장 광장) 역에서 내리면 된다. 젬퍼 오페라하우스 바로 옆이 츠빙거 궁전이다. 보통 본관 건물 앞뒤로 정원을 조성하는 유럽 궁전들과 달리 특이하게 궁 안에 좌우대칭의 십자형 정원이 있고, 안뜰 한가운데에 커다란 분수와 화단, 녹지가 조성돼 있다. 츠빙거 궁전을 제대로 보려면 궁전

1. 드레스든 성 박물관의 안 뜨락. 2. 츠빙거 궁전 도자기 박물관 입구.

위 옥상에 올라가야 한다. 야외 미술관 같은 옥상은 조각상들로 또 다른 정원을 조성해놓아 쾌적한 분위기에서 다양한 전망을 즐길 수 있다.

궁전 내부는 박물관으로 사용하고 있으며, 루벤스, 렘브란트, 뒤러 등 유명 화가의 작품을 만날 수 있는 '옛 거장의 회화관(Gemäldegalerie Alte Meister)', 조선을 포함한 동양 3국의 도자기와 마이슨의 작품을 모아놓은 도자기 박물관(Porzellansammlung)인 일본 궁전(Japanisches)이 유명하다.

츠빙거 궁전에서 주목할 만한 도자기는 일본관에 전시한 아리타 도자기다. 이들 가키에몬 자기들은 일본 지역을 제외하면 이곳이 가장 방대한 컬렉션을 보유하고 있다. 현재 박물관이 소장한 도자기는 5만여 점에 달한다. 제2차 세계대전 때 소련군이 이곳 도자기를 모두 가져갔으나 1958년에 다시 되찾았다.

이곳에서는 마이슨 도자기의 역사를 한눈에 파악할 수 있을 정도로 뵈트거의 석기와 초기 자기 제품은 물론, 헤롤드와 켄들러의 제품도 다수 전시하고 있다. 사진 촬영은 금지하고 있으며, 개관 시간은 매주 화~일요일 10:00~18:00이고 월요일은 휴관이다. 입장료는 성인이 6유로, 학생이 3.5유로(통합권은 성인 10유로, 학생 7.5유로).

———
03. 쿤슈토프파사게 3번 트램을 타고 노이슈타트의 중심인 알베르트 광장(Albertplatz) 역이나 13번 트램의 괴를리처 거리(Görlitzerstraße) 역에서 내리면 되지만, 건물 뒤에 숨어 있기 때문에 광장 근처에서 현지인에게 물어보는 것이 현명하다. 주소는 괴를리처 거리 23번지.

기린과 원숭이, 새들이 벽에 붙어 있는 '동물의 뜰(Hof der Tiere)', 파스텔 색조의 건물과 빨간 창문이 색의 향연을 벌이고 있는 '빛의 뜰(Hof des Lichts)', 신화 속 모티브를 판타지로 장식한 '상상 속 존재의 뜰(Hof der Fabelwesen)' 등이 인상적이다.

뜰 곳곳에 자리잡은 다양한 장식품과 조형물은 디자인적으로 매우 뛰어나다. 작은 테이블이 모여 있는 노천카페, 엽서와 소품 또는 액세서리를 파는 아틀리에, 앤티크 가구와 예술 작품을 판매하는 갤러리 등이 이곳에 자리해 마치 '숨어 있는 보물섬' 같다. 단점이라면 월~금요일에는 정오가 되어야 가게 문을 열고 오후 7시면 문을 닫는다는 사실. 아마도 이곳 가게 주인들은 파티를 열고 즐기는 일이 장사를 하는 것보다 훨씬 중요한 일인 듯해서 부럽기만 하다. 토요일 영업 시간은 11:00~16:00.

04. 푼트 형제의 낙농장 구시가에서 걸어가기에는 다소 멀다. 도보로 30분 정도 걸린다. 11번 트램을 타고 풀스니처 거리(Pulsnitzerstraße) 역에서 내려 도보로 1~2분 거리에 있다. 구시가에서 풀스니처 거리까지 요금은 2유로. 우유, 와인, 치즈, 버터 등 다양한 제품을 팔고 있으며 가볍게 먹을 수 있는 버터 밀크, 와인 등도 판매한다. 추천 메뉴는 버터 밀크로, 우유를 발효시켜 버터를 만들고 남은 액체다. 시큼하면서 약간 달달한 맛이 왠지 1970년대의 추억을 떠올리게 한다. 고트 치즈 바게트도 시간이 없을 때 한끼 식사 대용으로 손색없다. 다양한 치즈 시식도 관광객들에게 인기를 끌고 있다.

CHAPTER

5

베를린 영광의
나날들

커피광 왕이 만든 도자기 회사

/

베를린의 도자기 공장 KPM(Königliche Porzellan-Manufaktur), 즉 베를린 왕립 도자기 공장(Royal Porcelain Factory in Berlin)은 2015년 세계 최초로 '더블월 커피 드리퍼(double-walled coffee dripper)'를 만든다. 커피 애호가라면 누구나 직접 콩을 갈아 내리는 내림커피(드립커피)를 선호하기에, 드리퍼의 중요성을 잘 알고 있을 터다. 그런데 KPM은 기존 종이 드리퍼를 대신해 세라믹으로, 그것도 이중벽의 드리퍼를 만들어냈다.

KPM 커피 드리퍼는 광학적이고 기술적인 혁신을 통해 모던하면서도 클래식한 고급 자기 제품으로 탄생했다. 작은 기포 구멍이 없는(Non-porous) 표면으로 인해 본래의 맛에 아무런 변질이 생기지 않는다. 이중벽은 단열 공기층이 있는 빈 공간을 만들어 여과 과정 중 온도 손실을 감소시킨다. 종이 드리퍼 모양의 자기 골격은 내벽에 놓인 커피가 부드럽고도 신속하게 아래쪽으로 흐르도록 한다.

KPM과 같은 도자기 회사가 커피 필터 같은 저기술 제품에 완전히 새롭고 혁신적으로 접근한 것은 매우 멋진 일이었다. KPM은 매일 커피를 끓이는 즐거움을 기대하는 사람들에게, 커피 찻잔과 주전자 이외의 새로운 기쁨을 선사했다.

그런데 KPM의 역사를 아는 사람들이라도 이 회사가 도자기 드리퍼를 만든 것이 지난 전통의 연장선상에 있다는 사실은 잘 모를 것이다. KPM을 설립한 이는 독일 역사상 가장 위대한 군주인, 독일인들로부터 프리드리히 대왕(Friedrich der Große, Frederick the Great)이라 불리는 프리드리히 2

1, 2 KPM 베를린의 '더블월 커피 드리퍼

세(Friedrich Ⅱ, 1712~1786, 재위 1740~1786)다. 그는 커피를 매우 좋아했다. 커피를 너무 많이 마셔서 담당 주치의에게 마시는 양을 줄이란 충고를 들어, 그나마 줄인 양이 오전에만 7~8잔, 오후에는 한 주전자나 됐다고 하니 참으로 엄청난 커피광이라고 할 수 있다. 당시 프리드리히가 마시던 커피는 샴페인으로 끓여서 겨자로 맛을 낸 것이었다고 하니*, 커피 본연의 맛과 향을 즐기는 지금과는 완전히 취향이 달랐던 모양이다.

프리드리히 대왕의 통치 기간에는 심지어 '커피 냄새 탐지원'이라는 직업도 있었다. 커피가 프로이센으로 들어온 후 널리 보급되었는데, 커피에 붙은 세금이 장난 아니게 높아서 밀수가 성행하게 됐다.

그러자 프리드리히 대왕은 전쟁으로 파탄 난 재정을 메꾸고 전쟁 중 부상당한 퇴역 군인들에게 일자리도 줄 겸해서 밀수를 강력하게 막는 정책으로 허락 받지 않고 커피 볶는 행위를 금지시켰다. 그렇게 해서 등장한 것이 불법적으로 볶은 커피를 찾아다니는 '커피 탐지원'이었다. 이들은 남의 부엌을 제멋대로 뒤져 불법적으로 볶은 커피를 찾아내면 추가 수당을 받을 수 있었기에 매우 적극적으로 일했다. 이 직업은 당연히 시민들의 원망을 샀지만, 프리드리히 2세가 사망하면서 일자리 또한 사라졌다.

이렇게 커피와 떼려야 뗄 수 없는 인연을 가진 장본인이 만든 도자기 회사인 만큼, KPM이 세라믹 드리퍼를 만든 것은 역사적으로 지극히 당연한 일이다.

·

동성애자 왕이
도자기 공장을 만들다

프리드리히 2세가 KPM을 만든 것은 1763년이다. 250여 년 전의 일이다.

*마귈론 투생-사마(Maguelonne Toussaint-Samat), 『먹거리의 역사』, 까치, 2002년

무려 300여 개나 되는 크고 작은 왕국들이 난립했던 당시 독일에서 작센 지방을 다스리던 아우구스트 1세가 1710년 마이슨에 유럽 최초의 자기 공장을 만드는 데 성공한 지 53년이 지나서였다.

프리드리히 2세의 아버지이자 프로이센의 두 번째 왕 프리드리히 빌헬름 1세는 '군인왕'이라 불릴 정도로 궁정 예산을 삭감하고 또 삭감하여 모두 군비에 쏟아부었다. 연병장에서는 매일 몇 시간이고 사열을 위한 제식 훈련이 진행되었고, 일제 사격 훈련은 단 하나의 발사음만 들릴 때까지 거듭 실시되었다. 또한 그는 키가 큰 병사를 좋아해 체격이 큰 남자만을 모아 '거인 병단'이라는 근위 연대를 만들기도 했다.

그렇지만 빌헬름 1세는 열병(閱兵) 마니아로서 실제로 전쟁을 그다지 많이 하지 않았다. '구두쇠라서 막대한 돈이 들어가는 전쟁을 일으키는 것을 싫어했다'는 것이 그에 대한 한결같은 평가다. 상당히 이율배반적인 모습인데, 그의 아들 프리드리히 2세는 더 심했다.

1. 상수시(Sanssouci) 궁전에서 플루트를 연주하는 프리드리히 2세. 2. 아돌프 멘젤(Adolph Menzel)의 1852년 그림 일부.

소년 시절 어머니의 배려로 프랑스 인 가정교사의 교육을 받아 당시 유럽 문화의 중심지였던 프랑스 문화에 심취했던 그는 아버지와 달리 군복보다는 프랑스풍의 의상을 좋아했고, 프랑스 소설을 즐겨 읽었으며, 평소 대화도 프랑스어로 했다.

음악에 대한 관심과 조예도 상당했고, 플루트 연주도 상당한 솜씨였다고 한다. 무엇보다 요한 세바스찬 바흐(Johann Sebastian Bach, 1685~1750)의 둘째 아들로 역시 유명한 작곡가에 건반 연주자였던 카를 필리프 에마누엘 바흐(Carl Philipp Emanuel Bach, 1714~1788)가 프리드리히 2세 곁에 머물며 음악 교육을 담당했다. 그리하여 그는 121개의 플루트 소나타와 4개의 플루트 콘체르토 자작곡을 남기는 등 군주 겸 작곡자라는, 역사상 아주 드문 인물이 되었다.

이렇게 문학과 음악에 관심이 많아서 군사학에만 열중하길 바란 아버지의 노여움을 산 것은 당연했다. 그를 계집애 같다며 사람들 앞에서 야단치며 손찌검을 하는 일이 비일비재했고, 한번은 다른 나라에서 온 외교 사절들이 잔뜩 있는 행사장에서 아들을 때리고 진흙탕 속으로 처박은 일도 있었다. 이렇게 피해망상과 정신착란 증세가 생길 정도로 폭력과 학대를 받기도 했지만, 프리드리히는 자신의 취향을 결코 버리지 않았다.

게다가 프리드리히는 동성애자*여서 애인과 함께 영국으로 도망가려고 했지만, 발각되어서 구금되는 일까지 벌어졌다. 빌헬름 1세는 아들 애인의 목을 베고, 아들의 왕위 계승권을 비롯한 모든 신분을 박탈한 뒤 마찬가지로 사형에 처하려 했다. 그러나 신하들이 간곡하게 만류하고, 나중에는 신성로마제국 황제 카를 6세(오스트리아 여왕 마리아 테레지아의 아버지)까지 나

*결혼도 했지만 부인과 거의 같이 살지 않았고, 당연히 후사도 없었다. 그의 애인 가운데는 유명한 프랑스 계몽주의 철학자 볼테르 (Voltaire, 1694~1778)도 있다. 볼테르는 한때 그의 왕실에서 동거하기도 했다.

서서 '왕족에 대한 재판은 제국 의회만이 할 수 있다'는 이유로 부왕의 폭주를 막아서 간신히 목숨을 건질 수 있었다.

그런데 정말 아이러니한 사실은 프리드리히가 이런 예술적 성향과 성적 취향에도 불구하고 힘든 군사 훈련을 묵묵히 받았으며, 타고난 재능으로 훌륭한 성과를 보였다는 점이다. 1742년, 영국 동인도회사의 포병장교 벤자민 로빈스(Benjamin Robins)가 그의 저서 『새로운 포술의 원리(New principles of gunnery)』에서 대포 발사 위력을 강화한 강선(腔線, rifling) 개념을 발표하자, 이를 수학자에게 번역을 하게 해 탐독할 정도로 군사학에 대한 열의가 대단했다. 그리하여 아버지 명령으로 변방 국유지의 말단 관리를 지낸 다음에는 매우 유능하고 호전적인 군인이 되어 있었다.

빌헬름 1세는 임종 때 "너에게 8만의 군사와 넉넉한 귀금속을 남겨준다. 유럽 군주 누구도 믿지 말라. 군대를 축소해선 안 된다. 그리고 함부로 전쟁을 해서도 안 된다"는 유언을 남겼다. 그러나 프리드리히는 그때 이미 군대를 20만까지 늘리려고 생각했고, 매우 기동력이 강한 병대(兵隊) 편제로 개혁해 오스트리아와의 7년 전쟁 등 유럽 정벌에 나섰다. 그러니 참으로 다중인격의 불가사의한 인물이라고 할 수 있다.

이와 같은 호전성에도 불구하고 프리드리히는 역시 예술적 감수성이 뛰어난 인물이었다. 따라서 평소에도 작센의 마이슨 도자기를 매우 좋아하고, 이를 생산하는 마이슨을 매우 부러워했으며, 의전이나 외교상 필요한 많은 제품을 주문했다.

대표적인 예는 프리드리히가 마이슨에 주문한 1761년부터 1763년까지의 제품으로, 묄렌도르프(Möllendorff) 디너 서비스라는 이름이 붙은 것이다.

*오늘날 '달러'의 기원이다. 탈러의 뿌리는 15세기 중엽으로 거슬러 올라가지만, 신성로마제국과 합스부르크 왕가에서 은화로 주로 사용됐다. 오스트리아에서는 1867년까지, 독일에서는 1871년까지 발행했다. 독일제국 시기 페니히(1센트)는 탈러 동전은 1908년까지 3마르크 동전으로 쓰였다. 마리아 테레지아 탈러(지금의 오디리아와 아래에 반도에서 사용했다.

프리드리히는 이 주문을 할 때 마이슨의 아티스트이자 뮤지션인 카를 야콥 크리스티안 클리펠(Karl Jacob Christian Klipfel)의 자문을 구했는데, 이에 포함된 일부 피겨린은 당대 최고의 재간둥이 성형가였던 요한 요하임 켄들러가 만든 것이다. 켄들러는 성형 책임자로서 마이슨에서 42년이나 일했다.

뮐렌도르프 서비스는 무려 960개의 제품으로 구성돼 있다. 따라서 구입비만 해도 9,412 탈러(thaler)*라는 엄청난 금액이 사용되었다.

이렇게 많은 개수의 그릇들이 필요한 이유는 17~18세기 유럽 왕실은 대부분 '아 라 프랑세즈(à la française)라고 하는 프랑스식 식사법을 따랐기 때문이다. 이는 거대한 식탁에 온갖 종류의 음식이 담긴 접시, 튜린, 쟁반, 바구

니 등을 좍 펼쳐놓고 식사를 하는 방식이다. 일상적인 식사의 경우, 이들 음
식을 다 치우고 다른 음식을 갖다 놓는 코스가 세 번이나 반복되었다. 물론
그 과정에서 음식이 다 비워진 그릇은 다시 채워지곤 했다. 각 코스마다 보
통 10여 개 이상 종류가 다른 접시들이 사용되었으므로, 식당이나 연회장은
반드시 엄청난 양의 그릇들을 구비해놓아야만 했다.

뮐렌도르프 서비스라는 명칭이 붙은 것은 왕 자신이 사용하다 나중 프로이
센(프러시아) 육군 원수가 된 뮐렌도르프(Wichard Joachim Heinrich von
Möllendorf, 1724~1816)가 '7년 전쟁'*에서 오스트리아와의 싸움에서 승리

뮐렌도르프 서비스의 튜린

해 슐레지엔(Schlesien) 지방을 차지한 것을 치하하는 의미에서, 1781년에 선물로 주었기 때문이다. 이 서비스의 구성품은 안타깝게도 19세기에 이리저리 나뉘어져서 지금은 상당수 박물관이나 개인 컬렉션으로 흩어져 있다.

이처럼 마이슨 도자기를 동경한 그에게 마침내 마이슨을 차지할 기회가 찾아왔으니, 그게 바로 7년 전쟁이었다. 프리드리히는 전통적으로 오스트리아와 프랑스에 우호적이었던 작센을 침공하면서 마이슨 도자기 공장을 장악하고 자신의 왕실을 위한 제품들을 만들도록 명령했다. 그러나 7년 전쟁에서 프로이센이 초반의 우세를 상실하고 일시적으로 베를린까지 점령당하는 등 오락가락하는 형세에서 마이슨을 계속 장악하고 있기 어려워졌다.

이에 따라 프리드리히는 1761년 당시 프로이센의 금융과 상업에서 큰 영향력을 행사하던 요한 에른스트 고츠코프스키(Johann Ernst Gotzkowsky, 1710~1775)에게 베를린에 도자기 공장을 세우도록 권유했다.

물론 고츠코프스키 이전에도 베를린에 도자기 공장을 세운 사람은 있었다. 베를린에서 모직공장을 운영하던 빌헬름 카스파르 베겔리(Wilhelm Caspar Wegely, 1714~1764)는 왕실의 허락을 얻어 1751년 베를린에 도자기 공장을 설립했다. 이때 프리드리히 2세는 그에게 경쟁자를 배제하는 전매권을 줌과 동시에 외국으로부터 수입하는 필수 자재에 대한 세금도 면제해주는 등의 특혜를 주었다.

이에 따라 빌헬름은 그의 경쟁자들로부터 1급 장인들을 고용하고 에른스트 하인리히 리카르드(Ernst Heinrich Reichard)를 성형 책임자로 임명하는 등의 열의를 보였지만, 기술상의 어려움과 7년 전쟁의 여파로 문을 닫았다.

Theresia, 1717~1780)는 이곳의 탈환을 위해 200년 동안 적대 관계나 다름없던 프랑스와 제휴하고 다시 러시아, 스웨덴, 작센 등 기타 독일의 제후국에 동맹을 맺으면서 프로이센을 포위할 체제를 정비했다. 영국과 결탁한 프리드리히 2세는 1756년 8월 기선을 제압하여 작센에 침입함으로써 7년 전쟁이 터졌다. 이 전쟁은 프로이센의 초반 승리를 거두었으나 얼마 후 우세한 적국의 반격으로 점차 수세에 몰렸다. 특히 1759년 8월 오스트리아·러시아 연합군에게 쿠너스도르프 회전에서 대패하자 프리드리히는 절망 끝에 자살을 생각하기도 했다. 대(大)피트(William Pitt the Elder, 1708~1778)가 실각하여 군자금 원조도 끊어지면서 고립무원의 상태에 빠져 프리드리히는 절망 끝에 자살을 생각하기도 했다. 그런데 1761년 러시아의 옐리자베타(Elisabeth Petrovna, 1709~1761) 여제가 죽고 프리드리히를 숭배하는 표토르 3세가 등극하고부터는 형세가 급변, 1763년 2월 후베르투스부르크조약이 성립되고 프로이센의 슐레지엔 영유를 확인받게 되었다. 그 결과 프로이센은 유럽 열강의 지위에 올라 독일에서의 패권 기초를 확고히 다질 수 있었다.

베겔리 공장의 피겨린, 비너스와 머큐리.

그러자 1757년 그로부터 공장 설비와 재료 등을 구입한 사람이 바로 고츠코프스키였다.

그렇게 해서 1761년 베를린의 두 번째 도자기 공장이 가동되기 시작했다. 이때 리카르드는 도자기를 만드는 자신의 비책에 대한 대가로 4천 탈러, 자신이 소유하고 있던 도자기와 재료를 넘기는 대가로 3천 탈러를 받는 동시에 고츠코프스키의 매니저로 채용되었다. 리카르드가 데리고 있던 8명의 노동자들도 함께 고용하는 조건이었다.

프리드리히의 전폭적인 지원 아래 고츠코프스키는 마이슨으로부터 요한 요하힘 켄들러를 데려오고, 그의 제자였던 조각가 프리드리히 엘리아스 마이어(Friedrich Elias Meyer)를 수석 성형가로 임명하는 등의 열의를 보였다. 또한 카를 빌헬름 뵈메(Carl Wilhelm Böhme)를 채색 부문장으로 임명했다. 아울러 원래 자신이 소유하고 있던 땅 옆에 다른 부지를 사들여 공장 건물을 새롭게 만들었다.

그들은 특히 만찬 서비스 생산에 중점을 두었다. 그것들은 주로 전시 목적으로만 제작되었으며, 특정한 왕실 궁전을 위해서만 제작되었다. 궁전 내부의 장식물들은 서비스 문양에 그대로 반영되었다.

그러나 그의 재정 상황은 점점 나빠졌다. 전쟁으로 국고가 바닥을 드러내면서 그는 왕으로부터의 지원을 받기 어려워졌다. 결국 전쟁의 종료는 그의 공장의 폐쇄를 알리는 신호가 되었다.

그럼에도 불구하고 베겔리와 고츠코프스키의 회사에서 만들었던 제품들은 매우 뛰어나서, 베겔리 공장250의 'W'와 고츠코프스키 공장의 'G' 마크가 들어간 제품들은 희소가치를 지녀 수집가들 사이에서 매우 높은 가격에 거

래된다. 고츠코프스키의 상업적 모험이 실패할 것처럼 보이자, 프리드리히
는 재빨리 공장을 인수하기로 결단 내리고 이 시장에 뛰어들었다.

전쟁으로 인해 고갈된 재정과 황폐화된 국토는 공장 구입을 위해 22만
5,000탈러를 지불할 정도의 그의 욕망을 막을 수 없었다. 은 식기를 녹여서
만든 돈은 결국 도자기로 돌아왔다. 어느 때인가 왕은 이렇게 선언했다.

"우리에겐 아무것도 남지 않았다 그러나 우리에겐 명예와 모자, 지팡이 그
리고 우리의 도자기가 있다."

고초고프스키 공장의 파운스 통. 윗면에 구멍이 뚫려 있어 화장용 분가루 등을 뿌리는 용도로 만들어졌다.

1. KPM 베를린 공장 전경. 벽면에 홀(笏) 마크가 선명하다.
2. KPM 베를린 회사 차로 프리드리히 2세 얼굴이 그려져 있다. 프리츠(Fritz)는 프리드리히의 애칭이다.

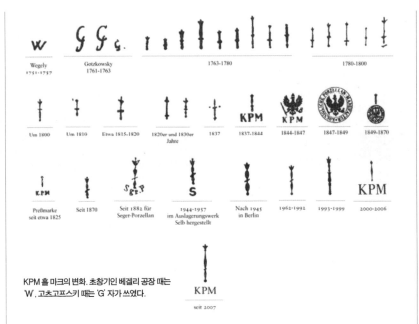

| Wegely 1751-1757 | Gotzkowsky 1761-1763 | 1763-1780 | 1780-1800 |

| Um 1800 | Um 1810 | Etwa 1815-1820 | 1820er und 1830er Jahre | 1837 | 1837-1844 | 1844-1847 | 1847-1849 | 1849-1870 |

| Preßmarke seit etwa 1825 | Seit 1870 | Seit 1882 für Seger-Porzellan | 1944-1957 im Auslagerungswerk Selb hergestellt | Nach 1945 in Berlin | 1962-1992 | 1993-1999 | 2000-2006 |

KPM 홀 마크의 변화. 초창기인 베겔리 공장 때는
W, 고츠고프스키 때는 'G' 자가 쓰였다.

KPM

seit 2007

1763년 왕권의 상징인 홀(笏, sceptre)을 상표로 내세운 왕실 공장이 설립되었다. 당시 그가 인수한 공장 노동자는 모두 146명이었다. 프리드리히는 자기 도자기 공장의 제품의 형식과 장식 결정에 마치 가부장적인 아버지처럼 개입했다. 심지어 그는 지금까지도 지속되는 파란색 홀 마크를 직접 디자인하기도 했다.

그랬어도 계몽군주였던 프리드리히의 공장은 매우 진보적인 회사였다. 아동 노동은 폐지되었고, 임금을 주지 않는 야근과 잔업이 없이 정규 노동 시간이 주어졌으며, 적합한 임금을 지불했다. 산업재해로 고아가 되거나 과부가 된 사람들에게 연금, 건강관리, 재정지원 등 일종의 노동자에게 사회보장 혜택이 주어졌다. 21세기의 우리나라를 포함해 상당수 국가에서 '위험의

외주화' 등 산업재해 관련 법규가 아직도 제대로 정비되지 못한 현실을 감안하면 매우 혁신적이라 할 수 있다.

프리드리히는 프로이센의 도자기 수요가 자국에서 충족될 수 있기를 희망했고, 다른 무엇보다도 자신의 도자기 공장이 잦은 전쟁 자금을 벌 수 있길 기대했다. 도자기 구입에 들어가는 프로이센의 돈은 적대국들의 경제를 증대시키는 대신, 세금을 통해 미래의 정복활동 자금으로 쓰일 것이었다.

프리드리히는 자신의 공장의 최대 후원자이기도 했다. 그는 농담 반 진담 반으로 자신이 '최고의 고객'이라고 말하기도 했다. 실제로 그는 1765년부터 사망한 1786년까지 20만 탈러 어치에 해당하는 호화로운 KPM 도자기들로 자신의 궁전을 장식했다. 그의 왕궁에는 21종류의 KPM 디너 서비스가 있었는데, 각 종류마다 36개의 세팅으로 구성돼 테이블 중앙에 놓이는 장식품까지 포함해 모두 500여 개 제품에 달했다.

이들 서비스의 디자인과 채색은 그들이 각기 사용될 홀의 인테리어 장식과 어울릴 수 있도록 매우 세심하게 만들어졌다. 그의 첫 KPM 서비스는 포츠담(Potsdam)의 새 궁전 상수시(Sanssouci)에 놓인 1765년 제품이다.

프리드리히의 호화로운 시골 별장에 해당하는 상수시는 1745년에서 1747년 사이에 건축가 게오르크 폰 크노벨스도르프(Georg von Knobelsdorff)에 의해 지어졌다. 포츠담의 절경을 한눈에 내려다볼 수 있는 계단식 정원으로 유명했다.

'렐리에프지라트(Reliefzierat)', 곧 '돋을새김 장식물'이라는 이름이 붙은 로코코 양식의 이 서비스는 프리드리히 엘리아스 마이어가 성형을 맡았는데, 금박을 입힌 꽃과 과수나무 등의 로카이유(rocaille) 장식*은 포츠담 새

*18세기 로코코 장식미의 부분으로 잎사귀 · 조개 · 식물을 형상화한 문양

KPM의 '렐리에프지라트' 접시들

궁전의 천정 스투코(stucco) 그림의 복사물이다.

그는 나중에도 계속해서 왕을 위한 서비스를 디자인했다. 1770년 이후에는 다른 종류의 고령토가 채택되면서 훨씬 더 흰색의 도자기가 탄생하게 되었다. 그리하여 '노이지라트(Neuzierat)' '노이글라트(Neuglatt)' '노이오시에(Neuosier)' 등의 이름이 붙은 디너 서비스가 속속 출현했는데, 이들은 오늘날에도 계속 만들어지고 있다.

프리드리히는 특정한 색의 개발을 장려하기도 했다. 특히 그는 완성하는 데 4년이 걸린 매력적인 푸른색 유약을 사용한 '노이지라트'를 못 견디게 좋아해 평소 가장 애용하는 서비스가 되었다. 1784년 개발된 이 유약은 그의 오랜 바람이었던 부드러우면서도 섬세한 블루로써, '블뢰 모랑(bleu mourant)' 즉, 옅은 푸른색(dying blue)이라고 불린 푸른색이다. 이를 사용한 특별한 제품들은 초기 몇 년 동안 흰 도자기에 파란색 홀(笏, sceptre)을 품고 있다.

이 색채는 포츠담 상수시 궁전의 블루 응접실과 내실은 물론 다른 성들 인테리어에 주로 사용되었는데, 급기야 프로이센을 상징하는 대표 색채가 되었다. 이 색깔의 프로이센 군인 제복은 세계적으로 유명해졌고, 왕과 왕비의 정장에도 역시 자주 등장했다. 이후 현대 패션에서 빼놓을 수 없는 색채로 등장해 지금도 유명인들이 즐겨 사용하고 있다. 1770년 무렵 유행한 '노이오시에'와도 이 색채는 잘 어울린다. 프랑스의 고리버들 세공(wickerwork)*에서

*고리버들 줄기나 버들가지를 엮어서 제품을 만드는 공예. 자연적인 멋과 공예적인 아름다움을 모두 갖춘 클래식한 매력이 있다.

'블뢰 모랑' 커피 잔과 접시

영감을 받아서 이 시대의 조각들은 엮은 바구니를 닮은 경향이 있다. 그것들은 매우 정교하게 꽃과 금빛 단풍으로 장식되어 있으며 종종 목가적인 장면이 나온다. 뚜껑 위에 자리잡은 프로이센 독수리는 황제의 권력을 상징한다. KPM의 소유주로서 프리드리히가 외교의 효과적인 수단으로, 당시에 "백금"으로 불린 도자기를 자주 사용한 것은 물론이다. 외교용 선물의 대부분은 그의 공장에서 왔다. 러시아의 차르나 유럽 왕족의 연회장에서 KPM 서비스를 발견하는 것은 어려운 일이 아니었다. 이후 현대에 와서 베를린의 시장들도 그들이 해외 출장을 가거나, 외국 정상들이 베를린을 방문할 때면 으레 KPM 도자기를 선물했다.

프리드리히 2세의 계승자인 조카 프리드리히 빌헬름 2세(Friedrich Wilhelm II, 1744~1797, 재위 1786~1797)가 통치하던 시절, KPM은 기술

프로이센 병사들과 귀족 복장의 주조색이 된 '블뢰 모랑'. 이후 '프러시안 블루'로 불리며 패션에 지대한 영향을 미친 색이 되었다.

* 현재 리투아니아 서부에 해당하는 이 지방은 원래 리투아니아인들의 주거지였지만, 13세기 초 독일 기사단들에게 정복된 이후부터 1237년에 독일 기사단령이 되었다. 1561년 쿠를란트는 폴란드 공작령이 되었으나, 러시아에 넘어갔고, 러시아의 지배 밑에서도 끝까지도 독일 귀족들이 기득권을 유지했다. 1918년 러시아 제국의 혁명으로 몰락하면서 독립한 리투아니아공화국 일부가 되었다.

적으로 놀랄 만한 도약을 했다. 새 왕은 KPM에서 그가 원하는 제품을 얻었

지만, 돈은 지불하지 않는 대신 그가 얻을 수익에서 경감했다. 공장은 번창

해서 1787년 이후 매년 평균 수익이 4만 탈러에 달했다.

프리드리히 2세 사망 이후 프로이센에는 유행 양식의 변화가 일어났다. 로

코코의 유쾌하고 부드러운 감각 대신 고전주의의 뚜렷한 형식이 들어섰다.

1790년에 새로 디자인된 '쿠를란트(Kurland)'는 지금까지도 KPM의 가장

성공작으로 꼽힌다. 이 서비스는 당시 가장 부유하고 세련되었던 쿠를란트

공작*인 피터 폰 비론(Peter von Biron, 1724~1800)에서 유래했다.

당시 명성을 얻은 아티스트 카를 프리드리히 쉰켈(Karl Friedrich Schinkel,

1. 지금까지도 KPM의 가장 성공작으로 꼽히는 '쿠를란트' 라인 식탁. 2. 걸작으로 꼽히는 요한 고트프리트 샤도의 '두 공주'.
3. '쿠를란트' 라인 식탁.

1781~1841), 요한 고트프리트 샤도(Johann Gottfried Schadow)와 그들의 제자인 크리스티안 다니엘 라우치(Christian Daniel Rauch) 등이 그릇과 조각을 디자인했다. 가장 걸작으로 인정받는 조각품 '두 공주(Prinzessinengruppe, Two Princesses)'는 샤도의 작품이다.

Tip 프리드리히 2세의 문장이 그려진 중국 접시

여기 하나의 접시가 있다. 중국 청나라 건륭제(乾隆帝) 시절인 1755년 무렵 만들어진 것으로, 길이는 37cm다. 중국에서 수출한 이 접시는 가장자리 테가 물결치는 듯한 독특한 모양으로, '파미유 로제(famille rosè)', 영어로는 '로즈 패밀리(rose family)' 유형의 도자기다.

'파미유 로제'는 18세기에 처음 소개된 중국 도자기의 한 유형으로 핑크 색상의 에나멜을 덧칠한 것으로 정의된다. 다양한 용어로 알려진 청나라 도자기에 대한 서양의 분류법이다.

그런데 이 접시가 주목받는 것은 바로 중앙에 프리드리히 2세의 문장이 그려져 있기 때문이다. 정확히 이 문장은 1747년부터 사용되었다. 따라서 이 접시는 당시 프로이센 왕실이 중국에 문장을 넣어달라고 요청한 일종의 OEM 상품이 아니면, 유럽 어느 나라의 동인도회사에서 프리드리히 2세에게 판매할 목적으로 중국 도자기 공방에 요청한 상품일 것으로 보인다.

당시 유럽은 왕실마다 자신들의 문장이 들어간 중국 그릇들을 주문하고 있었지만, 프로이센의 문장이 들어간 접시는 매우 희귀한 아이템이다. 따라서 프리드리히 2세의 문장이 그려진 접시가 어떻게 유럽까지 오게 되었는지에 대해서는 몇 가지 가설이 등장한다.

첫 번째 가설은 프로이센 동인도회사의 배가 독일 북쪽의 동프리지아 제도(East Frisian island)에서 난파해 이 배에 실려 있던 도자기 제품들이 유출되어 모두 팔려나갔다는 얘기다. 또 하나는 역시 독일 북서쪽의 리어(Leer) 지방에서 7년 전쟁에 승리한 프리드리히 2세에게 선물로 바쳤지만, 당시 프리드리히는 전쟁으로 인해 재정이 고갈된 상황이어서 답례품을 보낼 수 없었기에 이를 거절했고, 그에 따라 선물이

중국에서 만들어 수출한 접시. 중앙에 프리드리히 2세의 문장이 들어가 있다. 물결치는 듯한 모양의 테두리를 가진. 매우 보기 드문 제품이다.

시장으로 팔려 나갔다는 얘기다.

그런데 프로이센이 첫 동인도회사를 만든 것은 프리드리히 2세의 할아버지, 즉 프리드리히 1세* 시절인 1684년이다. 영국이 1600년, 네덜란드가 1602년, 프랑스가 1604년에 이를 설립한 것과 비교해 매우 늦었다. 그럼에도 당시 프로이센의 어떤 배도 중국에 도착하지 못했다.

두 번째 동인도회사가 프리드리히 대왕 때인 1751년 설립되어 몇 척의 배가 중국 광동 지방에 도착했지만, 그나마도 7년 전쟁이 시작되던 1756년에 활동을 중지하고 말았다. 그 잠깐 동안의 도자기 무역도 1710년 유럽 최초의 경질자기를 만들어 한참 성장가도를 달리고 있던 마이슨과 치열한 경쟁을 벌여야 했다.

프로이센 동인도회사가 1756년 8월 23일 네덜란드 신문에 낸 광고에는 '200개의 청화백자와 법랑 도자기 판매. 몇 점의 왕실용 디너 서비스는 매우 훌륭함'이라고 적혀 있다. 1755년 광동에 있던 2척의 프로이센 배는 '엠덴 성(Burg von Emden)'과 '프로이센의 왕(König von Preussen)'이었는데, 1756년에 돌아온 이들 배에서 '엠덴 성'의 화물에는 도자기들이 있었고, '프로이센의 왕'은 그러지 못했다. 따라서 세 번째 가설은 이때 돌아온 배에 이 접시가 있었지 않았겠냐는 것이다.

또한 특이한 모양의 이 접시 테는 암스테르담 파마르 가문(family of Famars)의 문장이 들어간 접시에서도 발견되기 때문에, 아마도 이 가문이 프로이센 동인도회사에 요청한 것이 아니냐는 추정도 나온다.

세계 최대의 KPM 도자기 컬렉션, 샬로텐부르크

베를린에 가면 가봐야 할 곳이 워낙 많지만, 그중에서도 샬로텐부르크(Charlottenburg)는 꼭 가봐야 한다. 궁전 자체도 볼 것이 많고, 그중에서도 특히 방 하나를 1600년대 중반 이후의 동양 도자기로 꽉 채워놓은 '도자기 방(Porcelain Chamber)'이 있어서다.

샬로텐부르크 궁전은 프리드리히 1세(프리드리히 대왕의 할아버지)가 왕비인 조피 샤를로테(Sophia Charlotte of Hanover)를 위해 만든 궁전으로 바로크와 로코코 양식의 건물이다.

궁전의 정식 개관 축하연은 프리드리히 1세의 42번째 생일인 1699년 7월 11일에 이뤄졌다. 당시 프리드리히 1세는 이 궁전을 짓기 위해 건축가 요한 프리드리히 폰 에오산더(Johann Friedrich von Eosander)를 이탈리아와 프랑스로 보내 공부하도록 했고, 특히 베르사유 궁전에 대해 많은 연구를 했다. 이 궁전은 처음부터 샬로텐부르크라고 불린 것은 아니었고, 1705년 샤를로테가 사망하자, 그녀를 기리는 의미에서 프리드리히 1세가 붙인 이름이다.

몇 번 강조했지만, 당시 유럽 왕실에서 사치의 끝판왕은 도자기 방을 마련해놓고, 자신이 얼마나 많은 동양 도자기를 가졌는지 자랑하면서 뻐기는 일이었다. 샬로텐부르크의 완공보다 훨씬 늦은 1706년에 마련된 도자기 방은 바로 이런 자랑질의 효시가 된 곳이라 할 수 있다. 프리드리히 1세가 자신의 영광스러운 통치를 떠들썩하게 선전하기 위해 마련한 곳이기 때문이다.

물론 이 궁전은 제2차 세계대전 때 매우 심각하게 파손되었지만, 이후 복원 작업을 통해 다시 세워졌다. 이 궁전의 본궁 외곽 드넓은 정원 안에는 외궁인 벨베데레 궁전(Belvedere im Schlossgarten Charlottenburg)이 있다. 이는 건축가 카를 고타르 랑한스(Carl Gotthard Langhans)가 프리드리히 빌헬름 2세의 퇴임 후인 1788년에 지은 것이다. 역시 로코코 양식의 건물로 상단에 매우 아름다운 황금 동상이 놓여 있다. 주로 티 하우스와 전망대로 사용되었다.

*프로이센 공자(1688~1701)이자 초대 프로이센 국왕이다(재위 1701~1713). 브란덴부르크 선제후(Elector of Brandenburg)로 서는 프리드리히 3세(Friedrich III, 재위 1688~1713)다.

1. 샬로텐부르크 전경. 2.도자기 전시실. 3.샬로텐부르크의 도자기 방. 4.샬로텐부르크 정원 안에 있는 벨베데레 궁전.
5. 샬로텐부르크 전경이 그려진 KPM 접시 6.풍속화가 그려진 KPM 접시들.

샬로텐부르크 궁전은 별로 잘 알려져 있지 않지만, 사실 이곳은 KPM 도자기의 가장 큰 컬렉션을 소장한 곳이다. 700개 이상의 항목으로 구성된 컬렉션에는 차 및 커피 도자기, 식탁 및 실내장식의 3개의 섹션이 있다. 나폴레옹의 점령에서 해방을 묘사한 컵, 다양한 왕궁 및 정원 등을 묘사한 화병 등이 특히 유명하다. 이 역시 제2차 세계대전 당시 심하게 파괴됐지만 1971년에 복원됐다.

1819년 프로이센의 프리드리히 빌헬름 3세(Friedrich Wilhelm III, 1770~1840, 재위 1797~1840)는 영국의 웰링턴 공작(Duke of Wellington, 1769~1852)에게 **KPM**의 디너 서비스를 선물한다. 그 구성품은 모두 460개에 달하는 어마어마한 양으로, 1817년부터 1819년에 걸쳐 만든 제품이었다. 프로이센 왕이 영국 군인에게 이런 엄청난 선물을 보낸 이유는 1815년 6월 18일 워털루 전투에서의 승리를 치하하기 위함이었다. 엘바 섬을 탈출한 나폴레옹은 황제의 지위를 되찾고 다시 전쟁에 나섰지만, 브뤼셀 부근의 워털루에서 영국의 명장 웰링턴과 프로이센의 명장 블뤼허(Gebhard Leberecht von Blücher, 1742~1819)가 이끄는 동맹군에게 최후의 패배를 당했다.

워털루 전투가 끝난 뒤 웰링턴은 "나폴레옹은 구식으로 싸우고 우리는 신식으로 싸워 승리했다"고 자신 있게 말했다. 나폴레옹과 같은 나이였던 웰링턴은 나폴레옹과의 마지막 전투에서 승리함으로써 명성을 떨쳤고, 영국인들은 그 사실을 대단한 자랑거리로 내세웠다.

군인이었지만 웰링턴은 승리의 대가로 대단한 도자기 수집가가 되었다. 사실 그는 운이 매우 좋아서 유럽 전역에서 벌어진 전쟁에서 상당수 승리했고, 그때마다 많은 양의 도자기들을 선물로 받았다.

웰링턴에게 보내진 선물에서 주목할 만한 것은 워털루 전투를 지휘하는 웰링턴의 모습을 360도 각도에서 보여주는 대형 항아리(urn)다. 이 항아리 그림에서 웰링턴은 높은 곳에서 백마를 타고 프로이센의 블뤼허를 반기는, 극

워털루 전투 승리 기념 항아리

적인 모습을 보여준다.

당시 KPM은 그림이 들어간 도자기를 만드는 데 가장 뛰어난 회사로, 워털루 전쟁 이후 프리드리히 3세는 이처럼 그림이 들어간 만찬용 서비스를 만들어 유럽의 왕실에 선물했다. 특히 자신이 위엄 있는 모습으로 그려진 대형 트로피나 항아리는 손님을 접대하는 응접실에 놓아 자랑하기에 매우 적합한 오브제였으므로 어디서나 환영을 받았고 인기를 끌었다.

웰링턴은 1840년에도 프로이센 왕실로부터 또 다른 디너 서비스가 담긴 특별한 장미나무 상자를 선물로 받았다. 앞에서도 말했듯 19세기 초반 KPM은 유럽의 대형 도자기 회사 사이에서 그림을 넣거나 풍경 그림을 넣은 베두타(veduta) 도자기 분야에서 두각을 나타냈다. 이 시기 가장 탁월한 베두타 화가는 카를 다니엘 프레이단크(Carl Daniel Freydanck, 1811~1877)였다. 1832년부터 KPM의 감독을 맡았던 게오르크 프리드리히 크리스토프 프릭(Georg Friedrich Christoph Frick) 밑에서 그는 베를린과 포츠담의 아름다운 경관을 그려넣은 제품들을 디자인했다. 이들은 국왕의 선물로 유럽의 다른 군주들에게 새로운 베를린의 이미지를 형상화시키기에 충분했다.

이런 작품들은 숱하게 많지만 1850년 프리드리히 빌헬름 4세(Friedrich Wilhelm IV, 1795~1861, 재위 1840~1861)가 군사적 동맹관계에 있는 작센-마이닝겐(Sachsen-Meiningen) 공국의 게오르크 2세(Georg II, 1826~1914) 왕자와 자신의 조카인 샤를로테 프레데리카(Charlotte Frederica, 1831~1855) 공주의 결혼 선물로 의뢰한 '마이닝겐 서비스(Meiningen service)'가 대표적인 한 예다.

이는 문장과 풍경이 그려진 3점짜리 꽃병으로, 아름답고 고전적인 금박과

다색화로 꾸며졌다. 성형은 카를 프리드리히 쉰켈이 맡고, 그림은 카를 다니엘 프레이단크가 맡았다.

각 꽃병에는 작센-마이닝겐 공국의 문장과 적의 침략에 맞서 싸우는 르네상스 전사, 상수시 궁전의 계단식 정원과 바벨스베르크(Babelsberg) 궁전, 베를린의 프린츠 알브레히트 궁전(Prinz Albrecht Palais)과 베를린 왕궁 앞의 긴 다리가 각기 양쪽 면에 그려져 있다.

마이닝겐 서비스. 중앙 꽃병의 높이는 91.5cm, 측면 2개의 꽃병은 81cm다.

게오르크 2세는 프랑코-프로이센 전쟁(Franco-Prussian War) 동안 프로이센 군과 함께 싸웠고, 프뢰슈빌러(Froeschweiler) 전투에서 마이닝겐 두 연대를 승리로 이끈 것으로 유명하다. 르네상스 전사들이 다리를 지키는 모습을 보여주는 꽃병의 전투 장면은 이 사건을 우화적으로 보여주는 것이 확실하다.

샬로텐부르크 궁전의 아카이브에는 게오르크와 샤를로테 결혼식 때의 하객 명단 기록이 아직도 남아 있다. 이 기록에는 50명에 달하는 사람들에게 주어진 꽃병과 그에 어울리는 디저트 서비스 선물 목록이 적혀 있다.

게오르크와 샤를로테는 결혼 후 자녀 출산을 위해 마이닝겐으로 돌아가기 전에 베를린과 포츠담에서 살았다. 슬프게도 그들의 행복은 샤를로테가 넷째 아이 출산 중에 사망함으로써 결혼생활 5년 만인 1855년에 끝났다. 게오르크는 3년 후 영국 빅토리아 여왕의 조카인 페도라 아델레이드(Feodora Victoria Adelaide)와 재혼했다. 이들은 이후 4명의 자녀를 더 낳았지만 첫 번째와 달리 두 번째 결혼생활은 행복하지 못했다.

프리드리히 빌헬름 4세는 1851년 자신의 누이 메클렌부르크-슈베린(Mecklenburg-Schwerin)의 대공비(Grand Duchess, 大公妃)인 알렉산드린(Alexandrine)에게도 커다란 KPM 크라테르(krater)* 도자기를 선물했다.

이처럼 프리드리히 대왕의 계승자들은 선왕의 취향을 확고하게 이어받았다. 고전화에 영향을 받은 프리드리히 빌헬름 2세의 후원하에 KPM의 풍경 도자기는 점점 더 발전했고, 그의 아들 프리드리히 빌헬름 3세와 손자 프리드리히 빌헬름 4세가 왕위에 있을 때인 19세기에도 이어졌다.

* 고대 그리스에서 포도주와 물을 섞을 때 사용하는 커다란 항아리 형태의 그릇. 위는 넓고 아래는 좁은 형태로 만들어졌다.

1

2

1. 카를 다니엘 프레이단크의 그림이 들어간 접시. 베를린 왕궁 앞 다리 모습이다.
2. 빌헬름 4세가 누이 알렉산드린에게 보낸 크라테르 항아리.

1867년 KPM은 포츠다머 플라츠(Potsdamer Platz)에 인접한 프로이센 의회 건물의 신축을 위해 이주를 해야 했다. 티어가르텐(Tiergarten) 부근에 새로 지은 건물에는 36만 탈러가 들어갔다. 1868년부터 1872년까지 지어진 이 새 건물에는 근대의 새로운 건축 기술들이 모두 적용됐고, 매우 번잡한 강변에 위치한 이유로 인해 원자재와 생산 제품을 거룻배(바지선)로 수송했다. KPM은 도자기 제조의 기술적 측면에서 항상 개척자의 역할을 수행해왔다. 새로운 발견과 기술의 진보 차원에서 19세기 후반까지도 그랬다. 1878년부터 공장은 화학기술 연구재단(Chemical-Technical Research Institute)과 제휴했고, 이 재단의 헤르만 아우구스트 제거(Hermann August Seger, 1839~1893) 감독은 KPM의 몰드 디자인과 색채 작업이 획기적으로 수월해지도록 하는 여러 혁신을 이뤄냈다. 그의 많은 성취 가운데 하나는 새로운 종류의 밑칠(underglaze) 채색 유약의 개발이었다. 중국 도자기에서 영감을 얻은 진한 적색, 청자색, 수정이나 유리 방울 형태의 유약들이 그에 의해 만들어졌다. 이들은 새로운 형태의 미학적 표현에 적용됐고 제거는 아르누보의 초기 선구자가 되었다.

1866년 알렉산더 킵스(Alexander Kips)가 KPM의 새 예술감독으로 취임했다. 그는 그림을 넣은 자기 타일로 회사에 커다란 성공을 가져다주었다. 1908년에 부임한 그의 후임 테오도르 시무츠 바우디스(Theodor Schmuz-Baudiss)는 제거의 유약을 더욱 발전시켜 국제 예술 전시회에서 KPM이 명성을 얻고 칭송을 받도록 만들었다.

KPM의 아르누보 제품 가운데 '결혼 행진'은 가장 귀중한 작품이다. 조각가 아돌프 암베르크(Adolf Amberg)는 바우디스의 유약을 적용해 빌헬름

1. KPM의 아르누보 작품 '결혼 행진'.
2. 바우하우스의 실용성을 반영한 트러드 페르티의 '우르비노'와 '티 캐디(Tea caddy)'.

왕자와 메클렌부르크-슈베린 세실 대공녀의 결혼식 기념으로 만찬용 중앙 장식을 포함, 여러 개의 피겨린을 제작했다. 신부의 상반신을 나체로 묘사한 매우 대담한 디자인이었는데, 이는 1910년 브뤼셀에서 열린 세계 박람회에서 금메달을 수상했다.

1918년 독일의 군주제가 종식되었다. 이름에서 더 이상 '왕립'이란 단어는 사용할 수 없었지만 그럼에도 KPM은 국영 도자기 회사로서 홀(sceptre) 마크를 계속 유지할 수 있었다.

1929년 이후로는 독일공작연맹(Deutscher Werkbund)*과 바우하우스 (Bauhaus)**와의 디자인 개념이 KPM 장인들에게 영향을 미쳤다. 이로 인해 장식을 배제한 가정용 제품들이 만들어졌다. 이 시기의 가장 유명한 디자인은 트러드 페르티(Trude Petri, 1906~1998)의 만찬용 서비스 '우르비노 (Urbino)'로 뉴욕 현대미술관의 영구 소장품이 되었다. 또한 마르게리테 프리들랜더 빌덴하임(Marguerite Friedlaender-Wildenhain)이 부르크 가 비첸슈타인 예술학교(Burg Giebichenstein Art School)와 공동으로 작업한 한 할레 항아리(Halle vase)도 그 형태의 우수성으로 지금까지도 많은 모방품이 만들어지고 있다.

1930년대가 되면 나치가 권력을 잡으면서 유태인이거나 유태교와 관련이 있는 KPM의 많은 예술가들이 박해를 받아 추방당하거나 직장에서 쫓겨났다. 1943년 11월 22일과 23일의 연이은 공습으로 공장 건물은 완전히 파괴되었다.

제2차 세계대진이 종식된 후 KPM은 젤프(Selb)로 이주해야만 했고, 거기서 장식용 자기와 식기 등을 만들면서 베를린으로 다시 돌아갈 힘을 길렀다.

*1907년 독일의 건축가 헤르만 무테지우스(Hermann Muthesius, 1861~1927)에 의하여 설립했다. 이 운동은 무테지우스가 1인딘 세계 중 기계의 이용에 의해 생겨나는 조화된 모조품에 대한 영국의 시인이자 공예가인 윌리엄 머리스(William Morris, 1834~1896) 등의 반응운동(생활 속에 도입하려는 사상)을 받아들여서 비롯된 영향이었다. 근대 공업사회에서의 기계를 올바르게 이상시기고 공예와의 연결시킨 점에 큰 의의가 있다. 심미적 측면에서 자동차, 선박, 비행기 등에서 아름다움을 발견함으로써 기계를 전격적으로 용인한다. 이런 경향은 그로피우스(Walter Gropius, 1883~1969)에 의하여 바우하우스로 이어졌다.

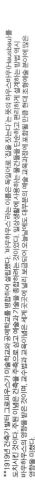

**1919년 건축가 발터 그로피우스가 미술학교와 공예학교를 병합하여 설립했다. '바우하우스'라는 이름은 독일어로 '집을 짓는다'는 뜻의 하우스바우(Hausbau)를 도치시킨 것이다. 주된 이념은 건축을 주축으로 삼고 예술과 기술을 종합하려는 것이었다. 일상생활에 사용하는 물건들을 단순하고 편리하게 설계하는 방법 역시 바우하우스의 영향을 받은 것이며, 교수법과 교육이념은 세계 곳곳에 널리 보급되어 오늘날에도 대부분의 예술 교육과정에 조형물 만큼 현대 조형예술 분야에 많은 영향을 미쳤다.

원래의 할레 항아리(왼쪽)와 현대적으로 재해석된 할레 항아리들

1957년 마침내 그들이 원래 자리했던, 역사적인 베를린 티어가르텐에 공장을 다시 만들 수 있었다.

1988년 베를린 시 정부의 방침에 따라 KPM은 오늘날 베를린 왕립 도자기 주식회사(KPM, Königliche Porzellan-Manufaktur Berlin GmbH)로 명칭이 재확정되었다. 1990년대의 KPM은 자신들의 문화적이고 공예적인 전통을 다시 강조하기 시작해 역사적인 형태와 색채, 문양 등을 재발견하는 데 치중했다. 이에 따라 옛날의 중요한 디너 서비스들도 다시 만들어졌다.

럭셔리 스포츠카와 협업으로 빛난 KPM의 도자 기술

1994년에는 이탈리아 밀라노의 디자이너 엔조 마리(Enzo Mari, 1932~2020)와의 협업으로 '베를린'이라는 이름의 디너 서비스를 선보였다. 엔조 마리는 델피나(Delfina) 의자, 토니에타(Tonietta) 의자 등으로 황금 콤파스 상(Compasso d'Oro)을 무려 네 차례나 받았다. 1974년에는 자력으로 혼자 가구를 만들 수 있는 『스스로 하는 설계(Autoprogettazione)』를 출판해, 일찌감치 DIY 가구의 세상을 열었다. 그는 일본 브랜드 무지(MUJI)와도 지난 2001년 협업을 시작해 2002년 의자와 테이블 등 19개 작품을 선보였다. 2009년에는 일본 굿디자인 상을 받기도 했다. 무지는 그의 작품 전시회도 개최했다. 2020년 세계적으로 팬데믹에 빠지게 한 코로나19로 10월 19일 사망했다. 그의 부인인 미술사학자 레아 베르지네(Lea Vergine)도 이튿날인 10월 20일 역시 코로나19로 사망했다.

그런 가구업계의 특출한 디자이너가 도자기 회사와 손을 잡은 것은 그만큼

1. 샤를로텐부르크에서 개최되었던 엔조 마리의 '베를린 서비스' 전시회.
2. 엔조 마리 꽃병 '파고 파고(pago-pago)'

도자기의 외연이 확장되고 디자인의 지평이 넓어졌다는 의미이다.

그렇지만 20세기 말부터 KPM은 20여 년 가까이 계속 적자를 냈다. 그리하여 민영화 목소리가 높아졌고, 급기야 2006년 베를린의 은행가 외르크 볼트만(Jörg Woltmann)이 지배적 주주로서 회사의 새 주인이 되었다.

같은 해에 역사적인 가마가 있는 홀에 새롭게 단장한 판매 갤러리를 열었고, 베를린과 포츠담, 함부르크와 쾰른에 새 가게를 냈다. 2007년에는 250년 도자기 장인의 역사를 보여주는 박물관 'KPM 벨트(WELT)'도 열었다. 설립 250주년을 맞은 2013년의 특별 전시회에서는 지난날의 영광을 한눈에 볼 수 있도록 18명의 개인 수집가들이 300여 개의 작품을 선보였다.

KPM은 유명 럭셔리 브랜드와의 협업도 꾸준히 진행해왔다. 보테가 베네타(Bottega Veneta)나 부가티 자동차(Bugatti Automobiles)와의 협업이 대표적이다. 특히 2011년 부가티의 럭셔리 스포츠카 '로르 블랑(L'Or Blanc)'의 내외장 장식을 KPM이 맡은 것은 가히 경이로운 사건이었다.

자동차의 차체(bodyshell)와 내장 인테리어에 고품질의 도자기 요소가 동시에 사용된 것은 자동차 역사상 처음으로, 이는 부가티 미학의 새로운 디자인 원칙을 반영한 것이었다.

이 협업은 차에 실험적인 재질을 도입하기를 즐겨했던 부가티의 창업자 에토레 부가티(Ettore Bugatti, 1881~1947)의 전통에 충실한 결과였다. KPM과의 협업은 조각가이자 에토레 부가티의 동생인 렘브란트 부가티(Rembrandt Bugatti, 1884~1916)의 유명한 청동 조각 '춤추는 코끼리'의 기폭제가 되었다. '춤추는 코끼리' 역시 부가티 자동차의 엠블럼(emblem, 문장)으로 등장했다. 에토레는 6~7대밖에 생산하지 않은 럭셔리 리무진 '로

열(Royale)'의 라디에이터 장식으로 춤추는 코끼리를 만들어 붙였다. 그런 시도가 KPM과의 예외적이고도 별난 결과로 이어진 것이다.

'로르 블랑'의 차체 도장의 마지막 작업에는 5겹의 투명한 라커가 칠해졌는데, 그 안에는 도자기 재료로 구성된 12가지 요소가 포함돼 있어서 이 스포츠카의 예술적 특성을 빛나게 해주는 완벽한 마감재가 되었다. 변속장치의 터널과 뒷면 패널에도 인상적인 도자 재질로 덮였다. 주유구 마개의 도자 재질 장식은 마치 렘브란트 부가티의 춤추는 코끼리와 같다.

부가티와 KPM 협업은 그 다음 해 나온 럭셔리 스포츠카로 중국 용(龍)을 모티프로 도배한 '웨이 롱(威龙)'에도 이어졌다. 이 차는 그해 베이징 모터쇼에서 처음 선보였다.

전시장에 나온 부가티의 럭셔리 스포츠카 '로르 블랑'. 부가티가 KPM과 협업한 제품이라는 표지판이 세워져 있다.

Tip 베를린 페르가몬박물관과 이슈타르의 문(Ishtar Gate)

베를린 박물관들이 모여 있는 지역의 페르가몬(Pergamon)박물관은 1910년부터 1930년까지 약 20년에 걸쳐 완공되었다. 제국주의 문화재 약탈의 전범을 보여주는 박물관이다. 이 박물관이 세워지기 이전의 독일은 식민지에서 약탈한 고고학 유물들을 보존하고 전시할 공간을 찾지 못해, 이들을 독일 내 여러 박물관으로 분산한 상황이었다. 유적 발굴은 바빌론, 우루크, 아슈르, 밀레토스, 프리에네 및 이집트 등 각지에서 진행되고 있었으나 독일 내 박물관들의 크기가 워낙 작아 이곳에서 발굴된 많은 양의 유물들을 한자리에 모아놓고 전시하는 것이 불가능했던 것이다. 이에 1907년 초, 카이저 프리드리히박물관의 관장이던 빌헬름 폰 보데는 고대 유물들을 수용할 새 박물관을 건설할 계획을 제출한다.

내부에는 제우스의 대제단(또는 '페르가몬 제단')을 비롯한 밀레토스의 시장 문, 이슈타르 문(Ishtar Gate) 등 기념비적 건축물들이 유적지 현지에서 출토된(약탈한) 그대로 옮겨져, 실제 크기로 재건되어 전시되어 있다. 이에 따라 전시품의 소유권에 관한 국가 간 법적 논쟁에 휘말려 있다.

박물관에 들어서면 제일 먼저 눈에 들어오는 것이 이슈타르의 문이다. 이는 원래 바빌론(Babylon) 내성의 8번째 성문이었다. 네부카드네자르 2세(Nebukadnessar, 재위 기원전 604~562), 구약성서에 등장하는 바로 그(선지자 다니엘이 섬기던 느부갓네살 왕)의 지시에 의해 도시의 정북방, 왕궁으로부터 동쪽에 지어졌다. 이 문은 도시를 감싸는 성벽의 일부였고, 성문은 매끄러운 푸른색 벽돌로 이루어졌다. 동물과 신들이 성문에 조각되었는데 다양한 색깔의 아름다운 벽돌들로 따로 만들어졌다.

네브카드네자르 2세는 성문 공사를 완료한 후, 이 성문을 이슈타르 여신에게 바쳤고, 성문에는 각각 용, 황소, 사자를 새겼는데, 이는 마르둑(Marduk), 아다드(Adad), 이슈타르 신을 경배하기 위해서였다.

기록에 의하면 성문과 지붕은 모두 최고급 백향목으로 이루어져 있었고, 성문의 벽돌들은 푸른 유약을 입혀 구웠는데, 이는 고대에 매우 희귀하고 값비쌌던 보석 '라피스 라줄리(lapis lazuli, 푸른색 안료의 원료)'처럼 보이기 위해서인 것으로 알려졌다. 이 문을 통과하는 길은 120마리에 달하는 용, 황소, 사자가 황색과 검은색 벽돌들로 이루어진 벽으로 장식되어 있었고, 성문 그 자체에는 오직 신의 모습만 그려져 있었다. 대축제 기간에는 고대의 신상들이 이 성문 아래를 통과하여 도시를 출입하였다.

이슈타르의 문을 주목하는 이유는 앞에서 말한 푸른색 벽돌 때문이다. 푸른색 유약을 입혀 구운 것으로 사실상 오늘날 도자기, 즉 도자문화의 출발점이라고 할 수 있다. 이슈타르 성문의 벽돌들은 모두 진흙을 나무틀에 넣어 건조시키는 형식으로 만들어졌다. 동물 모양의 벽돌들도 모두 이와 같은 방식들로 만들어졌는데, 재사용할 수 있는 틀을 사용하여 한 번에 많은 벽돌들을 만들 수 있도록 한 것으로 추정된다. 아마도 설계 당시 동물무늬 벽돌들이 제대로 맞지 않을 경우를 방지하기 위하여 최대한의 계산과 설계를 다한 것으로 보이고, 벽돌들은 햇볕에 1차적으로 말린 후에 유약을 입혀 구워냈다. 점토 벽돌들은 이 단계에서 갈색빛을 띠는 붉은색에서 다양한 색조로 색깔이 입혀졌다.

이슈타르 성문을 이루는 기본적인 바탕 색깔은 푸른색이고, 동물무늬 벽돌들은 금색과 검은색으로 이루어져 있었다. 문의 경계 부분과 장미 덩굴 모양의 장식들은 금색, 흰색, 검은색 등의 벽돌들로 이루어졌으며, 이러한 색깔을 만들어내기 위한 유약의 재료는 식물의 재, 사암, 자갈이었다고 한다. 재료들을 혼합하고 단계적으로 냉각, 융합, 분쇄시킨 후, 코발트와 같은 재료들을 넣어 만든 유약을, 벽돌에 칠해 이를 높은 온도에서 다시 구워내면 벽돌이 최종적으로 완성되었다.

유약을 발라 구운 후, 벽돌을 쌓아올렸는데, 이때 벽돌 사이사이에 생기는 미세한 틈들은 모두 자연에서 채취한 검은색 물질들로 굳게 메웠다. 이슈타르의 문은 궁전, 사원, 요새, 정원 등 거대한 바빌론 도시의 그저 일부였을 뿐이었는데, 바빌론의 전성기 당시 도시를 이루는 벽돌들은 1,500만 개가 넘어갔다고 한다. 현재 독일의 페르가몬박물관에 위치한 이슈타르의 문은 1930년대에 만들어졌으며, 이는 1900년대 초기에 바빌론에서 발굴한 벽돌들을 독일로 가져와 다시 재현한 것이다. 이 문은 높이가 14m이고, 너비가 30m이다. 이 문을 발굴할 때, 14m에 달하는 성문의 기초도 함께 발견되었다.

각 신들을 구성하는 벽돌 작품들은 예전에 이리저리 흩어져 현재 이스탄불 고고학 박물관, 메트로폴리탄 박물관, 영국 박물관 등에 흩어져 전시되고 있는 상황이다.

149

1. 이슈타르의 문 2. 소의 일종인 오록스. 유럽 계통 소의 선조로 지금은 남아 있지 않은 종이다.
3. 뱀의 머리와 꼬리를 가진 용. 마르둑. 선과 빛의 지배자로 여겨졌다.
4. 터키 콘야(Konya)에서 가져온 모스크 장식벽. 이슈타르 성의 푸른색 벽돌은 도자문화의 시조라 할 수 있다.

CHAPTER

6

바이에른의
도자기 가도

화이트 골드를 찾아서

바이에른 주의
'도자기 가도'.

독일의 베네치아,
밤베르크

독일의 관광 코스에는 유독 '가도'라는 단어가 붙은 장소가 많다. '고성(古城) 가도', '로맨틱 가도', '괴테 가도' 등은 잘 알려져 있으나 '도자기 가도(Porzellanstrasse)'를 아는 사람은 그리 많지 않은 것 같다. 도자기 가도를 여행하는 것은 바이에른(Bayern) 주가 마련한 홍보 홈페이지 슬로건처럼 '하얀 금'을 찾는 일이다. '백금으로 포장한 길', 즉 도자기 가도는 바이에른 주 북쪽에 자리잡은 도자기 공장 밀집 지역을 잇는 도로를 말한다. 드레스든과 마이슨이 속한 작센 주의 바로 아래 지역이다. 아름다운 중세 도시 밤베르크(Bamberg)에서 시작해 북쪽으로 코부르크(Coburg), 테타우(Tettau)를 거쳐 체코 국경 쪽으로 호프(Hof), 젤프(Selb), 바이덴(Weiden) 그리고

베네치아처럼 유람선과
곤돌라가 떠다니는
밤베르크 구시가지. 왼쪽에
보이는 뾰족한 첨탑 건물이
밤베르크 대성당이다.

바이로이트(Bayreuth)까지의 길이다.

뮌헨을 주도(州都)로 하는 독일 남동부의 바이에른(영어 이름은 바바리아) 주는 벨기에와 네덜란드를 합한 크기로 독일에서 가장 면적이 넓어서 스위스, 오스트리아, 체코와 경계를 이룬다. 남쪽의 스위스, 오스트리아 접경 지역은 알프스 산맥 기슭이며, 북쪽과 동쪽에는 바이에른 숲(Bayerischerwald), 보헤미아 숲(Böhmerwald) 등의 삼림지대와 높지 않은 산이 이어진다. 이 사이로 남부 지역에는 도나우(Donau) 강이, 북부 지역에는 마인(Mein) 강과 그 지류가 관통하며 유역의 여러 분지에 도시들이 발달해 있다.

산림과 강, 즉 땔감과 물이 있다는 것은 도자산업이 발달할 수 있는 지정학적 특성을 지녔다는 의미다. 체코에서 도자산업이 발달한 도시도 독일과 국경을 같이하고 있는 보헤미아 숲의 인근 삼림 지역이다.

도자기 가도의 출발지로 좋은 도시는 밤베르크다. 흔히 '독일의 베네치아', '프랑켄(지방 이름)의 로마'로 불리는 밤베르크는 중세 시대의 성당과 수도원 등 옛 건물이 잘 보존돼 1993년 구시가 전체가 유네스코 세계문화유산에 등록됐다. 그만큼 고색창연한 전통이 살아 있고 풍광도 빼어나다. 도자기에 관심이 없어도 한 번쯤 들러볼 만한 가치가 충분한 도시가 밤베르크다.

강 위에 떠 있는
시청사

밤베르크가 이탈리아 베네치아와 곧잘 비교되는 이유는 도시가 레크니츠(Recknitz) 강과 마인 강의 합류 지점에 위치해 마인-도나우 운하가 시작

1. 중세 시대의 복장으로 밤베르크 문화를 설명하는 학예사. 2. 독특한 외양의 밤베르크 옛 시청사.
3. 밤베르크 옛 시청사 근처의 풍경.

1. 도자기 도시답게 세라믹 제품을 잘 활용해 디스플레이를 한 기념품 가게.
2. 술꾼들을 홀리는 다양한 종류의 머그(세라믹 술잔)들.

하는 수상 교통 요지이기 때문이다. 구시가를 관통하는 강에서는 베네치아 선원 복장의 뱃사공이 역시 베네치안 곤돌라에 관광객들을 태우고 유람하는 광경을 쉽게 볼 수 있다.

밤베르크에서 가장 먼저 가야 할 곳은 옛 시청사다. 시청사는 밤베르크의 랜드마크이기도 하고 레크니츠 강 한복판에 덩그러니 떠 있는 듯한 외관도 독특해서 눈길을 끈다. 시청사가 강 한복판의 다리 위에 자리하게 된 것은 종교 권력(가톨릭)과 속세 권력의 줄다리기 결과다. 레크니츠 강을 사이에 두고 한쪽은 가톨릭이 지배하는 주교 지역, 다른 한쪽은 속세 권력이 지배하는 시민 주거 지역으로 나뉘는데 강 양쪽에서 서로 시청사를 유치하려고 첨예하게 대립했다. 그러나 어느 쪽도 양보하지 않자 결국 강 사이 한복판에 시청사를 세웠다. 길어봤자 폭이 100m 남짓한 개울 같은 강을 사이에 두고 이렇게 반목한 결과 어디에서도 보기 힘든 형태의 건물이 탄생한 것이니, 때로는 비루한 인간의 욕심이 예상치 못한 걸작을 만들어내기도 한다.

시청 양쪽에 보이는 다리는 11세기에 만들었고, 시청사는 1386년에 건축했지만 한때 대화재로 불에 타서 1467년에 고딕 양식으로 다시 지었다. 건물 전면부는 1755년에 바로크와 로코코 양식으로 증축했다. 고딕 양식과 로코코 양식의 절묘한 조화 덕에 독일의 수많은 아름다운 건축물 중에서도 가장 독특한 건물로 꼽힌다. 독특한 외양 때문에 2011년에 새롭게 제작한 3D 영화 「삼총사」의 주요 촬영지가 되기도 했다. 프랑스와 영국 왕실 그리고 가톨릭 추기경 사이의 암투를 주제로 하는 영화가 독일 도시를 주요 무대로 삼은 것만 보아도 이 건물의 가치를 짐작할 수 있다. 건물 벽면의 프레스코 벽화도 눈길을 끄는데, 이 역시 「삼총사」에 고스란히 등장한다. 프레스코 벽화를 그린 사람은 요한 안반더(Johann Anwander, 1715~1770)라는 로코코 화가로, 건물 양쪽 벽을 우화적 장면으로 장식했다. 시청사 건물은 1995년부터 도자기 박물관으로 사용하고 있다. '바로크 시대의 매력'이라는 제목으로 이곳에서 전시하고 있는 도자기는 프랑스 스트라스부르(Strasbourg)의 파이앙스와 마이슨 도자기를 합쳐 300점 이상으로 마이슨 도자기 중에서 가장 많은 걸작을 보유했다는 평가를 받고 있다. 이 전시품들은 님펜부르크(Nymphenburg)와 프랑켄탈(Frankenthal)의 제품으로 일부 교체되기도 한다.

이곳의 전시품은 모두 페터 루트비히(Peter Ludwig, 1925~1996)라는 세계적 수집가의 컬렉션 중 일부다. 초콜릿 제조와 판매를 가업으로 하는 유복한 가문에서 태어난 그는 고고학과 예술에 관심이 많아 학생 시절부터 예술 작품을 수집하기 시작했는데, 가업이 더욱 번창하면서 1957년부터 쾰른 박물관과 공동으로 본격적인 예술품 수집에 나섰다. 그는 순수미술은 물론 자기, 타일, 이슬람 세라믹, 가구 등 장식 예술에도 많은 관심을 보였고, 피카소에 대한 논문으로 박사 학위를 받은 사람답게 유럽에서 가장 많은 피카소 작품을 소장했다. 앤디 워홀과 리히텐슈타인의 컬렉션으로도 유명하다. 초콜릿 장사로 거대 컬렉션을 이룩한 특이한 경우다.

루트비히가 심장마비로 사망한 후에는 그 부인이 '루트비히 재단'을 만들어 남편의 유지를 이어가고 있다. 현재 재단과 연계해 컬렉션을 전시하고 있는 박물관은 오스트리아, 스위스, 프랑스, 러시아, 헝가리 등 7개국 열두 곳에 달한다. 중국 베이징의 왕푸징 거리에도 그의 컬렉션을 전시하는 곳이 있다. 밤베르크 역사박물관(Historisches Museum)과 노이에 레지

밤베르크 노이에 레지덴츠의 도자기 난로.

덴츠(Neue Residenz: 신궁전)도 도자의 역사와 관련해 의미가 깊은 곳이다. 역사박물관에서는 도자기 화가로 유명한 카를 슈미트(Karl Schmidt, 1833~1912)와 그의 재단 소속 화가들이 그린 도자기 그림들을 특별 전시하고 있다. '19세기의 밤베르크 시민 문화'라는 제목의 이 전시회에서는 도자기에 그린 상류층의 초상화들을 볼 수 있다.

당시 유럽에서는 자신의 초상화를 도자기 접시에 그려 구워낸 다음 이를 보관하거나 남에게 보여주며 과시하는 것이 유행이었다. 유명한 성화(聖畵)도 도자기 그림의 주요 대상이었다. 그 예로 카를 슈미트 재단 소속 화가 카를 마이넬트(Carl Meinelt)는 1860년에 드레스든 츠빙거 궁전의 회화 박물관에 있는 '시스티나 성모마리아'를 도자기 그림으로 제작했는데, 이는 현재 옥션 시장에서 3만 유로를 호가한다.

밤베르크는 신성로마제국의 중심지로 번영을 누렸다. 독일 제국과 로마 교황청과의 각별한 유대 관계에 의해 발전해온 이 도시는 다양한 양식의 건축물들이 그대로 보존된 역사 유적뿐 아니라 문화 예술적 기반이 탄탄하다.

가톨릭과 개신교 사이의 최대 전쟁인 30년 전쟁이 끝나자 마인츠 대주교이면서 밤베르크 주교인 동시에 황세자인 로타르 프란츠 폰 쇤보른(Lothar Franz von Schönborn, 1655~1729)은 밤베르크에 바로크풍의 새 궁전을 짓게 했다. 그것이 1703년에 완공한 신궁전, 노이에 레지덴츠이다.

쇤보른 대주교는 예술적 성향이 강했기 때문에 40개가 넘는 홀을 갖춘 이곳을 많은 그림과 파이앙스 그리고 시누아즈리 취향을 만족시키는 동양 도자기와 델프트 자기들로 채웠다. 그 역시 '중국 방'을 따로 만들어 많은 도자기를 수집했다. 호화롭기 짝이 없는 이곳의 대표적인 소장품은 자기로 만든 각

양각색의 벽난로들이다. 외관상으로 밤베르크는 평범한 도시처럼 보일지도 모른다. 그러나 들추면 들출수록 새로운 무언가가 나오는, 마치 양파와 같은 매력을 지닌 도시가 바로 밤베르크다. 도자기의 도시답게 매년 8월이면 유럽에서 가장 규모가 큰 앤티크(골동품) 전시회가 열려 구시가 전역에 마켓이 들어서면서 진풍경을 연출한다.

청바지(데님)를 처음 만든 리바이 슈트라우스(Levi Strauss)가 이 지역 출신이며, 그의 박물관이 미국이 아닌 이곳 부텐하임(Marktstraße 33 Buttenheim)에 있다는 사실도 이채롭다.

밤베르크 라우흐비어의 원조 격인 '슐렌케를라'. 335년의 역사를 자랑하는 전통 맥줏집이다.

훈제 맥주 '라우흐비어'를
아시나요?

독일에는 맥주의 도시가 아닌 곳이 없다. 밤베르크도 유명한 맥주의 도시다. 특히 이곳에서만 맛볼 수 있는 훈제 맥주 '라우흐비어(Rauhbier)'는 밤베르크 시민들이 항상 취해 있다는 말이 나올 정도로 유명한 맥주다. 라우흐비어는 기네스 같은 흑맥주로, 장작불로 소시지나 BBQ를 구울 때 나는 훈제 내음에 달콤하면서 톡 쏘는 맛이 난다.

라우흐비어에서 훈제 향이 나는 것은 맥아(麥芽, Malt)를 훈제 연기에 통과시키기 때문이다. '라우흐'라는 말 자체가 연기라는 뜻으로 스모크트 비어(Smoked Beer)와 같은 말이다. 이렇게 해서 나온 훈연 몰트 자체는 어두운 색이 아니지만 훈제와 밝은 색이 어울리지 않아서 좀더 강하게 맥아를 볶아 캐러멜처럼 어두운 색의 맥주를 만든다고 한다.

이 훈제 맥주의 탄생 배경도 재미있다. 이 지역의 한 맥주 양조장에서 화재가 일어나 몰트가 몽땅 타버렸는데, 이 몰트를 버리기 아까워한 브로이 마스터(Bräu Master: 맥주 제조 기술자)가 그것으로 술을 빚었고 그 결과 의외로 놀라운 맛을 얻어냈다고 한다. 밤베르크에서는 8월 마지막 주에 벌어지는 맥주 페스티벌을 비롯해 크고 작은 맥주 행사가 끊이지 않는다. 막시밀리안 광장(Maximiliansplatz)에는 주말마다 맥주 시장이 들어서 관광객은 물론 주민들의 축제 마당이 펼쳐진다.

Tip **밤베르크의 세 가지 매력**

01. 시청사 시청사 건물 2층이 도자기 박물관이다. 중세 시대의 복장을 한 학예사가 친절하게 설명을 해준다. 화~일요일 09:30~16:30에 문을 열고 월요일은 휴관.

02. 밤베르크 역사박물관(Historisches Museum)과 노이에 레지덴츠(Neue Residenz) 역사박물관에서는 도자기 화가로 유명한 카를 슈미트와 그의 재단 소속 화가들이 그린 도자기 그림을 특별 전시한다. 역사박물관은 5~10월에만 문을 연다. 개관 시간은 화~일요일 09:00~17:00. 노이에 레지덴츠 개관 시간은 4~9월 09:00~18:00, 10~3월 10:00~16:00.

03. 슐렌케를라(Schlenkerla) 678년부터 밤베르크의 명물 술집으로 지정돼 335년의 역사를 자랑하는 라우흐비어 맥줏집. 밤베르크의 명소답게 아침부터 늦은 저녁 시간까지 빈자리가 없을 정도로 북적인다. 라우흐비어를 생산하는 양조장은 '슈페치알(Spezial)'이 원조다. 밤베르크에서는 9개의 맥주 양조장이 50여 종류의 맥주를 생산하고 있다.

밤베르크가 도자기 가도의 출발점이라면 도자기 가도의 중심 도시는 젤프다. 과거에 많은 도자기 회사가 명멸한 이 도시에는 현재 로젠탈 (Rosenthal) 본사와 후첸로이터(Hutschenreuther), 빌레로이 앤 보흐(Villeroy & Boch)의 젤프 공장과 아웃렛이 있다. 젤프의 도자기 역사는 1856년 화재의 대재앙에서 시작된다. 화재는 건물 한 채만 남겨놓고 도시 전체를 폐허로 만들었으나 1년 후에 로렌츠 후첸로이터(Lorenz Hutschenreuther, 1817~1886)가 첫 도자기 공장을 세우면서 파탄에 빠진 도시에 재건의 기회를 가져왔다. 도자기 공장이 지역사회 경제를 지탱하는 근간 산업이 된 것이다.

로렌츠 후첸로이터는 1902년부터 크게 번창하기 시작해 몇몇 회사를 인수했고, 1969년에 로렌츠 후첸로이터 도자기 회사 젤프(Porzellanfabriken Lorenz Hutschenreuther AG Selb)로 이름을 바꿨다. 그러나 로젠탈이 이 회사를 사들이면서 2000년부터 로젠탈 브랜드가 됐다. 따라서 현재 시중에 있는 후첸로이터 제품은 단지 브랜드 이름일 따름이다. 후첸로이터가 도자기업계에서 이룬 공헌은 쯔비벨무스터가 대중적으로 널리 알려지는 데 가장 큰 기여를 했다는 사실이다. 쯔비벨무스터는 마이슨이 먼저 시작했으나 후첸로이터가 대중화와 일반화를 주도했다.

로젠탈의 시작은 후첸로이터보다 한참 늦은 1879년이다. 필립 로젠탈 (Philipp Rosenthal, 1855~1937)이 베를(Werl)이란 곳에서 도자기의 초벌 구이에 그림을 그리는 도자기 페인팅 공방을 차렸다. 그러다 젤프로 이사하

1. 야생화로 둘러싸인 젤프의 로젠탈 도자기 공장과 박물관.
2. 젤프는 도자기 가도를 대표하는 도시답게 입구 초입에 대형 도자기 안내물을 세워놓았다.

면서 가내수공업 수준의 공방이 됐다. 로젠탈은 최고급 도자기와 가정용 식기류 제조에 주력하다가 나중에는 산업용과 기술용 자기로 그 영역을 넓혔다. 로젠탈의 첫 히트 작품은 1886년에 내놓은 시가(담배) 재떨이였으니 지금과 비교하면 격세지감일 수밖에 없다.

1900년대에 들어서면서 로젠탈은 회사의 몸집을 불리기 시작했다. 1908년에는 토마스(Thomas)를, 1917년에는 차이들러(Zeidler)를, 1921년에는 크리스터(Krister)를, 1936년에는 발더스호프(Waldershof)를 잇달아 매입해 비약적으로 덩치를 키워 나갔다. 그러나 사업에는 항상 유동성 위기라는 것이 찾아온다. 100여 년 동안 승승장구하던 로젠탈도 우리나라가 IMF로부터 구제금융을 받던 해인 1997년에 위기를 맞아 영국의 웨지우드에 지분의 상당량을 넘겼다. 그 후 웨지우드가 로젠탈 지분을 매각하려 한다는 소문이 돌기 시작하더니, 결국 2009년 4월 웨지우드가 파산하면서 로젠탈 역시 동반으로 파산 신청을 했다.

당시 독일 바이에른 주에서는 3,000~4,000만 유로의 자금을 지원해 로젠탈을 회생시키려 했으나 경쟁 회사들이 들고 일어섰다. 로젠탈에 대한 자금 지원은 공정 경쟁을 해치는 행위로, 만약 지원을 한다면 자신들도 똑같은 혜택을 받아야 한다고 목청을 높인 것이다. 결국 로젠탈은 2009년 7월, 삼보넷 페데르노(Sambonet Paderno)라는 이탈리아 주방용품 회사를 새 주인으로 맞았다. 냄비와 칼을 만드는 회사가 고급스러운 테이블웨어 회사를 인수한 것이니 이야말로 가치의 전복(顚覆)이다.

현재 로젠탈은 후첸로이터, 토마스, 로젠탈 베르사체 라인, 로젠탈 스튜디오 라인 등의 여러 브랜드로 제품을 출시하고 있다. 그런데 이 전통 있는 독일

1. 후첸로이터의 현란한 황금빛 자기 세트.
2. 로젠탈의 여성용 향수와 화장품 보관 용기. 로젠탈 도자기 박물관 소장.

1. 베르사체 '블루 메두사' 시리즈의 화병. 2. 로젠탈-베르사체 라인의 '허영' 시리즈 화병 세트.

브랜드가 모두 이탈리아 회사의 소유가 됐으니 참 아이러니한 세상이다.

로젠탈의 특징 중 하나는 세계적으로 유명한 예술가나 디자이너와 협업을 많이 한다는 사실이다. 로젠탈은 이를 '스튜디오 라인(Studio Line)'이라 부르는데 스튜디오 라인이야말로 로젠탈을 명품의 반열에 올려놓은 원동력이다. 1993년에 시작한 베르사체 라인, 1999년의 불가리 라인 등은 세계적인 패션 명품 브랜드와 손잡고 공동으로 작품을 만들어낸 것으로 가히 '컬래버레이션(Collaboration)의 장인'이라고 할 수 있다.

로젠탈 '스튜디오 라인'은 일종의 차별화 전략이다. 럭셔리 브랜드 테이블웨어 가운데서도 더욱 돋보이고 싶은 지난한 몸짓이며, 모든 시대 최고의 디자인을 창조하고자 하는 욕망의 자극과 응집의 결정체다. 그리하여 로젠탈은 '교배와 혼혈'이 창조적 예술의 가장 뛰어난 에너지임을 성공적으로 입증했다. 순수함과 화려함, 우수함을 바탕으로 오랜 세월 명성과 찬사를 누려온 로젠탈과 베르사체의 합작은 '이제 우리 시대에 무엇이 오리지널인가?'라는 화두를 던지고 있다.

실제로 로젠탈-베르사체 라인은 보기만 해도 황홀하다. 베르사체 특유의 색감과 문양이 자기의 우아함과 결합해 독특하고도 환상적인 분위기를 자아낸다. 천상의 비너스가 기다랗고 흰 망사 옷을 하늘하늘 나풀거리며 하늘에서 내려오고 있는데 그 밑에서는 장미와 튤립이 만발한 아름다운 정원이 기다리고 있는 듯, 우리는 그저 압도적인 색채의 향연에 숨죽일 따름이다.

1993년 처음 로젠탈과 베르사체 두 거장이 만났을 때 일어날 수 있는 일이라곤 오직 예측 불가능한 미학적 영역의 확장, 그것밖에 없었을 것이다. 전통과 혁신이 결합된 로젠탈의 명성과 독특하면서 풍부한 표현력을 자랑하는 베르사체는 테이블웨어에서도 흥분을 억누르기 힘든 품격 있는 제품을 만들어냈다.

매혹적인
컬래버레이션

잔니 베르사체(Gianni Versace)의 디자인은 사람들을 다른 시간과 공간으로 초대하는 그림과 같다. 베르사체 특유의 색감은 조화를 이루지 못하고 튀는 그 무엇도 배제하면서 각 색상 고유의 특성들을 매우 즐겁게 조화시키는 데에서 나온다. 이 매력적인 '패션계 스타'는 뛰어난 안목으로 고른 색상들을 버무려 풍성하고 빛나는 집을 만든다. 잔니 베르사체는 특히 고전 유산에서 현대적이고 새로운 트렌드를 만들어내는 영감을 얻었다. 이렇게 나온 그의 메두사 시리즈는 지금도 여전히 매혹적이다.

1997년 잔니 베르사체의 죽음 이후 네오클래식과 바로크라는 테마를 새로운 감성의 용광로로 녹여내 제련한 사람은 바로 그의 여동생인 도나텔라 베르사체(Donatella Versace). 도나텔라는 대담한 혼합과 대조를 특성으로 하는 패션 콘셉트로 베르사체 홈 컬렉션에 색채혁명을 가져왔다.

로젠탈과 베르사체의 협업은 여전히 이어지고 있는데, 거의 매년 새로운 주제의 작품을 내놓고 있다. 지금까지 선보인 작품들의 주제는 다음과 같다.

출시 연도	작품 이름
1993	Medusa (메두사)
	Marco Polo (마르코 폴로)
	Le Roi Soleil (태양왕) * 루이 14세를 지칭
1994	Barocco (바로코)
1995	Les Trésors de la Mer (바다의 보물)
1996	Le Jardin de Versace (베르사체의 정원)
	Gold Baroque (황금의 바로크)
1997	Gold Ivy (황금의 상아)
1998	Russian Dream (러시아의 꿈)
1999	Marqueterie (상감세공)
2000	Floralia Blue (푸른 꽃의 여신)
2001	Medusa Blue (푸른 메두사)
2002	Wild Floralia (야생의 꽃 여신)
2003	Floralia Green (녹색의 꽃 여신)
2004	Floralia D. V. (꽃의 여신의 의지)
2005	Primavera (봄)
2006	Vanity (허영)
2010	Les Réves Byzantiums (비잔티움의 꿈)
2011	Le Grand Divertissement (커다란 여흥)
2012	Asian Dream (아시아의 꿈)

1. 젤프 시내 중앙에 있는 도자기 조형물. 도자기 도시로서의 면모를 강조하고 있다.
2. 마치 백자에 벚꽃이 피어난 듯 화사하기 이를 데 없는 젤트만의 일본풍 찻잔 세트.

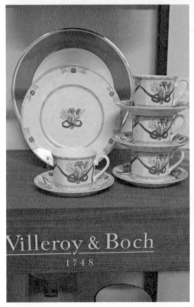

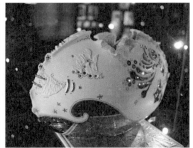

로젠탈의 혁신적 실험성은 앤디 워홀(Andy Warhol, 1928~1987)과도 연계되었다. 그리하여 그 유명한 앤디 워홀의 마릴린 먼로, 엘리자베스 테일러, 엘비스 프레슬리 등이 로젠탈 작품으로 되살아났다. 앤디 워홀 파운데이션과 로젠탈의 수년간에 걸친 공동 작업은 로젠탈 도자기를 좋아하는 사람들은 물론, 이미 저세상으로 떠난 많은 셀러브리티에 대한 향수에 젖어 있는 사람들까지 도자기의 매력적인 세계로 이끌기에 충분했다.

옛날 중국이나 조선의 토용은 죽은 자들을 위한 인형이었다. 그러나 셀러브리티 피겨린의 역할은 이 세상 사람들을 위무하는 일이다. 도자기 인형들은 이제 더 이상 어두컴컴한 지하 공간에 있지 않아도 된다. 그 대신 산뜻하고 밝은 응접실이나 거실 혹은 주방에서 사람들의 애정 어린 시선을 받는다. 1천여 년에 걸쳐 바뀌게 된 역할의 전복(顚覆)이다.

유럽 최대의
도자기 벼룩시장

젤프는 번잡한 도시가 아니다. 시내에서 차로 10분만 달리면 외곽에 도달할 정도로 작고 한적하다. 높은 건물이나 유흥 시설, 호텔도 거의 없다. 그러나 7월 초부터 8월 중순까지는 유럽 전역에서 몰려든 도자산업 종사자와 도자기 마니아들로 북새통을 이룬다. '백금 주간(Wochen des Weißen Goldes, Weeks of the White Gold)'과 8월 첫째 주 토요일에 열리는 '도자기인들의 축제(The Fest der Porzelliner, Festival of the Porzelliner)' 때문이다.

'백금 주간'에는 도자기 생산자, 도자기 박물관 관계자, 도자기 학교 관계자들이 모여 젤프 시내에 있는 로젠탈 극장에서 행사를 갖는다. '도자기인들

1. 로젠탈의 옛 가마에 세워진 로젠탈 도자기 박물관. 중앙의 청화백자 화분이 인상적이다. 2. 헬무트 드레크슬러의 도자기.

Tip **젤프에 있는 도자기 아웃렛 매장**
로젠탈 Philipp Rosenthal Platz 1
월~토요일 10:00~18:00
아르츠베르크 Vielitzerstraße 8
월~금요일 09:30~18:00, 토요일 09:30~15:00
빌레로이 앤 보흐 Vielitzerstraße 26
월~토요일 09:30~18:00

젤트만 아웃렛 매장
바이덴 Christian-Seltmannstraße 59-67
월~금요일 09:00~17:00, 토요일 09:00~13:00
에르벤도르프 Bahnhofstraße 25
월~금요일 09:00~17:00, 토요일 09:00~12:00

의 축제' 때에는 유럽에서 가장 규모가 큰 도자기 벼룩시장이 젤프에서 열린다. 그 규모가 엄청나서 젤프 도로변이 도자기로 가득찬다. 도자기를 구입하거나 구경하려는 사람들로 인산인해를 이루는 것은 물론이다.

이렇게 뜨거운 8월의 열기가 사그라지면 도시는 다시 한적한 마을로 돌아간다. 그러다 크리스마스 시즌이 되면 또다시 반짝 손님들이 몰려온다. 대부분이 크리스마스 선물로 테이블웨어를 구입하거나 자기로 장식한 크리스마스트리를 구경하기 위해 이곳으로 모여든다. 젤프의 크리스마스트리는 크리스마스 4주 전부터 세워진다.

하인리히의 '가을' 시리즈.

젤프의 로젠탈 박물관은 1969년 폐쇄한 옛 로젠탈 도자기 공장터에 세운 것이다. 9천m^2 이상의 공장터에 각기 성격이 조금씩 다른 4개의 박물관이 들어섰다. 이 중 하나는 로젠탈 도자기가 독일의 산업과 공업에 어떻게 기여했으며, 지금도 어떤 기여를 하고 있는지 보여주는 산업 자기와 관련된 박물관이다. 심지어 산업화 초기 옛 화장실의 모습까지도 그대로 보여준다.

로젠탈 박물관은 다른 도자기 공장들과 확연하게 다른 성격의 로젠탈을 잘 보여주는 장소다. 박물관에는 공장의 초기 모습을 담은 옛 흑백사진들을 입체적으로 전시해 도자기 공장이 독일 경제와 어떤 연관 관계 속에서 성장해 왔는지 알 수 있게 해준다. 이렇게 해서 바이에른 지역의 첫 산업 박물관은 19세기 공장이 지닌 은근한 매력을 드러낸다.

힌덴부르크 비행선과 하인리히 도자기

도자기의 도시답게 젤프에는 로젠탈과 후첸로이터만 있는 게 아니다. 하인리히(Heinrich)를 비롯한 많은 도자기 회사가 출현했다가 일세를 풍미하고 사라졌다. 그들은 다음과 같다.

그라프 크리프너(Gräf & Krippner), 1906 ~ 1929
하인리히 도자기 GmbH (Heinrich Porzellan GmbH), 1896 ~ 1976
야거, 베르너 & Co. (Jager, Werner & Co.), 1910 ~ 1920
크라우트 하임 & 아델베르크(Krautheim und Adelberg), 1884 ~ ?
파울 뮐러(Paul Müller), 1890 ~ 1957
요세프 리버(Josef Rieber), 1868 ~ 1923
야콥 자이들러 & Co. (Jacob Zeidler & Co.), 1866 ~ 1917

이 가운데 재미있는 회사는 하인리히 도자기다. 도자기 화공이던 프란츠 하인리히(Franz Heinrich)는 1896년에 근처의 도자기들을 구입해 연구하기 시작했고, 마침내 종업원 한 명만 데리고 도자기를 만들기 시작했다. 그러다 그의 '안무트(Anmut: 기품, 매력)' 시리즈가 크게 인기를 얻어 베스트셀러가 됐다. 이런 인기에 힘입어 그의 그릇들은 당시 체펠린(Zeppelin LZ 129) 비행기의 기내 식기로 사용됐다.

제1차 세계대전 당시 독일의 비행선 체펠린은 영국 런던까지 날아가 고공에서 폭탄을 투하하는 폭격기 역할을 담당했다. 전쟁이 끝난 후에는 독일과 미국을 연결하는 비행선이 등장해 승객과 화물 수송에 커다란 역할을 했다. 특히 상류층 인사들이 이 비행선을 이용했는데 기내 식기로 하인리히 도자기를 사용했다는 것은 그만큼 가치를 인정받았다는 의미다.

그러나 1937년 LZ-129 힌덴부르크(Hindenburg) 비행선에서 참사가 벌어졌다. 비행선이 독일 프랑크푸르트를 떠나 미국 뉴저지 주 레이크허스트 비행장에 착륙하던 중 낙뢰를 맞아 폭발하는 사고가 발생한 것이다. 이후 비행선은 종말을 고하고 자취를 감췄다. 하인리히 도자기 주식회사도 같은 길을 걸었다.

한때 로젠탈, 후첸로이터와 함께 독일 도자기 시장의 절반 이상을 차지할 정도로 지명도가 높던 하인리히지만 1976년 빌레로이 앤 보흐에 인수돼 '빌보'의 브랜드로 존재하게 됐다. 사랑스러운 그림으로 풍부한 동화적 감수성을 보여준 하인리히 식기는 많은 수집가의 표적이 됐다. 특히 '안무트' 시리즈나 '요정 접시' 시리즈는 '빌레로이 앤 보흐의 하인리히' 중에서도 가장 많은 사랑을 받는 인기 품목이다.

빌레로이 앤 보흐 아웃렛 매장의 진열대. '화병' 시리즈의 컬러가 시선을 끈다.

1, 2. 젤프에 있는 아르츠베르크 도자기 아웃렛. '형태 1382'의 디자인을 차용한 작품들이 눈에 띈다.

헬무트
드레크슬러의
화려한 도자기
그림. 도자기가
캔버스 역할을
했다.

고령토가 바꾼
광산 마을의 운명

젤프는 도자기 아웃렛이 많기로도 유명하다. 빌레로이 앤 보흐뿐 아니라 이웃 도시 아르츠베르크(Arzberg)의 아웃렛도 바로 옆에 있다. 원래 아르츠베르크는 가난한 광산 마을이었다. 그러다 후첸로이터가 아르츠베르크의 북쪽 지역에서 고령토를 발견하면서 마을의 운명이 달라졌다. 후첸로이터는 이곳의 흙으로 호헨베르크 안 데어 에거(Hohenberg an der Eger)에 있는 공장에서 본격적으로 도자기를 만들어내기 시작했다. 아르츠베르크 최초의 도자기 공장 설립 허가는 1838년 로렌츠 크리스토프 에커(Lorenz Christoph Äcker)라는 사람이 받았으나 공장은 수차례 주인이 바뀌면서 후첸로이터에 흡수됐다.

1876년 하인리히 슈만(Heinrich Schumann)은 이 마을에 두 번째 공장을 세웠는데 이를 아들 카를 슈만(Carl Schumann)이 이어받았고, 이와는 별개로 하인리히의 막내아들 크리스토프 슈만(Christoph Schumann, 1864~1916)이 세 번째 공장을 지었다. 이 공장이 바로 오늘날 아르츠베르크 도자기의 시발점이 됐다. 아르츠베르크 도자기가 오늘날의 지명도와 인

1, 2. 젤프에 있는 빌레로이 앤 보흐 아웃렛.

기를 얻을 수 있었던 것은 헤르만 그레치(Hermann Gretsch)의 디자인 덕분이다. 바우하우스(Bauhaus)의 원칙에 따라 1931년에 나온 '형태 1382'는 근대 도자기 디자인의 시금석이 되었고, 아르츠베르크 도자기가 전 세계적으로 팔리는 계기를 마련했다. 이 도자기는 지금도 생산되고 있다.

헤르만 그레치가 디자인한 '형태 1382'의 계승자는 하인리히 뢰프펠하르트(Heinrich Löffelhardt)라는 사람이다. 그의 디자인 '형태 2000'이 또 다른 베스트셀러가 됐다. 뉴욕 메트로폴리탄 박물관은 '형태 1382'와 '형태 2000'을 영구 전시 품목으로 지정했고, 아르츠베르크는 세계적인 도자기 디자인 회사로 발돋움했다. 이후 아르츠베르크 브랜드는 후첸로이터로 넘어갔다가 2000년에 다시 SKV 도자기 연합 유한회사(SKV-Porzellan-Union GmbH)로 넘어갔다. 이 회사는 2004년에 이름을 아예 아르츠베르크 도자기 유한회사(Arzberg-Porzellan GmbH)로 바꾸었다. 그만큼 아르츠베르크의 유명세가 남달랐다는 방증이다.

아르츠베르크 도자기는 간결하고 단순하며 실용적인 특징을 지니고 있다. 순수(Pure)와 단순(Simple), 깨끗함(Clean)이 이들의 지향점이다. 이런 점에서 아르츠베르크 도자기는 바우하우스 디자인의 모범적인 계승자라 할 수 있다. 색감도 따뜻하고 정감이 있으면서 스타일리시하다.

아르츠베르크 도자기의 로고에는 항상 'Made in Germany'가 따라다닌다. 여기에는 좀 특별한 사연이 있다. 독일 도자기 제품의 경쟁력이 날이 갈수록 높아지자 영국 여왕은 심기가 몹시 불편해졌다. 시장 잠식을 우려한 여왕은 법령을 통과시켜 독일에서 수입하는 제품에는 반드시 'Made in Germany'를 표기하도록 했다. 그렇게 하면 영국인들이 그 제품을 사지 않을 거라고 생각한 것이다. 그러나 상황은 반대로 흘러갔다. 'Made in Germany'는 매우 질이 좋은 제품의 증표가 됐다. 아르츠베르크 도자기 역시 이때부터 인구에 회자되기 시작했다. 1887년 일이다. 시장은 언제나 정직하다.

태생부터 다국적인
'빌레로이 앤 보흐'

아르츠베르크 아웃렛 바로 옆에는 빌레로이 앤 보흐의 아웃렛이 있다. 현재 빌레로이 앤 보흐는 다국적기업으로 성장했다. 생산 공장만 해도 태국과 멕시코를 포함해 15개국(나머지는 유럽)에 있고, 125개국에 직영 판매점이

겨울 크리스마스 시즌을 위한 젤트만 찻잔 세트.

있다. 그러니 도자기의 도시 젤프에 빌레로이 앤 보흐 공장이 있는 것은 당연하다.

빌레로이 앤 보흐는 출생부터 다국적(多國籍) 태생이다. 프랑수아 보흐(François Boch)가 1748년 프랑스 북부의 조그만 마을 오뎅르티슈(Audin-le-Tiche)에 첫 번째 공장을 지었고, 두 번째 공장은 그로부터 20년 후인 1767년 그의 아들 피에르 조제프 보흐(Pierre Joseph Boch)가 룩셈부르크의 세트퐁텐(Septfontaine)에 지었다. 세 번째 공장은 독일의 메틀라흐(Mettlach)에 지었다. 그래도 이 공장들은 모두 국경 인접 지역에 있어서 서로 멀리 떨어져 있지는 않다.

프랑수아 보흐의 손자 장 프랑수아 보흐 에 프레르(Jean-François Boch et Frères)가 부모로부터 독립해 세운 메틀라흐의 이 공장이 현재 빌레로이 앤 보흐의 본사다. 그렇기 때문에 빌레로이 앤 보흐 제품에는 '메이드 인 독일', '메이드 인 프랑스', '메이드 인 룩셈부르크'가 표기될 수밖에 없는데 이것이 사람들을 헷갈리게 만든다. 심지어 요즘에는 '메이드 인 멕시코'와 '메이드 인 타일랜드'도 있으니 말 다했다. '보흐'와 '빌레로이'가 합쳐 '빌레로이 앤 보흐'가 된 것도 메틀라흐에 세 번째 공장을 지은 다음의 일이다.

젤프의 '빌보' 아웃렛에서는 고급 도자기보다 실용적인 주방용 그릇이나 화병, 크리스마스 장식용 소품 등이 강세다. 사실 젤프에 들어서면 제일 먼저 만나게 되는 도자기 공장이 빌레로이 앤 보흐다. 빌보 공장과 아웃렛이 젤프 시내 입구에 떡하니 버티고 있어서 젤프가 로젠탈의 본거지가 아니라 빌보의 도시였나 하는 착각이 들 정도다.

도자기 가도의 도시들을 보면 아르츠베르크를 비롯해 바이덴, 테타우, 바이로이트(Bayreuth) 등이 중심을 이룬다. 이 중 마지막으로 바이덴에 있는 젤트만 바이덴 바바리아(Seltmann Weiden Bavaria)에 대해 알아보자.

이 회사는 빌헬름 젤트만(Wilhelm Seltmann, 1870~1967)이 아르츠베르크에 설립했다. 젤트만은 원래 도자기 선반공으로 출발해 성형과 밑그림을 그리다가 1901년 마침내 형과 함께 도자기 회사를 설립했다. 그리고 몇 년 만에 종업원 600여 명을 거느린 대형 공장으로 번창했다. 그 후 의견 대립으로 형에게서 독립해 독자적으로 회사를 경영하기 시작했으나 공장이 제2차 세계대전이 끝난 뒤 미군 기지로 사용되면서 생산 시설을 거의 못 쓰는 위기를 겪기도 했다. 그럼에도 젤트만은 도자기에 대한 열정과 재능을 바탕으로 시련을 이겨냈다.

젤트만은 도자기 공장들이 밀집한 바이에른 주 오베르팔츠(Oberpfalz) 지역의 핵심적인 경제인으로 부상하면서 급성장을 거듭했다. 이후 폴크스데트(Volksdedt), 쾨니글리히 테타우(Königlich Tettau), 플라우에(Plaue), 샤이베 알스바흐(Scheibe Allsbach) 등 이미 설립된 여러 도자기 회사를 흡수해 자회사로 거느리고 있다. 젤트만의 진가는 뛰어난 경영에 있는 것이 아니라 창의성에 대한 무한한 신뢰와 지원, 실력 있는 예술가들과의 끝없는 협업에 있다. 젤트만은 오스트리아의 훈데르트바서(Hundertwasser)나 구드룬 가우베(Gudrun Gaube), 텔케 베르벨(Thoelke Bärbel) 같은 현대 도예 공예의 중진들과 협업을 통해 실험성이 강하면서 미적 가치가 뛰어난 제품, 그러면서도 대중성까지 갖춘 현대적 제품들을 생산해내고 있다. 젤트만 아웃렛은 바이덴과 에어벤도르프(Erbendorf), 두 곳에 있다.

로젠탈 박물관을 즐기는 방법

01. 도자기 제작에 가장 친절한 박물관 로젠탈 박물관은 젤프 시내에서 많이 떨어져 있지 않지만 약간 외곽으로 치우쳐 있다. 젤프 시내에서 차로 5분 거리에 있다(Werner Schürer-Platz 1).

박물관에서는 도자기 만드는 과정을 상세하게 전시해 '도자기 제작의 모든 것'을 보여준다. 도자기란 무엇인가, 세라믹이란 무엇인가 등 가장 초보적이고 근원적인 것에 대한 설명을 비롯해 도자기 제작에 사용하는 흙은 물론, 틀을 잡는 거푸집, 유약 칠하기, 초벌구이부터 최종 완성 단계에 이르기까지 모든 과정을 상세하고도 알기 쉽게 전시하고 있다. 도자기 제작의 전 과정을 이렇게 방대한 규모로 전시하는 곳은 로젠탈 박물관 말고는 찾기 어렵다.

---

02. 독일 현대미술의 거장 오트마어 알트의 특별 전시실 박물관 내 특별 전시관도 매력적인 장소 중 하나다. 독일 현대미술가 오트마 알트(Otmar Alt)의 작품을 전시하고 있다. 1940년생인 그는 회화의 중심으로 형상을 다시 주목한 '새 구상파(New Figuration)'의 대표 주자로 독일 현대미술에서 매우 중요한 인물이다. 항상 새로운 오브제와 독자적인 창작 방식을 추구하고 있기 때문에 그의 작품들은 유리, 나무, 철강, 플라스틱, 세라믹 등 모든 재료를 총망라한다.

---

03. 로젠탈의 역사 그 자체인 헬무트 드레크슬러 또 하나의 특별 전시실에서는 로젠탈 도자기의 그림과 성형의 총책임자로 뛰어난 실력을 발휘한 헬무트 드레크슬러(Helmut Drexler)의 작품을 전시하고 있다. 1927년 젤프에서 태어나 제2차 세계대전 중 러시아 포로로 잡혀 폴란드 광산에서 일한 4년을 제외하고는 평생을 로젠탈과 함께한 로젠탈의 역사 그 자체라 할 수 있는 도공이다. 그는 '클래식 로즈 컬렉션'과 '로젠탈 스튜디오 라인'의 상당 부분을 디자인했으며, '금의 불꽃(Goldfeuer)' 시리즈는 지금까지 걸작으로 평가받고 있다. 그는 1960년대 이후에 제작한 900여 점의 작품 대부분을 로젠탈 박물관에 기증했고, 이 작품들은 로젠탈 박물관에서 영구 전시하고 있다.

---

04. 도자기의 역사를 강조한 호헨베르크 박물관 로젠탈은 후첸로이터 도자기의 역사가 시작된 호헨베르크 안 데어 에거(Hohenberg an der Eger)에도 박물관을 세웠다. 젤프 박물관은 산업적 측면과 세라믹 기술에 치우친 곳이고, 호헨베르크 박물관(Schirndingerstraße 48)은 도자기의 역사를 강조한 곳이다. 두 곳 모두 화~일요일 10:00~17:00에 문을 열며 월요일은 휴관이다. 입장료는 성인 5유로.

호헨베르크 박물관 앞에는 도자기 마을답게 마을에 얽힌 역사와 이야기를 타일로 제작한 알림판이 놓여 있다. 비바람과 온도 변화에 강한 타일이야말로 강인한 역사의 전달자 역할을 한다.

CHAPTER

7

뮌헨은 맥주의 도시가
아니다?

화려한 로코코 도자기의 극치

/

흔히 뮌헨 하면 '맥주의 도시'를 연상한다. 9월 말에 열리는 맥주 축제 옥토 버페스트 때문이다. 유명한 브로이 하우스를 비롯해 맥주 회사만 2,500여 개 에 달하니 뮌헨은 당연히 맥주의 도시다. 그러나 뮌헨은 BMW 본사가 있는 공업 도시이자 도자기 도시이기도 하다. 무엇보다 뮌헨은 님펜부르크 도자기의 고장이다. 님펜부르크 하면 많은 사람이 옛 바이에른 공국을 통 치한 비텔스바흐(Wittelsbach) 가문이 지은 여름 별장, 즉 님펜부르크 성 (Schloss Nymphenburg)을 떠올린다. 이 성은 뮌헨 시내에 있는 본궁인 레 지덴츠(Residenz) 궁전과 함께 비텔스바흐 가문의 대표적 궁전으로, 요정

뮌헨 중심지인 마리엔 광장 근처. 바이에른 전통 의상을 입고 맥주를 즐기는 노신사들.

을 뜻하는 님프에서 그 이름이 유래했다. 이름부터 '요정의 궁전'이므로 도자기 공장이기도 한 성의 특징과 너무나 잘 어울린다.

님펜부르크의 도자기 역사는 1747년으로 거슬러 올라간다. 마이슨에 비해 37년밖에 늦지 않았다. 바이에른의 선제후 막시밀리안 3세 요제프(Maximilian III Joseph, 1727~1777) 시절 노이데크(Neudeck) 성에 세운 왕립 도자기 공장이 그 출발점이다. 초반에는 독자적인 자기 제작에 연이어 실패하다가 오스트리아 비엔나에서 J. 링글러(J.Ringler)를 초대하고 나서 공장 설립 7년 만인 1754년에 성공했다. 링글러는 도자기 제작 비법을 유럽 전역에 퍼뜨린 장본인이다.

그 후 님펜부르크는 도자기 공장을 현재 궁전이 있는 곳으로 옮겨 대량생산에 나섰다. 초반에는 마이슨 도자기의 영향을 벗어나지 못하고 모방하는 수준이었으나 점차 피겨린 제작에서 독자성을 발휘하고 테이블웨어에서 꽃무늬 장식이 들어간 독자적 제품을 생산하기 시작했다. 1862년에 개인 회사가 된 다음에도 님펜부르크 성 안에 남아서 전통을 살린 고품격의 피겨린과 테이블웨어를 선보이고 있다.

님펜부르크 성은 엄청난 규모를 자랑한다. 성이라기보다 거대한 정원이라는 표현이 더 맞을 것이다. 본성 뒤쪽에는 잘 가꾼 정원이 있고 주변에는 울창한 숲이 우거져 있어 왜 이곳을 여름 별장으로 사용했는지 짐작이 간다. 울창한 숲 속에는 궁전 앞의 운하로 연결된 개울들이 이리저리 이어지며 맑은 물을 흘려보내고 있다. 얼마나 물이 맑고 공기가 청량한지 숲으로 들어서면 순식간에 더위가 자취를 감춘다. 님펜부르크 성은 바이에른의 선제후 페르디난트 마리아(Ferdinand Maria)가 아들 막시밀리안 2세 에마누엘

1. 뮌헨 시장의 높은 입간판. 시장이 있다는 것을 알리는 기능과 장식 기능을 동시에 갖춘 조형물.
2. 뮌헨 관광의 중심지인 마리엔 광장. 3. 뮌헨 시장에 있는 노천 맥줏집.

백조들이 노니는 커다란 호수를 끼고 있는
님펜부르크 성. 성이라기보다는 하나의
거대한 정원으로 불릴 만큼 규모가
방대하다. 왕족들의 여름 별장으로
사용됐다.

(Maximilian II Emanuel, 1662~1726)의 탄생을 기념해 지었다. 처음에는 성이 아닌 이탈리아식 대저택이었으나 18세기 초에 막시밀리안 2세 에마누엘이 성의 중앙에 해당하는 5층 저택 양쪽에 4개의 파빌리온을 짓고 아케이드로 파빌리온들을 본성과 연결했다. 이후에 점점 로코코 양식의 성으로 다듬었다.

로코코 도자기의 양대 산맥, 켄들러와 부스텔리

님펜부르크 도자기의 명성을 초기에 확립한 사람은 프란츠 안톤 부스텔리 (Franz Anton Bustelli, 1723~1763)로 스위스 출신의 조각가다. 40세 생일을 보내고 며칠이 지나지 않아 요절한 그는 당대의 가장 뛰어난 도자기 성형가로 이름을 알렸다. 평론가들이 "유럽 도자기의 가장 완벽한 표현 방식을 로코코 양식에서 찾는다면 그것은 부스텔리의 작품에서 찾아야 한다"고 말할 정도로 로코코 양식 도자기에서 그의 존재감은 확실하다.

부스텔리가 님펜부르크에 합류한 것은 이곳이 처음으로 도자기 제작에 성공한 1754년의 일이다. 도자기 제작의 성공을 목도한 그는 재빨리 도자기 성형가로 변모해 약 150개의 모듈을 만들어 님펜부르크 도자기가 정착하는 데 커다란 공헌을 했다. 그 때문에 그는 마이슨 도자기의 요한 요하힘 켄들러와 더불어 로코코 도자기의 양대 디자이너로 꼽힌다. 부스텔리는 1756년부터 피겨린을 제작하기 시작했는데, 그의 피겨린 작품을 보면 독특한 우아함 속에 역동적이고 위트 넘치는 인물들을 묘사하고 있다. 그는 또한 선제후 막시밀리안 3세 요제프의 지시로 상당한 규모의 디너 서비스(만찬 용도

1,2. 님펜부르크 도자기 회사의 전시실. 3. 타일 숍의 외부 전경. 4. 님펜부르크 도자기 회사 전경.

부스텔리의 뒤를 이은 도미니크 아울리츠제크는 주로 신화 속 동물이나 인물을 묘사했다. 그리스 신화에서 저승문을 지키는 개 케르베로스와 저승을 관할하는 플루톤을 묘사한 조각상.

의 식기 세트) 제작에도 참여했는데 안타깝게도 완성하지 못한 채 눈을 감았다. 현재 부스텔리가 만든 초기 오리지널 피겨린은 15만 달러를 호가할 정도로 고가에 거래되고 있으며, 뉴욕 메트로폴리탄 박물관 등에 전시돼 있다. 물론 그의 작품을 가장 많이 소장하고 있는 곳은 님펜부르크 도자기 박물관과 뮌헨 국립박물관이다.

님펜부르크 본성 뒤편에 펼쳐진 넓은 정원에는 모두 6개의 대형 조각상이 서 있다. 모두 그리스 신화 속 인물을 묘사하고 있는데, 이를 조각한 사람은 체코 출신의 도미니크 아울리츠제크(Dominik Auliczek, 1734~1804)다. 바로 부스텔리의 뒤를 이어 님펜부르크 도자기 2세대를 주도한 인물이다. 아울리츠제크는 부스텔리가 사망하고 2년 후에 님펜부르크 도자기의 성형 마스터로 피겨린과 도자기를 제작하다가 감독관이 됐고, 님펜부르크 성 정원의 조각상까지 만들 만큼 다재다능했다. 사진 속 조각상은 그리스 신화에서 저승의 문을 지키는 머리 셋 달린 문지기 개 케르베로스(Cerberus)와 저승을 관할하는 신 플루톤(Pluton)을 묘사한 것이다. 이처럼 그의 작품 대부분은 신화 속 인물이나 동물을 묘사하고 있다.

댄서에게 빠져 왕위를 빼앗긴
'멋쟁이 왕의 도자기 사랑

아울리츠제크는 교황 클레멘스 13세로부터 '황금 격려상(Order of the Golden Spur)'을 수상할 정도로 재능을 인정받은 예술가였다. 이 상은 교황청에 기여한 예술가나 건축가에게 수여하는 것으로 교황청이 주는 상 가운데 두 번째로 높으며, 지금까지 오직 100명만 한정 수상했다.

1. 님펜부르크 도자기의 중흥기를 이끈 루트비히 1세의 흉상 피겨린. 2. 님펜부르크의 접시. 3. 수수하면서도 화려한
님펜부르크의 '디너 서비스' 시리즈. 4. 님펜부르크 도자기의 시그너처인 화려한 테이블웨어. 모두 님펜부르크 박물관 소장.
5. 화려하게 치장한 님펜부르크 성 내부. 내부 장식의 포인트는 언제나 도자기가 주를 이룬다.

님펜부르크 도자기의 명성을 확립한 프란츠 안톤 부스텔리의 피겨린 작품. 부스텔리의 피겨린은 로코코 양식의 정점을
보여준다. 님펜부르크 도자기 박물관 소장.

님펜부르크 도자기는 이렇게 당대의 가장 뛰어난 인재를 영입함으로써 왕립 도자기 제작소의 명성과 영예를 이어나갔다. 님펜부르크 도자기의 중흥에 가장 큰 기여를 한 사람은 바이에른의 통치자 루트비히 1세(Ludwig I, 1786~1868)다. 루트비히 1세는 자신이 쓴 시집을 네 권이나 출간한 시인이자 신고전주의와 휴머니즘을 신봉하는 예술가들의 열렬한 후원자였다. 1827년에는 괴테의 78세 생일에 맞춰 바이마르에 있는 그를 직접 방문해 바이에른 최고 훈장(Merit of the Bavarian Crown)을 수여한 '멋쟁이'기도 했다.

이런 성향 때문에 그는 아일랜드에서 온 댄서 롤라 몬테즈(Lola Montez)에 빠져들었고, 몬테즈의 또 다른 애인이던 당대의 피아니스트 리스트(Liszt)와 경쟁하기 위해 롤라에게 백작 작위를 수여하려 했다. 그러나 이에 분노한 뮌헨 시민들이 봉기해 끝내 왕위 자리에서 물러날 수밖에 없었다.

이렇게 루트비히 1세는 700여 년을 이어온 비텔스바흐 가문을 몰락으로 이끌었으나 독일의 예술 발전에는 커다란 기여를 했다. 현재 뮌헨 구시가의 많은 건축물 중 상당수는 루트비히 1세 때 지은 것이다. 그의 성향으로 볼 때 당연히 성에서 많은 연회가 열렸고, 이에 필요한 테이블웨어를 제공하기 위해 님펜부르크 도자기 공장은 바쁘게 돌아갈 수밖에 없었다. 왕실의 폭넓은 수요가 님펜부르크 도자기 산업 발전의 최대 동력이 된 것이다. 이 시기의 님펜부르크 '디너 서비스'는 가히 최고 수준이었다.

루트비히 1세를 기점으로 바이에른의 국력은 급격히 쇠퇴하기 시작했고, 이는 님펜부르크 도자기에도 직접적인 영향을 미쳤다. 이후 막시밀리안 1세의 갑작스러운 죽음과 19세에 왕위를 물려받은 루트비히 2세의 정신불안

증세 등으로 바이에른의 국고는 바닥이 났고, 님펜부르크 도자기 산업 역시 성장 동력이 끊기게 되었다. 결국 1856년 예술 장식품으로서의 도자기 생산은 모두 중단되었고, 1862년에는 아예 공장이 민간에 넘어갔다. 1887년 보이믈(Bäuml) 가문이 이를 넘겨받아 '부스텔리 재발견 운동'을 벌인 끝에 님펜부르크 도자기는 과거의 영광을 되찾을 수 있었다. 지금 님펜부르크 도자기 박물관에서 전시하고 있는 부스텔리의 초기 작품은 모두 보이믈 가문이 수집한 '보이믈 컬렉션'이라 해도 과언이 아니다.

보이믈 가문은 88년 동안 님펜부르크 도자기 공장을 잘 경영했지만, 1975년 경영권을 다시 바이에른 주 정부로 넘겼다. 2011년 님펜부르크 도자기를 최종 인수한 사람은 바이에른의 루이트폴트(Luitpold) 왕자로, 원래 주인인 비텔스바흐 가문이 공장을 되찾은 셈이다. 루이트폴트 왕자는 바이에른의 마지막 왕 루트비히 3세의 증손자다.

이렇게 님펜부르크 도자기의 영욕은 바이에른 공국의 흥망과 밀접한 관련이 있다. 태생적으로 님펜부르크 도자기 공장이 왕립인 탓도 있지만 시누아즈리 열풍 속에 동양 도자기를 사들이느라 재정 파탄에 놓인 유럽 왕실들이 왕립 브랜드 개발에 나선 전형적 사례이기도 하다. 님펜부르크가 '과거의 탯줄'을 끊고 다시 경쟁력을 획득할 수 있을까? 도자기 애호가들은 다음 같은 혁신적 실험을 보면서 이 회사의 미래 전망을 긍정적으로 보고 있다.

창립 260주년을 맞은 2008년, 님펜부르크는 16명의 세계적인 패션 디자이너를 선정해 부스텔리의 걸작 '코메디아 델라르테(Commedia dell'Arte, 1759~1960)' 캐릭터에 디자이너들의 아트피스를 입힌 피겨린 한정판을 발표했다.

1. 님펜부르크의 독자적인 꽃무늬가 그려진 테이블웨어. 님펜부르크 도자기 박물관 소장.
2. 물고기가 그려진 님펜부르크의 도자기 작품.

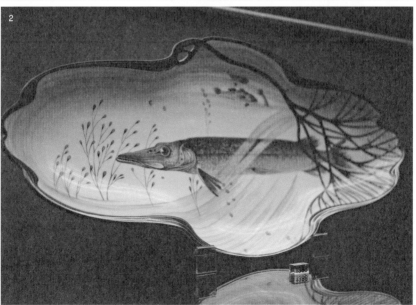

1

1. 님펜부르크가 세계적인 패션 디자이너에게 의뢰해 발표한 피겨린 한정판. 2. 님펜부르크의 테이블웨어는 화려하면서 나름의 독특한 매력을 지니고 있다.

16명의 디자이너에는 비비안 웨스트우드(Vivienne Westwood), 크리스티앙 라크루아(Christan Lacroix), 엠마누엘 웅가로(Emanuel Ungaro) 등이 포함돼 있다. 이 개성 강한 디자이너들이 서로 다른 감성으로 피겨린 의상에 창조적으로 접근한 방식은 오늘날 님펜부르크가 향하고 있는 방향이 어떤 것인지 잘 보여준다. 디자이너들은 글로벌 패션 현장의 다양한 경향을 반영하고 있기 때문이다. 피겨린을 통해 당대 예술가들에게 영감을 선사한 부스텔리는 250년 만에 다시 부활해 현대 패션계에 새로운 자극을 주었다. 오랜 전통과 역사를 지닌 창조 집단만이 할 수 있는 퍼포먼스의 궁극적 지향점이 아닐 수 없다. 참으로 부러운 그들의 예술 환경이다.

럭셔리 자동차에 버금가는
초호화 눈썰매

님펜부르크 도자기 박물관에는 예상치 못한 또 다른 즐거움이 기다리고 있다. 2층 도자기 박물관 아래층의 마차 박물관이 그것이다. 바이에른의 왕과 귀족들이 사용하던 마차와 눈썰매, 가마, 마구 등을 모아놓은 이 박물관은 인간의 사치가 어디까지 갈 수 있는지 극명하게 보여준다. 매년 새롭게 쏟아지는 럭셔리 자동차에 대한 현대인의 욕망과 별반 다르지 않다.

람보르기니나 페라리처럼 럭셔리 카의 반열에 오른 명품 차를 최고의 장인들이 모여 수작업으로 만들어내듯 당시의 마차 제작도 이와 유사했을 것이다. 하나의 마차를 완성하기 위해 당대 최고의 디자이너와 조각가, 기술자들이 모여 머리를 맞대고 궁리하는 장면이 절로 연상된다. 이들은 왕과 귀족들의 까탈스러운 호사를 만족시키기 위해 얼마나 고심했을까?

사진 속 눈썰매만 보아도 그렇다. 눈썰매는 바이에른 선제후 막시밀리안 2세 에마누엘 통치 시절인 1680~1683년 사이에 제작한 것으로 화려함에서 당대 최고의 것으로 평가받고 있다. 눈썰매를 모는 사람의 좌석 앞에 있는 조각상은 헤라클레스를 묘사한 것으로, 한 손에 방망이를 든 채 9개의 목을 가진 뱀 히드라를 깔고 앉아 있다. 바로 눈썰매 주인이 처할 수도 있는 위기를 미리 방지하는 주술적 기원을 형상화한 것이다.

눈썰매 하나에도 이렇게 공들여 조각하고 의미를 부여하고 있으니 당시 궁정 생활의 사치스러움은 충분히 짐작하고도 남는다. 특히 뮌헨은 비엔나와 경쟁 구도를 형성하고 있었기 때문에 궁정 생활의 모든 것이 비교됐으며, 화려함에 대한 경쟁 또한 날이 갈수록 심화됐다.

화려함의 극치를
보여주는 바이에른
왕가의 마차. 눈썰매를
모는 마부의 좌석
앞에는 방망이를 든
헤라클레스를 조각해
눈썰매의 주인이 처할
수도 있는 위험을 미리
방지하고자 했다.

이 눈썰매를 즐겨 탄 에마누엘 선제후는 썰매 지치기를 광적으로 좋아해서 겨울에 눈만 내리면 귀족이나 시종들을 데리고 나가 몇 시간씩 썰매를 타곤 했다고 한다. 마차나 눈썰매의 조각을 보면 나무를 다루는 장인의 솜씨가 보통이 아님을 알 수 있다. 이런 목공예 기술은 도자기의 발전과도 깊은 관련이 있다. 훌륭한 목공예 솜씨를 기반으로 도자기 디자인을 자유자재로 할 수 있기 때문이다. 섬세한 도자기 장식과 목공예는 그 방식이 서로 닮아 있다. 이들 모두 손으로 일일이 깎아내고 파내야 하는 작업인 것이다. 부스텔리도 목공예 조각에 매우 능숙한 사람이었다.

님펜부르크의 도자기 박물관과 마차 박물관을 보았다면 정원으로 눈을 돌릴 차례다. 엄청나게 넓은 정원에는 꽃밭이 거의 없어서 도미니크 아울리츠제크의 조각상 말고는 눈길을 줄 곳이 없다. 이것이 전부일까?

숲 속에 숨어 있는
진짜 보물들

정원 너머 숲 속에 관광객 대부분이 놓치는 진짜 소중한 보물들이 기다리고 있다. 이들은 잘 보이지도 않고 거의 알려져 있지도 않다. 바로 아말리엔부르크(Amalienburg), 아말리아 궁이다. 여름 사냥용 숙소로 사용된 이 건물은 선제후 카를 알브레히트(Karl Albrecht)가 아내 마리아 아말리아(Maria Amalia)를 위해 1734년부터 1739년까지 지었다. 아무리 왕비를 위한 건물이라지만 여름 한철, 그것도 사냥할 때 잠시 사용하는 숙소를 이토록 화려하게 치장해도 될까 싶을 정도로 내부 모습은 눈이 휘둥그레 떠진다. 실내장식은 식물이나 동물 형상을 은 세공품으로 일일이 만들어 이은 것을 벽면

아말리아 궁의 내부 장식. 왕비를 위한 여름 별장치곤 너무나 화려하다.

네덜란드 로테르담에서 들여온
장식 타일로 중국풍의 영향이
짙게 드리워져 있다.

에 붙였다.

그러나 이 집의 비밀은 거실이 아니라 부엌에 있다. 화려한 부엌에 들어서면 입이 떡 벌어진다. 부엌을 장식한 타일은 네덜란드 로테르담에서 들여온 수입품으로 네덜란드 도자기 회사가 시누아즈리 트렌드를 겨냥해 만든 타일이다. 당시 네덜란드는 일본과의 도자기 무역을 통해 도자기 제조 비법을 알게 된 이후, 델프트(Delft)에서 도자기와 타일 제작이 크게 성행했다. 델프트 타일은 포르투갈의 타일 벽화 장식뿐 아니라 유럽 전역의 장식 문화에 커다란 영향을 미쳤다. 아멜리아 궁의 안내 표지판에도 이 타일들이 로테르담에서 온 것이라고 쓰여 있는데, 로테르담 역시 델프트 인근이어서 타일 산업이 크게 발달했다.

벽면 타일은 중국 청화백자를 모방한 흔적이 역력하다. 꽃 모양도 중국 자기나 그림에 많이 등장하는 패턴이며, 타일도 자세히 보면 손오공을 주제로 한 그림이나 중국인의 일상을 그린 풍속도가 등장한다. 그러나 이곳을 설계한 사람은 중국에 대한 지식이 부족했는지 군데군데 타일을 잘못 붙여 약간 이상한 그림을 만들어냈다.

여하튼 이 부엌의 장식 타일에서도 당시 유러피언들이 중국에 대한 판타지가 얼마나 컸는지 그대로 드러난다. 이런 시누아즈리 성향은 님펜부르크의 또 다른 '보물'인 파고덴부르크(Pagodenburg), 즉 파고다 성에서 그 면이 더욱 강조된 것을 볼 수 있다. 님펜부르크 본성에서 좀 떨어진 파고다 궁도 겉으로는 호숫가에 자리잡은 소박한 2층 건물에 지나지 않는다. 요제프 에프너(Joseph Effner)라는 건축가가 1716년부터 5년 동안 지었는데 인테리어를 보니 그만한 시간이 걸린 이유를 충분히 짐작하고도 남는다.

부엌 장식 타일은 당시 유럽 왕실의 전형적인 '시누아즈리' 취미를 반영하고 있다.

216

1. 아말리아 궁 벽의 화려한 은 세공 장식. 2. 델프트 특유의 장식 타일. 3. 중국인의 일상을 묘사한 장식 타일.

아말리아 궁과 마찬가지로 용도는 사냥 숙소이지만 왕의 밀회를 위한 용도도 있었던 것으로 추정된다. 잠시의 휴식을 위해 그토록 호사스러운 침실을 2층에 만들 필요는 없겠기에 말이다.

파고덴부르크는 이름부터 파고다(Pagoda), 중국의 층탑(層塔)에서 가져왔다. 당연히 내부 장식도 중국풍이다. 그러나 눈이 번쩍 뜨이는 것은 1층 응접실의 화려한 델프트 장식 타일이다. 아말리엔부르크와 마찬가지로 파고덴부르크 역시 18세기 유럽 상류층의 건축 인테리어에 필요한 두 가지 요소, 즉 타일과 중국풍이 그대로 드러난다. 이 두 가지가 빠져 있으면 왕의 체면이 떨어진다고 생각한 게 틀림없다. 2층 침실을 둘러보면 이런 생각이 더욱 확실해진다. 과연 이곳이 독일인지 의심할 정도로 완연한 동양풍이다. 벽을 병풍처럼 나눠 장식한 것도 익숙한 스타일이고, 그림 역시 한국이나 중국 병풍에서 자주 발견할 수 있는 것이어서 정감마저 느껴진다.

파란 델프트 장식 타일은 동양의 청화백자가 건너오지 않았다면 생겨나지 못했을 문화다. 유럽의 건축물들이 벽을 프레스코 벽화처럼 그림으로 장식하는 대신 타일을 사용한 것도 가깝게는 이베리아 반도의 아줄레주(장식타일) 영향이지만, 그 뿌리는 페르시아와 동양 자기에 있다. 그렇게 타일은 유럽에서 하나의 문화양식이 되었다.

반면 한국은 여전히 타일을 예술적 오브제가 아닌, 욕실과 화장실, 부엌 일부에 사용하는 건축 자재로만 인식하는 경향이 강하다. 그렇다 하더라도 인간의 일상생활에서 몸을 씻는 일과 음식을 조리하는 일이 얼마나 중요한 일인가. 그런 장소를 장식하는 타일에 미학적 가치를 부여하는 건축문화 조성을 위해서는 전반적인 미적 수준이 향상되어야 한다.

화려한 델프트 타일로 벽을 완성한
파고덴부르크의 거실.

파고덴부르크의 동양풍 침실. 천장 장식과 병풍 같은 벽면의 디테일, 가구들이 동양적 감수성을 전하고 있다.

물론 '아파트 건축업자'들의 인식부터 바뀌어야 하겠지만 말이다.

레지덴츠 컬렉션의
프랑켄탈 도자기

바이에른 왕가의 여름 별장인 님펜부르크 성의 호화로움이 이 정도라면 뮌헨에 있는 본궁 레지덴츠는 어떨까? 레지덴츠 궁전은 박물관으로 용도가 바뀌었지만 현재 모습으로도 과거의 위용을 충분히 유추할 수 있다.

레지덴츠 컬렉션에는 조각상과 나전칠기 옷장 등도 있으나 역시 도자기가 가장 많다. 바이에른의 명품 식기 외에도 중국과 일본 제품이 많아 드레스든 츠빙거 궁전의 '일본 궁전'에 이어 당시 유럽 왕실의 동양 도자기 사재기 열풍을 알 수 있다. 특히 중국 청화백자에 금속 세공을 더해 벽을 장식한 것은 아주 드문 형태로 청화백자가 얼마나 넘쳐났는지 짐작하게 한다. 이곳에는 마이슨과 님펜부르크의 명작도 넘쳐난다. 이토록 마이슨의 명작이 많은 것은 바이에른의 선제후 막시밀리안 3세 요제프와 작센의 공주 마리아 안나(Maria Anna)가 결혼할 때 혼수품으로 마이슨 도자기들을 가져왔기 때문이다. 이 도자기들은 막시밀리안 3세 요제프와 마리아 안나를 위해 특별히 제작한 별도의 장식장에 '보물'로 전시되고 있다.

재미있는 사실은 이 테이블웨어가 당시 왕실 만찬에서도 마지막 코스, 즉 디저트를 먹을 때만 등장했다는 점이다. 식사할 때는 금은 식기를 사용하고, 도자기 그릇은 식후의 과일이나 페이스트리, 당시로는 새로운 풍조라 할 수 있는 차와 커피를 마시거나 초콜릿을 먹을 때 도자기가 조심스럽게 식탁 위에 올라온 것이다. 심지어 도자기 찻잔으로 차 마시는 것을 최고의 영광이자

1. 1771년에 제작한 프랑켄탈 도자기 세트. 뮌헨 레지덴츠 소장.
2. 중국의 청화백자와 금속 세공을 결합한 뮌헨 레지덴츠의 벽장식.

사치로 여겼으니 왕실조차 도자기를 얼마나 소중하게 여겼는지 알 수 있다. 레지덴츠 컬렉션에는 프랑스 루이 왕조 시대의 꽃으로 통하는 세브르 (Sévres) 접시와 프랑켄탈(Frankenthal)의 명작 피겨린도 포함돼 있다. 18세기 독일의 7개 명요(名窯) 중 하나인 프랑켄탈은 로코코풍 피겨린으로 명성을 얻어 20여 년 동안 전성기를 누렸다.

프랑켄탈 도자기를 설립한 하농(Hannong) 가문은 프랑스 스트라스부르 (Strasbourg)에서 도자기 공장을 운영하고 있었으나 루이 16세가 세브르 도자기를 왕립 도자기 공장으로 지정하고 나머지 공장은 폐쇄하자 카를 테오도어(Carl Theodor, 1724~1799) 선제후가 통치하는 독일 서남부 팔츠 (Pfalz) 지방의 프랑켄탈로 이주했다. 비어 있던 병영(兵營)을 개조해 공장을 세우고 마이슨 도자기에서 기술자를 영입해 도자기를 생산하기 시작한 프랑켄탈은 설립 4년 만에 스트라스부르에 다시 가게를 낼 정도로 사업이 번창했다.

하농이 사망하고 두 아들이 카를 테오도어 선제후에게 공장을 넘긴 후에도 승승장구를 거듭해 독일과 인근 여러 도시에 가게를 낼 만큼 성장했다. 그러나 독일과 프랑스 간에 일어난 전쟁으로 프랑스군이 이곳을 점령하면서 결국 공장 문을 닫고 말았다. 프랑켄탈 도자기가 존립한 기간은 고작 44년밖에 안 되지만 앤티크 시장에서 매우 높은 가격에 거래되고 있다. 프랑켄탈 도자기의 진면목은 피겨린에서 잘 드러난다. 레지덴츠 박물관에서 볼 수 있는 프랑켄탈 피겨린들은 뛰어난 예술성을 유감없이 보여준다.

프랑켄탈 도자기를 하농 가문으로부터 인수한 카를 테오도어 선제후는 정치적으로 무능했지만 열성적인 예술 후원자였다. 그가 프랑켄탈 도자기를

뮌헨 레지덴츠 박물관의 골동품
전시실 초입. 소장품의 규모가
엄청나다.

선뜻 떠맡은 것도 바로 이런 성향 때문이었으며, 그가 운영하던 만하임 왕립 오케스트라는 당시 유럽에서 가장 훌륭한 오케스트라였다. 모차르트가 이 오케스트라 단원이 되기 위해 만하임으로 가기도 했으나 선제후가 거처를 뮌헨으로 옮기는 바람에 만하임 오케스트라 단원이 되지 못했다는 비화도 재미있다.

'마돈나 구냥'이 된 관음여래상

뮌헨 레지덴츠 박물관이 소장한 동양 도자기 컬렉션에서 가장 흥미로운 것은 '메이드 인 차이나 아리타 도자기'다. 도자기의 맏형인 중국에서 일본의 아리타를 모방한 도자기를 만들었다는 사실이 아이러니하다. 일본 아리타 도자기에 대한 유럽 왕실의 수요가 중국 도공들로 하여금 아리타 도자기 특유의 문양과 색깔을 흉내 낸 '짝퉁 아리타'를 만들도록 자극한 것이다. 그리하여 1710년에서 1730년 사이에 엄청난 양의 '중국산 아리타 도자기'가 유럽으로 건너왔고, 이것들을 사들인 곳이 바로 네덜란드 동인도회사였다.

마이슨 쯔비벨무스터도 고가인 탓에 '짝퉁 쯔비벨무스터'가 양산됐듯이 동서양을 막론하고 '짝퉁의 역사'는 참으로 오랜 역사를 가지고 있다. 실물로 봐도 일본 아리타 도자기와 중국 아리타 도자기 사이에는 품질의 차이가 없다. 개인적인 성향에 따라 오히려 중국 것이 낫다고 생각하는 이들도 있다.

바이에른 왕실이 처음으로 동양 도자기를 사 모으기 시작한 것은 공작 빌헬름 5세(재위 1579~1598) 때부터다. 중국 왕조로는 명나라(1368~1644)에 해당하며 이때 처음으로 중국 도자기가 뮌헨에 등장했는데 마이슨이 도자

1. 초상화 앞에 놓인 장식 자기들. 2. 요한 빌헬름 란츠(Johann Wilhelm Lanz)가 1760년에 제작한 프랑켄탈 피겨린 작품으로 뮌헨 레지덴츠와 역사박물관 등에 소장돼 있다. 3. 프랑켄탈 피겨린 제품들. 뮌헨 레지덴츠 소장.

Vier Chinesen
Frankenthal, 1767-1762
Modell: Johann Friedrich Lück

1,2,3. 프랑켄탈 피겨린들. 4,5. 매우 드문 녹색 바탕의 중국 도자기.

기 제조 비법을 알아낸 때보다 100년 전의 일이니 당시에 중국 도자기와 피겨린은 보물 중의 보물로 대우를 받는 것이 당연했다.

그때 유럽으로 대량 들어온 중국 피겨린 중에는 푸젠 성(福建省) 취안저우(泉州)의 더화(Dehua, 德化) 현에서 제작한 것이 많았다. 징더전(景德鎮) 가마에서 만든 청화백자가 유럽에 본격적으로 건너가기 한참 전의 일이다. 이때 유럽 왕실에서 각광받은 것이 백색 피겨린인데, 그중에서도 달마대사(達磨大師)와 관음여래좌상(觀音如來坐像)이 인기였다. 배를 드러낸 배불뚝이 달마대사가 웃고 있는 피겨린은 행운과 행복, 풍요의 상징인 부처로 인식됐고, 관음여래좌상은 '중국판 마돈나' 또는 '자비의 여신'으로 받아들였기 때문이다. 관음여래 피겨린 중에는 아이를 안고 있는 모습도 꽤 있어서 성모마리아와 비견된 것도 어찌 보면 당연한 듯하다. '자비의 여신' 이름이 '구냥(姑娘, 아가씨)'으로 통했다는 사실에 이르면 포복절도할 따름이지만 중국에 대해 정말 무지하던 시절이었다. 게다가 피겨린의 색깔이 당시 유럽에서는 찾아볼 수 없는 하얀색이었다는 것도 절대적인 매력 요인이었다. 도자기를 '하얀 금'으로 부르는 것도 여기에서 출발한다.

뮌헨 레지덴츠 박물관의 동양 컬렉션은 대부분 막시밀리안 2세 에마누엘

1. 유럽에서 부처로 통한 중국의 달마대사 피겨린. 2. 18세기 초에는 아무 문양도 없는 동양의 백자가 큰 인기였다. 뮌헨 레지덴츠 소장. 3. 구냥이라는 이름으로 통한 관음여래상 '자비의 여신'. 이때 도자기를 '화이트 골드'라고 불렀다.

(재위 1679~1726)의 덕이 크다. 이미 유럽에서 동양 도자기가 거센 유행으로 자리잡았을 때다. 역시 이 도자기들은 식탁에서 실제 사용된 것이 아니라, 응접실 장식품이나 별도의 진열장에 들어가 과시용으로 선보였다.

뮌헨이 도자기의 도시이기도 하다는 사실은 거리 곳곳에서 종종 확인할 수 있다. 그저 눈에 잘 안 띌 따름이다.

식품점에 있는 차 판매대를 보면 뒤편의 항아리들이 눈에 띈다. 찻잎을 보관하고 전시하는 도자기 항아리다. 항아리는 차의 변질과 부패를 막는 동시에 소비자에게 편안하면서 심미적인 느낌으로 다가선다. 상품에 대한 신뢰감과 소비에 대한 욕구를 동시에 안겨주는 것이다. 독일에는 약재나 각종 식료품을 도자기 항아리에 넣어 보관하는 가게가 꽤 많다. 우리가 고추장과 된장, 간장 등의 각종 발효 식품을 항아리에 넣어 숙성시키고 보관하는 이치와 똑같다.

1759~1762년 사이에 제작된 프랑켄탈의 피겨린.

시내 중심부에서 멀지 않은 곳에 자리한 성 루트비히 성당(Ludwigskirche, Ludwigstraße 20)은 뮌헨의 주요 볼거리 중 하나다. 이 성당을 주목해야 할 이유는 세계에서 가장 넓은 네오로마네스크 양식인데다 커다란 프레스코 제단화가 있기 때문이다. 성당은 루트비히 1세 때인 1829년부터 1844년 사이에 건축했으나 제2차 세계대전 당시 심각하게 훼손돼 1952년까지 복구 작업을 했다. 멀리서도 눈에 잘 띄는 지붕의 타일은 노란색과 녹색, 파란색, 검은색으로 덮여 알록달록 크레파스로 그린 그림처럼 보인다.

타일 지붕은 2007년부터 2009년까지 이뤄진 공사로 새롭게 단장했는데 성당 부속물로는 가장 새것이라 할 수 있다. 이 모자이크 패턴은 새로 만든 것이 아니라 성당 건축가인 프리드리히 폰 게르트너(Friedrich von Gärtner)가 디자인한 것에 타일만 새것으로 교체했다. 신성한 성당 지붕을 알록달록 원색으로 도배한 이유가 궁금하다. 프리드리히 폰 게르트너는 지붕 모자이크를 "신랑으로서의 예수와 신부로서의 성당 간에 이뤄진 서약의 이미지"라고 한다. 지붕의 모자이크 패턴 자체가 성서적 해석에 따른 것임을 강조한 말이다. 독일에는 '가장 아름다운 신랑 예수'라는 찬송가가 있다.

'하나님의 아들, 모든 끝의 지배자이신 가장 아름다운 신랑 예수, 내 영혼의 기쁨이요 면류관이 되시는 주님을 사랑하고 경배하기를 원합니다. 하늘과 땅의 모든 아름다움이 오로지 주님 안에 있사오니, 아름다운 나의 주님보다 땅 위에서 더 좋은 분은 아무도 없네.'

등과 기름이 없으면 신랑이 될 예수를 맞이하지 못하고 잔칫집에서 쫓겨난

1,2,3,4. 시내 한 식품점의 차 판매대 모습. 찻잎을 보관하는 진열대 위에 있는 도자기 작품들.

다는 마태복음 25장의 구절도 있다. 이 노래 가사와 구절을 합쳐서 해석하면 이런 지붕을 만든 건축가의 의도가 무엇인지 알 수 있다. 성 루트비히 성당은 '지붕의 채색 타일은 단순히 색채의 아름다움을 강조한 것이 아니라 이런 색채를 사용한 이유가 무엇인지 사람들의 궁금증을 유발하고 이를 통해 하나님의 말씀을 효과적으로 전달하려는 것'이라고 강조한다.

알프스 이북 지역에서 성당 지붕을 원색의 타일로 장식한 곳은 여기뿐만이 아니다. 오스트리아 비엔나나 헝가리 부다페스트에도 채색 타일 지붕의 성당이 있다. 그것도 가장 중요한 성당 지붕을 타일로 장식한 것이다. 당연히 성당의 타일 지붕은 도자 문화와 깊은 관련이 있다. 도자 문화가 없으면 타일 지붕의 성당도 존재하지 않았을 것이다. 성당의 타일 지붕은 프랑스 국경을 넘어 스페인 사라고사와 발렌시아까지 그 맥락이 이어진다.

세라믹 막대로 건물 벽을 덮은 브란트호르스트 미술관

뮌헨의 마지막 목적지는 피나코테크(Pinakothek)다. 그리스어로 '갤러리'를 뜻하는 피나코테크는 뮌헨에 모두 세 곳이 있다. 알테 피나코테크, 노이에 피나코테크, 피나코테크 데어 모데르네. 별 뜻은 아니고 옛 갤러리, 새 갤러리, 근대 갤러리라는 말이다. 세 곳이 옹기종기 모여 있는데 미술에 관심 있는 사람은 필수적으로 가야 할 곳이다. 시내 중심에서 트램으로 채 5분도 걸리지 않는다.

뮌헨의 마지막 여정은 이곳에서 아주 가까운 브란트호르스트(Brandhorst) 미술관이다. 이 미술관은 장 미셸 바스키아, 데미언 허스트, 앤디 워홀 등 그

브란트호르스트 미술관의 건물을 장식한
세라믹 막대들. 총 스물세 가지 컬러로 구운
세라믹 막대로 건물 외부를 마감한
아름다운 건축물이다.

야말로 컨템퍼러리 아트 작품을 집중적으로 감상할 수 있는 장소다. 당연히 현대미술의 흐름을 읽는 데 아주 중요한 갤러리다.

베를린 출신의 건축가 자우어브루흐 후톤(Sauerbruch Hutton, 1955~)이 디자인하고 바이에른 주 정부가 2009년에 지은 이 갤러리는 건물 외관에서 느낄 수 있듯 예사 건축물이 아니다. 에너지의 효율적 관리, 소음 차단, 그림자가 생기지 않는 조명 등 생태공학과 환경공학의 신기술을 총동원해 지어 5천만 유로의 건축비가 들어갔다.

무엇보다 눈길을 끄는 것은 외관이다. 스물세 가지 색깔로 구운 3만 6,000개의 세라믹 막대를 사용해 그 어디서도 볼 수 없는 독특한 분위기를 자아낸다. 세라믹 막대는 도자기를 막대처럼 구운 것이다. 그러나 막대를 구운 다

1. 성 루트비히 성당의 타일 지붕. 2. 노이에 피나코테크. 3. 브란트호르스트 미술관의 외부 전경.

음 색을 입힌 것이 아니라 굽는 과정에서 아예 이런 색을 만들어냈다는 게 중요하다. 얼마나 대단한 정성이 들어갔을까?

정녕 부러운 것은 이런 건물을 짓도록 권장하고 앞장서는 바이에른 주 정부의 행정과 공무원들이다. 창의성은 결코 절로 발현되는 것이 아니다. 쥐어짠다고 나오지 않는다. 이런 문화적 풍토가 바탕에 깔려 있어야만 가능하다. 부럽고 또 부러운 점이 아닐 수 없다.

뮌헨에서 둘러봐야 할 여섯 가지 코스

01. 뮌헨에서 님펜부르크 가기 뮌헨 중앙역 부근의 아르눌프슈트라세(Arnulfstrasse)에서 16번이나 17번 트램을 타면 된다. 반드시 중앙역 부근에서 타지 않아도 16번이나 17번 트램이 가는 곳이면 어느 정거장이든 상관없다. 내리는 곳은 로만플라츠(Romanplatz)나 님펜부르크 성 정거장이다. 중앙역에서 10여 분이면 도착하고, 님펜부르크 성 정거장에서 내리면 바로 성과 호수가 보인다. 님펜부르크 도자기 회사는 정면에서 바라볼 때 중앙 본성의 오른쪽에 따로 떨어져 있다. 입구에 회사 문양을 그린 깃발이 있어 찾기 쉽다.

02. 님펜부르크 공방 전시실과 박물관 님펜부르크 도자기 회사에는 전시실이 따로 있어 최근 제작한 피

겨린 위주로 전시하고 있다. 뛰어난 피겨린이 많지만, 전시실 입구를 제외하고는 사진 촬영을 엄격하게 금지하고 있다. 이처럼 사진 촬영을 금지하는 것은 도자기 제조 방법이 더 이상 비밀이 아니므로 도자기 경쟁력의 척도가 디자인으로 옮겨간 탓이 크다.

님펜부르크 도자기의 역사를 보여주는 옛 작품들은 본성의 왼쪽, 도자기 공장의 맞은편에 있다. 독립가옥인데다 중앙 출입구에서 한참 떨어져 있어 도자기 박물관(Marstallmuseum)이 있다는 사실을 미리 알고 가지 않는 한 그냥 지나치기 쉽다. 도자기 박물관은 다행스럽게도 사진 촬영에 아무런 제약이 없다. 님펜부르크 도자기가 명성을 얻기 시작한 초기 작품부터 최근의 피겨린 작품까지 잘 전시돼 있다.

———

03. 아말리엔부르크(Amalienburg)와 파고덴부르크(Pagodenburg) 아말리엔부르크는 님펜부르크 궁전 뒤편 정원으로 나가면 숲속에 자리하고 있다. 여름 사냥용 숙소로 마리아 아말리아(Maria Amalia)를 위해 지었다고 해서 아말리아 궁으로 불린다. 겉으로 보기에는 너무 수수해서 들어가고 싶은 마음이 생기지 않을 만큼 존재감이 약하지만 궁 안으로 들어가면 별천지가 펼쳐진다. 로코코 실내장식의 극치를 볼 수 있다.

님펜부르크 본성에서 좀 떨어진 파고덴부르크도 호숫가에 자리잡은 소박한 2층 건물에 지나지 않지만 내부는 호화로움의 극치를 보여준다. 아말리아 궁과 마찬가지로 용도는 사냥 숙소이며 로코코풍 장식 타일의 호화로움을 만끽할 수 있다.

———

04. 뮌헨 레지덴츠 뮌헨에 있는 레지덴츠는 엄청난 규모의 전시실부터 방문자를 압도한다. 바이에른 통치자들이 조금씩 건물을 확장해 오늘날의 대규모 복합 단지가 됐다. 제2차 세계대전 당시 연합군의 폭격으로 건물의 상당 부분이 훼손됐으나 1980년대에 대부분을 복원했다.

골동품 전시실(Antiquarium)은 알베르트 5세(재위 1550~1579)의 앤티크 컬렉션을 전시하기 위해 지은 것으로 알프스산 북쪽 지역에서 가장 넓은 르네상스식 홀이다. 17개의 커다란 채광창(lunettes)이 천장 중심 부분까지 이어져 고급스러운 분위기를 연출한다. 1586년부터 1600년까지는 연회장으로 사용되기도 했다. 컬렉션으로는 조각상과 나전칠기 옷장 등이 있으나 도자기가 가장 많다. 마이슨과 님펜부르크의 명작들도 넘쳐나며, 가장 흥미로운 것은 '메이드 인 차이나 아리타 도자기'가 있는 동양 도자기 컬렉션이다.

———

05. 루트비히 성당(Ludwigskirche) 알록달록한 원색 타일의 지붕을 가지고 있는 대성당. 대담한 채색 타일로 모자이크해 컬러풀한 지붕이 유명하다.

———

06. 브란트호르스트(Brandhorst) 미술관 미술에 관심 있는 사람은 필수적으로 가야 할 곳이다. 뮌헨 시내에서 트램으로 5분 정도 걸린다. 컨템퍼러리 아트 작품을 집중적으로 감상할 수 있으며 현대미술의 흐름을 읽는 데 중요한 갤러리. 세라믹으로 만든 건물 외관이 인상적이다.

CHAPTER

8

비엔나의 장미,
아우가르텐

로열 비엔나의 여정

/

동유럽 도자기 여행의 두 번째 나라는 독일의 이웃 나라인 오스트리아다. 오스트리아 비엔나에서 가장 먼저 갈 곳은 2구에 자리한 아우가르텐(Augarten)이라는 넓은 정원이다. 이곳에 있는 아우가르텐 궁(Augarten Palais)이 바로 아우가르텐 도자기 공장(Augarten Porzellanmanufaktur)이다. 독일어에서 '아우(Au)'라는 단어는 넓은 초원을 뜻하니 아우가르텐은 '넓은 초원 같은 정원'이란 말이다. 이름 그대로 마티아스 황제(Mattias, 1557~1619)의 사냥터였을 만큼 넓은 초원이다.

로열 비엔나(Royal Vienna: 아우가르텐의 전신) 도자기는 독일의 마이슨에 이어 유럽에서 두 번째로 도자기 제작에 성공한 곳이다. 마이슨에서 최초의 경질자기를 만든 지 8년 후다. 마이슨 내부에서 도자기 제조 비법이 새어나가기 시작할 무렵, 오스트리아 근위대 소속의 클라우디우스 인노켄티우스 두 파쿠이어(Claudius Innocentius du Paquier, 1679~1751)라는 근위관이 마이슨의 성공에 자극을 받아 마이슨으로부터 기술자를 빼내왔다. 마이슨의 도자기 제조법은 태토 작업을 맡은 자무엘 켐페(Samuel Kempe)에 의해 외부로 유출됐다. 1713년 켐페는 프리드리히 폰 괴르네(Friedrich von Görne)라는 프로이센 대신의 영지로 도망쳐 마이슨 도자기와 유사한 붉은색 스톤웨어(석기)를 생산하는 공방을 열었고, 2년 후에는 제품을 라이프치히 박람회에 출품하기도 했다.

이렇게 조금씩 도자기의 비밀이 허물을 벗어가던 1717년, 두 파쿠이어는 마이슨으로부터 3명의 도공, 즉 크리스토프 콘라트 홍거(Christoph

로열 비엔나의 중흥기를 이끈 마리아 테레지아 여제 시절의 피겨린. 여제의 취향에 맞춰 로코코 양식의 화려한 장식이 유행했다.

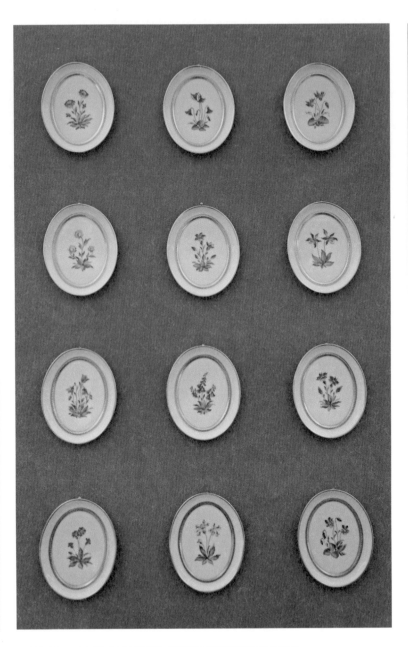

도자기 플레이트로 꾸민 아우가르텐의 실내장식. 다양한 꽃무늬 패턴이 섬세하게 그려져 있다.

Conrad Hunger), 페터 하인리히 체더(Peter Heinrich Zeder), 마르틴 베커(Martin Becker)를 빼내와 비엔나 근교에 있는 로사우(Rossau)에 도자기 공방을 열었다.

그러나 이들이 비법 전체를 다 알고 있었던 것은 아니어서 고액의 연봉과 집, 마차 그리고 도자기 제작에 필요한 작센의 흙을 비엔나까지 보급한다는 네 가지 조건을 내걸고 마이슨에서 뵈트거의 조수로 일한 자무엘 슈텡겔(Samuel Stengel)까지 영입했다. 이런 우여곡절을 거쳐 로열 비엔나에서 제대로 된 도자기를 생산한 것이 1719년 4월의 일이다.

뜻밖의 '노다지'를 얻은 신성로마제국 황제 겸 오스트리아 대공 카를 6세(Karl VI : 마리아 테레지아의 아버지)는 두 파쿠이어의 공로를 가상히 여겨 그에게 오스트리아에서 도자기를 만들어 팔 수 있는 전매권을 주었다. 그럼에도 공방은 그다지 큰 수익을 내지 못했고, 영입 조건을 제대로 충족시켜주지 못하자 훙거와 슈텡겔 등이 로열 비엔나를 떠났다. 훙거는 베네치아로 가서 이탈리아 최초의 경질자기 공방을 설립하는 일을 도왔고, 슈텡겔은 다시 마이슨으로 복귀했다. 이 과정에서 슈텡겔은 자신이 마이슨을 배반한 것이 아님을 보여주기 위해 로열 비엔나에서 같이 일하던 젊은 화공 한 명을 데리고 갔는데, 그는 나중에 마이슨 최고의 화공이 되었다. 바로 쯔비벨무스터 신화를 만들어 마이슨 2기를 활짝 연 요한 그레고르 헤롤드이다.

그렇게 사람들이 떠나가고 난 뒤 두 파쿠이어는 홀로 고군분투하며 공장을 운영했다. 이 시절 비엔나 도자기의 명성을 높여준 것은 슬로바키아 출신 화공들의 그림이었다. 요한 카를 벤델린 안레이테르 본 지른펠트(Johann Karl Wendelin Anreiter von Zirnfeld)를 위시한 몇몇 화공은 뛰어난 밑그림과 성실함으로 비엔나 도자기 공방의 자부심을 지키고자 노력했다.

리히텐슈타인 공주 출신의 마리 안토니 초보로페(Marie Antonie Czoborové) 공작부인도 이들의 자부심을 높이 산 고객 중 한 명이었다. 그녀는 체코의 브르노(Brno)에 있는 한 궁전을 사서 방 하나를 도자기 진열실로 꾸미고 싶어 했다. 이미 얘기했듯 18세기 유럽에서는 도자기로 방을 장식하는 '도자기 방'이 유행이었다. 처음에는 파이앙스 연질자기가 주요 품목이었지만 이내 중국 도자기로 대체됐고, 이후에는 일본 도자기가 이를 대신했다. 유럽산 경질자기가 나온 후부터는 유럽산 도자기도 당당히 이들 진열 목록에 들어갔다.

외교 도시가
로열 비엔나를 키우다

초보로페 공작부인은 전시실을 꾸미기 위한 장식용 자기판(瓷器板)을 제

아우가르텐 도자기 공장과 박물관은 아우가르텐 정원 안에 있다.

작해줄 것을 비엔나 도자기에 주문했다. 그리하여 1720년부터 10년 동안이나 만든 1,458장의 자기판은 초보로페 공작부인의 도자기 방을 꾸미는 데 사용됐다. 이 방은 후에 유명한 '두브스키(Dubsky) 궁전의 도자기 방'이 됐다. '두브스키'라는 이름이 붙은 것은 궁전의 소유주가 바뀌면서 마지막 상속녀가 1805년 프란츠 두브스키 폰 트레보뮈슐리크(Franz Dubsky von Trebomyslic)라는 사람과 결혼했기 때문이다.

두브스키 궁전의 도자기 방은 유럽산 도자기로 장식한 첫 도자기 방 중의 하나이기 때문에 도자기 역사에서 중요한 사료 가치를 지니고 있다. 후에 헝가리의 헤렌드(Herend)와 로열 비엔나 도자기가 컬렉션에 추가됐다. 현재 유일하게 남아 있는 도자기 방인 두브스키 방은 1912년 비엔나 응용미술박물관의 소유가 되어 비엔나에서 볼 수 있다.

한편 25년 동안 독점 제조 및 판매권의 혜택에도 불구하고 초기 로열 비엔나 도자기는 별 재미를 보지 못했다. 경영 실적은 점점 나빠졌고 큰 빚을 지게 된 두 파쿠이어는 1744년 운영권을 마리아 테레지아(Maria Theresia, 1717~1780) 여제의 황실에 넘겨버렸다. 공장을 넘긴 뒤에도 두 파쿠이어는 감독관으로 지냈지만 곧 은퇴하고 도자기 역사의 무대 뒤로 사라졌다. 불행하게도 이 시절의 로열 비엔나는 도자기에 아무런 표시를 하지 않아 다른 공장의 제품과 구별할 수 없어 '무명기의 비엔나(Wien vor der Marke)'라고 불린다.

마리아 테레지아는 황실 직영 도자기의 위상을 높이고 제품의 품질을 보장하려는 생각으로 파란색의 오스트리아 공작 문장을 도자기에 그려넣게 했다. 이 전통은 지금까지 이어져 오늘날에도 아우가르텐 도자기에는 파란색

1. 로코코 양식의 피겨린은 로열 비엔나의 대표적 특징이다. 2. 아우가르텐의 플레이트 전시.
3. 도자기로 만든 초상화. 4. 아우가르텐 화병과 찻주전자. 5. 아우가르텐 도자기 화병. 가격은 700만 원을 호가한다.

오스트리아 공작 문장이 등록상표로 들어간다. 그 후 비엔나 도자기는 나폴레옹이 실각한 후에 열린 '비엔나 회의'를 통해 명성을 높이고 곧 유럽 전역으로 퍼져 나가기 시작했다. 로열 비엔나가 마이슨의 본격적인 경쟁자로 떠오르기 시작한 것이다.

마리아 테레지아의
푸른 장미

아우가르텐 도자기의 클래식 작품에는 푸른 장미가 그려진 찻잔 세트가 있는데 그 이름이 '마리아 테레지아'다. 마리아 테레지아가 사냥을 나갔다가 별장에서 휴식을 취할 때 사용하기 위해 특별히 제작 주문한 것이 그 유래가 됐다. 마리아 테레지아는 장미 품종의 이름이기도 한데, 짙은 분홍색 꽃은 마리아 테레지아의 기품과 화려한 시대를 표현한 것이다. 그러나 그녀의 통치 시절에도 분홍색 장미는 도자기의 주된 무늬로 등장하고 있었으므로 황후라는 지위의 차별화를 꾀하기 위해 녹색 장미를 사용한 것으로 보인다.

마리아 테레지아가 통치하던 시절과 그녀의 사망을 전후로 한 40년(1744~1784) 동안을 로열 비엔나의 2기로 본다. 합스부르크(Habsburgs) 왕가의 유일한 상속녀인 마리아 테레지아가 강력한 왕권으로 전쟁에 지친 나라를 굳건하게 지키던 이 시기의 로열 비엔나는 그녀의 취향에 따라 로코코 양식의 화려한 로카이유 장식이 유행했다.

수요는 공급을 낳는 법. 다행히 이때 로열 비엔나에는 요한 요제프 니더마이어(Johann Josef Niedermeyer, 1703~1780)라는 탁월한 성형가가 있었다. 그는 뮌헨 님펜부르크의 부스텔리와 비견될 만큼 뛰어난 감각을 지닌 장인

1

648~

344~

217~

2

307~

148~

132~

113~

1.2. 마리아 테레지아 여제는 황후라는 지위의 차별화를 위해 아우가르텐 도자기의 클래식 작품에 녹색 장미를 사용하도록 했다. 일명 마리아 테레지아의 '푸른 장미' 시리즈.

으로, 그 덕분에 이 시절의 로열 비엔나는 훌륭한 피겨린을 많이 내놓았다. 그는 1747년부터 1784년까지 로열 비엔나에서 모델 마스터로 활약하면서 '로코코의 정수'라 할 수 있는 로열 비엔나의 한 전형을 만들었다. 이 시절 로열 비엔나 공방에서 선보인 피겨린은 색상과 디자인, 약동성 등에서 유럽의 다른 공방보다 훨씬 뛰어난 수준을 보여줬다. 1770년대에 이르러 로열 비엔나는 프랑스 세브르의 강력한 도전을 받았다. 세브르 같은 연질자기는 밝은 색채를 표현하는 데 뛰어났기 때문에 투명하고 밝은 색채감을 낼 수 있는 안료나 태토의 개발이 로열 비엔나와 마이슨의 새로운 숙제로 떠올랐다.

로열 비엔나의
화양연화

여기서 로열 비엔나에 또 한 번의 '기술 혁명'이 일어났다. 1770년부터 1829년까지 비엔나 도자기에서 화공들의 우두머리로 일한 요제프 라이트너(Josef Leithner)가 알루미늄 황산염과 코발트 질산염을 단련하는 과정에서 코발트블루를 발견한 것이다. 코발트블루는 페르시아 시절부터 회화와 도자의 안료로 폭넓게 사용됐으며 대표적인 것이 청화백자다. 인공 코발트블루 제조법을 밝혀낸 것은 라이트너가 처음이다. 인공 코발트블루의 대량생산은 1802년 파리대학 교수 출신인 루이 자크 테나르(Louis Jacques Thenard)에 의해 이뤄졌다. 어쨌든 인공 코발트블루 제조법을 알게 된 라이트너는 '라이트너 골드'를 포함해 몇 가지 도자용 황동 색깔을 발전시켰으며 1829년 로열 비엔나의 감독관이 되었다.

1780년 마리아 테레지아가 사망하고 그녀의 아들 요제프 2세(Joseph Ⅱ,

아우가르텐의 화병. 코발트블루의 발견은 로열 비엔나의 기술 혁명을 이끌었다.

1741~1790)가 즉위하면서 계몽주의에 입각한 사회개혁이 시작됐다. 사치스러운 연회나 허례허식 등을 배격한 그는 별 이득이 없는 도자기 공장을 매각하기로 결정했지만, 불행인지 다행인지 로열 비엔나를 사려는 사람이 아무도 나타나지 않았다. 결국 린츠(Linz)에서 직물 공장을 운영하던, 도자기와는 아무런 상관이 없는 콘라트 폰 조르겐탈(Konrad von Sorgenthal, 1733~1805)이라는 사람에게 공장이 넘어갔다. 이것이 로열 비엔나 3기의 시작이다. 조르겐탈의 등장은 로열 비엔나 도자기로서는 커다란 행운이었다. 조르겐탈이 운영하던 시기에 로열 비엔나는 도자기의 질을 끌어올리기 위해 노력했고, 그 결과 최고의 전성기를 맞았다. 새로운 미적 기준에 의한 경제적 황금기를 구가하면서 마이슨의 명성을 능가하게 되었고, 유럽 각국의 공방들이 로열 비엔나를 모방하기 시작했다.

이 시기의 제품들은 신고전주의(네오클래식) 양식으로 분류할 수 있는데, 이는 프랑스 세브르나 영국 웨지우드의 영향을 받은 것이다. 또 18세기 말에서 19세기 초에는 금속성의 광택과 금 상감을 입힌 장식이 크게 유행했다. 이렇게 잘나가던 로열 비엔나에도 예기치 않은 재앙이 찾아왔다. 프랑스와의 전쟁으로 나폴레옹 군대가 로열 비엔나 공장을 폐허로 만든 것이다. 그러나 신은 절망과 기회를 동시에 준다. 프랑스혁명 이후 '나폴레옹 전쟁'을 수습하기 위해 비엔나에서 개최한 강화회의(講和會議)를 계기로 프랑스혁명 이전 상태로 복귀하는 원칙과 스위스의 영세중립국화, 독일연방 수립 등 유럽의 지도를 현재 모습으로 바꾸어놓은 굵직굵직한 체제들이 비엔나에서 수립되면서 비엔나는 명실공히 외교 도시로 그 입지를 확실히 다지게됐다. 전 세계 외교관들에게 금과옥조와 같은 외교관 특권과 면제에 관한 협

금속성의 광택과 금
상감으로 멋을 부린 18세기
말의 로열 비엔나 자기
제품들.

약을 체결한 곳도 바로 비엔나다.

이에 따라 비엔나에서는 세력 균형을 추구하는 강대국 외교관들의 다자간 공식 만찬이 끊이지 않고 열렸으며, 그들의 식탁에 오를 고급 도자기가 불티나게 팔렸다. 고급 도자기는 외교에 필요한 선물로도 항상 최상의 가치를 유지하고 있었다. 로열 비엔나 도자기가 다시 한 번 부활할 수 있는 시대가 열린 것이다. 급기야 프로이센의 황제 프리드리히 빌헬름 3세와 러시아 황제 알렉산드르 1세(Alexander I, 1777~1825)와 같은 초특급 고객들이 친히 로열 비엔나 공장을 방문하는 '사태'도 벌어졌다.

아우가르텐의
파란만장한 몰락

현재도 비엔나는 외교 도시로서의 면모를 유지하고 있다. 15개에 달하는 국제기구 본부와 정부 간 기구 연락소가 있어 다자간 외교의 중심지다. 비엔나가 도자기 도시로서 전통과 명성을 이어가고 있는 데에는 이런 이유도 무시할 수 없다. 19세기 초반 비더마이어 시대(Biedermeier Era)가 열리자 로열 비엔나는 또 한 번 화려한 변신을 꾀했다. 비더마이어는 1820~1830년대에 독일, 오스트리아, 스칸디나비아 등지에서 나타난 미술상의 서민적 양식을 의미한다. 중산층이 등장하면서 문화 소비가 활발해지기 시작했고, 소비문화도 더 이상 상류층만 겨냥할 수는 없었다. 이 시기의 로열 비엔나는 신흥 세력의 신분적 상징이었다. 부를 축적하기 시작한 신흥 중산층은 너도나도 도자기 구입에 몰두했고, 이때 제작된 '비엔나 로즈'는 로열 비엔나의 영원한 클래식으로 굳어져 현재도 대중적인 존재로 남아 있다.

아우가르텐의 화려한 금박 광택 도자기는 19세기 초에도 각광을 받았다.

그러나 로열 비엔나도 급격한 변화에는 적응하기 힘들었는지 일반 식탁에 오를 테이블웨어를 둘러싼 외국 브랜드와의 경쟁에서 손을 들었고, 결국 1864년에 문을 닫고 말았다. 로열 비엔나의 광범위한 디자인 컬렉션은 응용 미술박물관에 기증됐으며, 수면 밑에 가라앉은 채로 오랜 세월이 지나갔다. 로열 비엔나가 새로 문을 연 것은 그로부터 60년이 지난 뒤였다. 1924년 5월 2일, 로열 비엔나는 지금의 아우가르텐 궁전에서 '비엔나 도자기 아우가르 텐 공장'이라는 이름으로 다시 태어났다. 새롭게 거듭난 아우가르텐 도자기 의 목적은 분명했다. 과거의 전통을 계승함과 동시에 새로운 디자인으로 시 대 사조를 반영하겠다는 것이었다. 이후 아우가르텐 도자기는 과거의 명성 을 조금씩 회복해갔고, 다시금 컬렉터들의 주목을 받는 브랜드가 됐다.

오스트리아 황실을 비롯한 유럽 각국의 왕가에 도자기 제품을 납품하며 유 럽 최고 브랜드 중 하나로 군림해온 아우가르텐 도자기의 명성은 유럽에만 국한된 것이 아니라 미국과 일본에도 전해졌다. 20세기 후반부터는 매년 수 만 명의 미국과 일본 관광객이 아우가르텐 공장을 방문하기에 이르렀다. 그 런 아우가르텐이 지난 2003년 7월 법원에 파산 신청을 낸 것은 뜻밖의 사건 이었다.

약 300년의 전통을 자랑하는 아우가르텐이 다시 문을 연 지 80여 년 만에 파 산 신청을 할 수밖에 없었던 이유는 무엇일까. 공식적 이유는 유로화 강세에 따른 미국과 일본 시장에 대한 수출 부진 그리고 과다한 연금제도로 인한 적 자 누적이다. 그러나 더 근원적인 이유는 수익 악화이고, 관련 전문가들은 아우가르텐이 과거의 명성에 안주하면서 신흥 소비계층의 구미에 맞추지 못한 것이 몰락의 실제 원인이라고 분석한다. 19세기 초 비더마이어 시대에

아우가르텐 도자기 박물관의 한 코너. 아우가르텐 도자기의 목적은 분명하다. 과거의 전통을 계승하고
새로운 디자인으로 시대 사조를 반영하겠다는 것이다.

1. 새로움을 지향하는 아우가르텐의 최근 작품. 2. 아우가르텐의 진열대. 3. 아우가르텐 도자기 박물관 벽을 장식한 플레이트들.

신흥 중산계급의 상징과도 같던 아우가르텐이 21세기에 들어 신흥 소비계층의 취향을 맞추지 못했다니 참 아이러니한 일이 아닐 수 없다.

시대 흐름을 읽지 못한
아우가르텐

비엔나 국립대학의 사회학과 교수 볼프강 슐츠(Wolfgang Schulz)에 따르면 과거의 명성에 의존한 아우가르텐 도자기 마케팅은 신흥 소비계층인 '보보스(Bobos)'의 반항 정신에 맞지 않은 이미지 정책으로 할머니 세대의 제품이라는 인상을 주었다고 한다. 21세기 지식 정보 시대의 신흥 소비계층인 보보스는 관습이나 전통에 얽매이지 않는다는 점에서 보헤미안(Bohemian) 기질이 다분하지만, 또 다른 한편으로는 '나만의 브랜드'를 추구하는 부르주아(Bourgeois) 기질도 지니고 있다. 히피(Hippie)의 반항 정신을 계승하되 1980년대 여피(Yuppie)족의 전문 기업가적 정신을 지향하기 때문에 전문인으로서 인정받고자 하는 욕구가 강하다. 아우가르텐은 그들에게 '구닥다리'로 낙인이 찍힌 것이다.

슐츠 교수는 보보스의 구미에 맞는 이미지 정책으로 성공한 사례로 오스트리아 와인글라스 전문 제조 회사 리델(Riedel)을 꼽았다. 리델 역시 약 300년에 달하는 오랜 전통과 명성을 자랑하며 왕실과 귀족들에게 납품해온 회사라는 점에서는 아우가르텐과 비슷하지만, 성격이 각기 다른 와인의 종류에 맞춰 독특하게 디자인한 제품을 1970~1980년대에 이미 선보였다는 점에서 차별화된다. 리델은 보보스가 등장하는 1990년대부터 디자인이 서로 다른 고가, 중가, 중저가 세 등급의 시리즈를 선보여 보보스에게 노년층과

1. 중국의 영향을 받아
중국풍이 엿보이는 로열
비엔나의 초기 그릇.
2. 로코코 양식의 화려한
도자기. 손잡이에 달린 새가
인상적이다.
3,4. 아우가르텐 화병.

아우가르텐에서 내놓은
실험적인 피거린 작품.
현대 여성의 고뇌와
고단한 일상이 엿보이는
작품이다.

는 차별화된 제품을 접할 수 있도록 했다는 것이다. 과연 전통과 고급의 이미지, 과거 세대와의 차별화와 고급스러운 이미지에는 어떤 상관관계가 있는 걸까? '전통과 혁신' 사이에는 참으로 좁혀지기 어려운 간극이 있다. 한 가지 분명한 사실은 전통이 있다고, 클래식이라고 고급으로 통하는 시대는 이미 지나갔다는 점이다.

2003년 아우가르텐 공장의 종업원 전원이 해고됐다. 불행한 사태였지만 자본주의 체제에서는 불가피한 일이다. 회사는 VMS(Value Management Services) 유한회사로 넘어가 '새 아우가르텐 도자기 공장(New Augarten Porcelain Manufactory)'으로 이름을 바꿨다. 물론 브랜드 이름은 여전히 아우가르텐이다.

합스부르크 왕가의 도자기

비엔나가 박물관과 미술관의 도시라는 것은 이미 잘 알려진 사실이다. 합스부르크 왕가의 영광이 깃들어 있는 건축물과 박물관, 미술관 등을 제대로 감상하려면 일주일로도 모자란다. 미술사 박물관에서는 다수의 브뤼헐 작품을, 벨베데레 궁과 레오폴트 박물관에서는 클림트와 실레 그리고 코코슈카 등을 만날 수 있다. 알베르티나 박물관은 세계 최대의 그래픽 아트 전시관으로 6만여 점의 드로잉과 수만 가지 인쇄물, 사진 등을 전시하고 있다. 또 리히텐슈타인 박물관은 루벤스의 작품을 세계에서 가장 많이 소장하고 있고, 라파엘을 비롯해 반 다이크와 렘브란트의 작품 등도 자랑거리다.

이 중에서 화려한 도자기 컬렉션을 만나려면 호프부르크(Hofburg) 왕궁으

1. 아우가르텐 테이블웨어 서비스. 2. 아우가르텐 도자기 전시실의 응접실. 벽에 걸린 그림이 공간의 성격을 잘 반영하고 있다. 3. 아우가르텐 도자기 박물관의 디스플레이. 백자와 블랙 펜던트, 피겨린 등을 감각적으로 믹스매치했다.

로 가야 한다. 이 왕궁은 1918년 합스부르크 왕가의 마지막 왕인 카를 1세(Karl Ⅰ, 1887~1922)가 퇴위할 때까지 사용한 왕실의 겨울 별궁이었으며, 지금은 대통령 집무실로 사용되고 있다. 100여 년의 공사 기간을 거쳐 1220년에 완공했지만, 전임 황제가 쓰던 방은 사용하지 않는다는 합스부르크 왕가의 '오만함' 때문에 그 후로도 증축을 거듭해 방만 2,600개가 넘는다. 합스부르크 왕가와 왕족이 사용하던 도자기는 호프부르크 왕궁 내의 '실버 컬렉션(왕실 식기 박물관)'에서 볼 수 있다. 말이 실버 컬렉션이지 실상은 금도금 촛대를 비롯한 온갖 테이블웨어뿐 아니라 아시아와 유럽에서 생산한 명품 식기가 총망라돼 있는데 그 수만 7천 여점이 넘는다고 한다.

이곳의 도자기 컬렉션이 특별한 의미를 지닌 까닭은 그릇마다 당시 유럽을 지배한 군주들의 '외교 네트워크'가 일종의 스토리처럼 스며들어 있기 때문이다. 이를테면 합스부르크 왕가의 요제프 2세가 14세의 어린 나이에 루이 16세와 결혼한 막내 여동생 마리 앙투아네트(Josèphe-Jeanne-Marie-Antoinette, 1755~1793)를 보기 위해 1777년 파리에 방문했을 때 마리 앙투아네트와 루이 16세 부부가 선물한 그릇 세트, 마리 앙투아네트가 어머니 마리아 테레지아에게 선물한 세브르 도자기 세트, 영국 빅토리아(Victoria, 1819~1901) 여왕이 프란츠 요제프 1세(Franz Joseph I, 1830~1916)에게 선물한 민턴(Minton) 사의 도자기 세트……. 대략 이런 식이다. 당시 유럽을 쥐락펴락한 최고 권력자들이 애용하던 테이블웨어에 한 번 더 눈길이 가는 것은 어쩔 수 없는 현상이다.

1. 모던한 아우가르텐 도자기 제품들. 2. 역대 합스부르크
황제들의 모습을 담은 트로피들.

💡 Tip 비엔나 도자기 문화 즐기는 노하우

01. 뮌헨~비엔나 사이에 숨겨진 보물 뮌헨에서 비엔나로 곧장 가는 것은 아쉬움을 많이 남긴다. 가는 도중에 잘츠카머구트(Salzkammergut)와 할슈타트(Hallstatt), 잘츠부르크(Salzburg)가 매력적인 모습으로 유혹하기 때문이다. 차로 채 2시간도 걸리지 않을 정도로 가깝기도 하지만 워낙 알려지지 않은 곳이기도 하다. 독일에서 가장 아름다운 마을로 꼽힌 누스도르프(Nußdorf)도 오스트리아 국경 근처에 있다. 그중에서도 잘츠카머구트와 잘츠부르크는 소금으로 부흥한 곳이다. 잘츠카머구트는 소금 광산 때문에 잘츠부르크는 소금을 팔아서 부유해졌다. 그러나 두 도시는 지금 소금과는 아무런 상관 없는 관광과 음악의 도시로 명성을 날리고 있다. 잘츠카머구트 지역의 호수가 만들어내는 풍광이 몹시 빼어나다. 마을 중심인 할슈타트 앞에 있는 할슈테터(Hallstätter) 호수와 도심 위쪽의 기원전 2000년경에 형성된 세계 최초의 소금 광산은 '할슈타트-다흐슈타인 잘츠카머구트 문화 경관(Hallstatt-Dachstein Salzkammergut Cultural Landscape)'이라는 이름으로 유네스코 세계문화유산에 등재됐다. 지역 이름 앞에 붙는 '할(Hal)'은 고대 켈트어로 소금이란 뜻이다. 스쳐 지나가기에는 아까운 보물이다.

02. 아우가르텐 도자기 공장(Augarten Porcelain Manufactory) 마티아스 황제는 1614년 이곳 사냥터에 사냥 숙사를 건립했다. 후에 레오폴트 1세(Leopold I, 재위 1658~1705)는 인근의 땅을 더 매입해 바로크 스타일의 유원지 공원으로 만들었다. 1683년 터키와의 전쟁으로 인해 아우가르텐 건물과 정원의 대부분이 파괴됐고, 1705년에 신성로마제국의 황제이자 보헤미아 국왕이었던 요제프 1세

(Joseph I, 재위 1690~1711)가 정원과 궁전을 복구했다. 그때 지은 정원 궁전이 현재 아우가르텐 도자기 공장이 들어서 있는 건물이다. 도자기 공장의 1층은 전시실, 2층은 박물관으로 규모는 크지 않지만 다채로운 전시 방식으로 아우가르텐 도자기의 역사를 시대별로 잘 보여주고 있다. 아우가르텐 도자기 공장의 진열 수준에 비하면 마이슨 도자기 박물관은 세련미가 떨어진다. 마이슨 도자기 그 자체는 빛나지만, 문화와 예술의 도시 비엔나가 지닌 관록을 따라잡지는 못한 것이다. 아우가르텐 전시실 한쪽에는 공원의 푸른 녹음을 만끽할 수 있는 카페와 야외 테라스가 있다. 비엔나 소년합창단의 본부로 사용하는 아우가르텐 궁도 둘러볼 만하다.

도자기 박물관과 기념품 숍(Porcelain Museum Und Store)

주소 Obere Augartenstraße 1, 1021 Vienna

개관 시간 월~토요일 10:00~18:00

휴관일 일요일 · 공휴일 **공장 투어** 월~금요일 10:15~11:30

홈페이지 www.augarten.at

---

03. 호프부르크(Hofburg) 왕궁

유럽 왕실의 도자기 전시실이 그렇듯 이곳 역시 동서양의 유명 도자기를 모아놓았다. 특히 영국 도자기 컬렉션이 뛰어나며, 역대 황제들의 모습을 담은 트로피를 전시해둔 것이 이색적이다. 한 장의 티켓으로 시시(요제프 2세의 부인인 엘리자베스 황비) 박물관, 황제의 거실, 도자기 전시실을 모두 볼 수 있다.

주소 Kaiserappartements, Hofburg 1010 Wien

개관 시간 월~일요일 09:00~18:00, 11~6월 09:00~17:30

홈페이지 www.hofburg-wien.at

CHAPTER

9

훈데르트바서의
사금파리 도시

오스트리아의 가우디, 훈데르트바서와 오토 바그너

모차르트가 결혼식을 올린
슈테판 대성당. 첨탑과 첨탑
사이를 오가는 아찔한 고공
줄타기가 벌어지곤 한다.

성당의 타일 지붕은
성(聖)과 속(俗)의 결합

비엔나에 입성한 여행자들이 가장 기대하는 것은 무엇일까? 아마도 첫 번째
는 베토벤이나 슈트라우스, 슈베르트, 브람스 같은 음악가의 발자취를 좇는
일일 것이고, 두 번째는 클림트와 에곤 실레로 대변되는 비엔나파 화가들의
작품을 감상하는 일일 것이다. 그러나 비엔나는 뮌헨과 마찬가지로 도자기
의 도시다. 대중의 관심사에서 약간 벗어나 있어 여행자의 눈에 잘 띄지 않
을 따름이다. 비엔나가 도자기의 도시라는 사실은 굳이 아우가르텐에 가지
않아도 금방 알아차릴 수 있다. 바로 슈테판 대성당(Stephansdom) 때문이
다. 슈테판 대성당은 모차르트가 결혼식을 올린 곳이다. 그러나 불과 9년 후
에 이곳에서 그의 장례식이 치러질 줄 누가 알았을까. 비엔나의 상징인 이 성

23만 개의 타일로 이뤄진 슈테판 대성당 지붕의 장식. 하나는 비엔나 시의 문장이고 다른 하나는 오스트리아 국가의 문장이다.

당의 역사는 무려 4세기까지 거슬러 올라간다. 건물터를 제외하면 로마네스크 양식의 성당 대부분은 1258년 대화재로 소실됐다. 그나마 유일하게 남아 있는 부분은 슈테판 광장(Stephansplatz)을 내려다보고 있는 성당의 서쪽 전면부(파사드)뿐이다. 이 성당에서 제일 관심을 끄는 부분은 지붕을 장식한 타일이다. 뮌헨 루트비히 성당의 장식 타일과 마찬가지로 슈테판 성당의 타일 지붕도 신에 대한 경배의 한 양식이다.

길이 110m에 23만여 개의 타일로 이뤄진 슈테판 성당의 지붕 모자이크는 1950년에 완성했다. 타일들은 비엔나 시민의 성금으로 제작된 것이다. 마치 우리나라에서 절을 지을 때 신도들의 성금으로 기와를 굽듯 말이다. 참 아이러니하게도 사라센(이슬람) 카펫을 모델로 한 이전의 15세기 지붕 장식은 제2차 세계대전 때 화재로 파괴됐다. 지붕의 장식 타일에서 남쪽 면의 쌍두 독수리 장식은 합스부르크 왕가의 신성로마제국을 뜻하고, 북쪽 면의 두 마리 독수리는 비엔나 시와 오스트리아 국가의 문장을 의미한다. 신성한 성당 지붕에 신성로마제국이나 오스트리아 국가의 문장을 넣은 것은 아무리 좋게 보려 해도 어색하다.

종교 건축물에 노골적으로 정권의 프로퍼갠더를 집어넣은 곳은 중세 유럽 외에는 거의 없을 것이다. 그러나 늘 성(聖)과 속(俗)이 결합해 있거나 갈등을 겪다가도 다시 합쳐지곤 하던 중세 이후의 기독교 역사를 생각해보면 이해가 되기도 한다. 신의 대변인은 항상 세속 권력의 승자가 맡았으니 말이다. 이렇게 타일을 사용한 지붕 장식은 근처에 도자기 공장이나 가마가 있어야 가능한 일이다. 바로 타일 모자이크 지붕 자체가 이곳이 도자기 마을임을 밝히는 증거가 되는 것이다.

오스트리아의
가우디로 불리는
훈데르트바서가
설계한 '훈데르트바서
하우스'. 비엔나 시의
소중한 문화유산이다.

비엔나의 가우디,
훈데르트바서와 오토 바그너

프리덴슈라이히 훈데르트바서(Friedensreich Hundertwasser, 1928~
2000)와 오토 바그너(Otto Wagner, 1841~1918)의 작품들은 비엔나가 도
자기 도시라는 걸 잘 보여주는 또 다른 방증이다. 스페인 바르셀로나에 가우
디가 있다면 비엔나에는 훈데르트바서와 오토 바그너가 있다.

우선 훈데르트바서부터 보자. 그는 비엔나에서 태어났지만 후에 국적을 뉴
질랜드로 바꾼 건축가이자 화가, 환경운동가이다. 그의 건축 작품은 비엔나
시내에 몇 군데 있는데 그중에서도 가장 대표적인 것이 '훈데르트바서 하우
스'와 '쿤스트하우스 빈'이다. 훈데르트바서의 본명은 프리드리히 슈토바서
(Friedrich Stowasser)이지만 환경론자답게 '평화롭고 풍요로운 곳에 흐르

미술관과 박물관을 겸하고 있는 '쿤스트하우스 빈'의 정면.

는 100개의 강'이라는 뜻의 프리덴슈라이히 훈데르트바서로 이름을 바꿨다. '인간은 자연에 잠시 들른 손님'이라고 생각한 그는 신체, 생물, 물질의 유기적 순환을 강조하는 작품으로 직선을 배척하고 곡선을 옹호했다.

훈데르트바서가 건축을 시작한 이유도 기능주의와 실용주의에 바탕을 둔 현대 건축물이 사람을 병들게 하고 있다는 생각 때문이다. 도시의 메마른 건축물에 생명을 불어넣기 위해 그는 자연에서 태어난 곡선을 부드럽고 유기적인 물의 흐름으로 표현했고, 자연주의적 친환경 자재를 사용해 건물을 지었다. 대지의 경계를 무시하고 지붕 위에 흙을 덮거나 대지 아래에 건물을 지은 것을 보면 그가 얼마나 자유로운 영혼의 소유자인지 알 수 있을 것이다.

비엔나 시가 훈데르트바서에게 의뢰해 지은 공공주택 '훈데르트바서 하우스'나 훈데르트바서 박물관 격인 '쿤스트하우스 빈'에는 그의 건축적 특징이 잘 나타나 있다. 특히 가구 공장을 미술관으로 리모델링한 쿤스트하우스 빈은 각기 다른 색상과 크기의 창문을 통해 창문의 권리를 말하고 있으며, 곡선의 스카이라인과 마감재의 혼용으로 자유의지를 표현하고 있다. 무엇보다 재활용품으로 만든 기둥이 인상적이다.

2년간의 재건축 끝에 1991년 새롭게 태어난 쿤스트하우스 빈에서는 전 세계에 있는 훈데르트바서의 작품을 모형으로 영구 전시하고 있다. 또 그의 1991년 이후 작품 60여 점도 전시하고 있어 화가이자 그래픽 디자이너, 생태 건축가로서 훈데르트바서의 철학을 일견할 수 있다. 이곳에서 그의 작품과 디자인을 보고 있으면 왜 훈데르트바서를 '색채의 마술사'로 부르는지 충분히 이해가 된다. 전통적인 색의 조합에서 벗어나 자유롭고 대담하면서 특유의 색감을 통해 생명의 다양함과 무한함을 표현하는 색 배열 능력이 뛰어

나다는 것을 실감한다. 무엇보다 그는 강렬하고 빛나는 색을 사랑했다.

사금파리의
천국

강렬한 색채의 변화 외에도 훈데르트바서의 작품 전체를 아우르는 또 하나의 특징은 바로 사금파리다. 훈데르트바서의 건축물이나 장식물의 경우 의심의 여지 없이 반드시 들어가는 것이 도기로 만든 사금파리인데 이런 점에서 그는 가우디와 많이 닮아 있다. 그는 반짝이는 도기를 좋아했다. 흙을 구워 만든 도기는 태생부터 친환경적이지만 형태적 측면에서도 유연하다. 오밀조밀한 타일 조각의 조합이 빚어내는 다채로움은 회화 작품에서 느낄 수 있는 미적 감각과는 또 다른 차원의 구상미를 안겨준다.

결과적으로 훈데르트바서의 작품들은 '사금파리의 천국'이다. 따라서 그에 대한 호감도 역시 사금파리의 선호도에 따라 완전히 호불호가 갈린다. 타일을 좋아하는 사람은 이 오브제를 즐겨 사용한 훈데르트바서와 가우디가 한없이 사랑스럽겠지만 타일에 별 감흥이 없는 사람이라면 그들의 작품이 산만하고 정신없게 느껴질 수도 있다.

쿤스트하우스 빈과 달리 훈데르트바서 하우스는 오스트리아 정부가 그에게 건축을 의뢰한 공공 주택이다. 1977년 재무부 장관이던 브루노 크라이스키는 비엔나 시장 레오폴트 그라츠(Leopold Gratz)에게 편지를 써 훈데르트바서에게 그의 이상을 실현할 수 있는 기회를 주는 것이 어떻겠느냐고 제안했다. 그해 12월 그라츠 시장은 훈데르트바서에게 편지를 보내 그의 구상대로 아파트를 짓는 것을 돕겠다고 밝혔다.

그러나 이 계획은 실현되기까지 오랜 시간이 걸렸다. 우선 주택 부지를 찾는 것이 쉽지 않았고, 또 훈데르트바서는 전문 건축가가 아니었다. 그래서 비엔나 시는 더욱 적극적으로 나서서 요제프 크라비나(Joseph Krawina)라는 대학교수 겸 건축가와 페터 펠리칸(Peter Pelikan)이라는 설계자를 붙여주었다. 후에 펠리칸은 훈데르트바서의 오랜 파트너가 되어 많은 건축 프로젝트를 함께했다.

훈데르트바서 하우스는 아파트 52가구와 4개의 사무실, 16개의 개인 테라스, 3개의 공동 테라스가 있는 대단위 건물이다. 특이한 것은 여기에 250그루의 나무가 포함돼 있다는 사실이다. 자연 친화적인 훈데르트바서의 의지가 실현된 셈이다. 훈데르트바서는 매일 공사 현장에 나가는 열성을 보였다. 아파트 준공식에는 무려 7만 명의 시민이 참석했고, 이 아파트는 비엔나 시의 문화유산이 됐다. 훈데르트바서 하우스는 문화적 환경과 관련해서도 우리에게 적지 않은 놀라움을 안겨준다. 정부가 한 예술가의 꿈을 실현할 수 있는 기회를 제안했다는 사실부터 부럽다. 이 아파트는 처음 구상한 후로부터 무려 9년여의 세월이 걸렸다. 이 과정에서 비엔나 시장도 바뀌었다. 그럼에도 프로젝트는 시작할 때의 계획이 변경되거나 복잡한 정치 환경의 영향도 받지 않고 흔들림 없이 추진되어 기어코 결실을 이뤄냈다. 그것도 40여 년 전의 일인데 말이다.

훈데르트바서에 따르면 인간은 다섯 가지 층위에 둘러싸여 살아간다고 한다. 첫째는 사람의 피부, 둘째는 나를 감싸고 있는 의복, 셋째는 벽, 즉 우리가 살거나 활동하는 집과 건물이다. 넷째는 사회이고, 다섯째는 지구, 즉 환경이다. 그런데 그가 보기에 (감옥 같은)벽은 '익명적이고, 감정과 감성이 없으

강렬하면서 빛나는 컬러를 사랑한
훈데르트바서. 훈데르트바서 하우스
입구에 있는 분수도 그의 이런 특성에
부합하는 화려한 컬러로 무장했다.

며, 공격적이고, 차갑고, 공허하게 입을 벌리고 있는' 존재다. 그렇기에 그는 건물이 인간의 피부처럼 따뜻한 온기를 품고 있어야 한다고 생각했다. 그래서 그는 건물에 식물을 많이 심었고, 옥상 정원을 만들었으며, 건물 곳곳에 여러 가지 형태의 사금파리를 장식물로 활용했다. 사금파리(타일)의 (재)활용은 자연주의 사상에 대한 훈데르트바서의 의지를 표현한 것이기도 하다. 이는 그가 1993년에 발표한 '자연과의 평화조약' 6항과 7항에 잘 드러나 있다.

6항 우리는 단순히 자연의 손님일 뿐이며, 그에 따라 행동해야 한다. 인간은 지구를 파괴해온 가장 위험한 기생자다. 인간은 자연이 재생할 수 있도록 자신의 생태적 위치로 돌아가야 한다.

7항 인간 사회는 다시 쓰레기 없는 사회가 되어야 한다. 자신의 쓰레기를 존중하고 재활용하는 사람만이 죽음을 삶으로 변화시킨다고 말할 수 있다. 왜냐하면 그들은 순환을 존중하고 생명을 재생해 지구에서 지속될 수 있도록 하기 때문이다.

1972년 44세 때 '창문에 대한 권리, 나무에 대한 의무'라는 선언문을 발표한 훈데르트바서는 범선을 구입해 자신의 스타일로 개조한 후, 배에 '비 오는 날'이란 뜻의 '레겐타크(Regentag)'라는 이름을 붙이고 대양을 항해하며 살았다. 그는 대서양을 건너 뉴질랜드로 가서 정착했다. 그리고 그가 죽음을 맞이한 장소도 배 위였다. 2000년 2월 19일, 태평양을 항해하던 엘리자베스 2호에서 심장마비로 생을 마감한 것이다. 향년 73세. 유해는 그의 유언에 따라 뉴질랜드 집 마당의 '행복한 죽음의 정원'에 있는 튤립나무(백합나무) 아래에 묻혀 자연으로 돌아갔다. 정녕 행복한 삶이었다.

훈데르트바서 기념품 가게에 가면 반짝이는 사금파리 북마크가 있다. 그것은 그가 생전에 즐겨 사용한 강렬한 원색으로 빛난다. 나는 비엔나를 생각할 때마다 모차르트나 그 어떤 음악가보다도 훈데르트바서가 제일 먼저 떠오른다. 그리고 훈데르트바서를 떠올리면 그의 사금파리도 반짝반짝 빛을 발하며 서서히 떠오른다. 그것은 내 마음속에서 항상 빛난다. 마치 항해 중에 마주치는 등댓불처럼……

기계와 환경, 예술의
공존을 꿈꾸다

훈데르트바서의 의지가 가장 잘 발현된 건축물 중 하나가 슈피텔라우(Spittelau)의 쓰레기 소각장 겸 열병합발전소다. 비엔나에서 나오는 쓰레기를 태워 발전을 하는 공공시설물인데, 막상 가보면 쓰레기와 연관된 혐오 시설의 이미지는 온데간데없다. 마치 잘 지어놓은 어린이 놀이동산이나 유치원 느낌이다. 비엔나 현지인들이 '양파'라고 부르는 높이 126m의 황금색 소각장 굴뚝은 마치 유원지의 놀이기구나 외계에서 날아온 UFO를 떠올리게 한다. 이 황금색 굴뚝은 밤이 되면 조명으로 밝게 빛나기 때문에 진짜 UFO로 착각하기 쉽다.

훈데르트바서 하우스의 준공식 때 함께 테이프를 자른 비엔나 시장 헬무트 칠크(Dr. Helmut Zilk)는 훈데르트바서에게 새로운 쓰레기 소각장을 설계해줄 것을 요청했다. 현대 문명이 양산해내는 '쓰레기' 자체를 혐오하는 그로서는 매우 곤혹스러운 제안이었다. 그러나 시장의 끈질긴 설득과 환경 운

비엔나 슈피텔라우의 쓰레기 소각장 겸 열병합발전소. 정작 쓰레기와 관련된 이미지는 전혀 찾아볼 수 없다. UFO를 연상시키는 이 건물은 밤이 되면 조명으로 밝게 빛난다.

동을 같이 하는 동료들의 격려에 힘입어 작업을 수락했다. 이를 통해 비엔나 시 주택의 3분의 2 정도에 난방을 공급할 수 있다는 점도 큰 고려사항이었다. 물론 그가 수락한 첫째 조건은 외관뿐 아니라 자연 친화적인 설비 운영이었다. 기계와 환경 그리고 예술이 공생하는 조화의 본보기를 상기시키고자 한 것이다. 1992년에 새롭게 문을 연 이 쓰레기 소각장에서는 현재 매 시간 16.5톤의 가정 폐기물을 소각해 60메가와트의 열을 얻는다. 그럼에도 최첨단 필터로 미세 먼지, 이산화탄소, 다이옥신, 중금속, 염화수소 등 인체와 환경에 유해한 물질들을 효율적으로 걸러내고 있다. 이 발전소에서 배출하는 다이옥신의 양은 1년에 0.1g이라고 한다. 비엔나 시 모든 쓰레기의 3분의 1을 소화하고 있는데도 그렇다. 자연, 인간, 건축이 함께 숨쉬는 행복한 세상을 꿈꾼 훈데르트바서의 바람이 이뤄진 것이다. 이제 이 쓰레기 소각장과 열병합발전소는 비엔나의 새로운 랜드마크 역할을 하고 있다. 매년 수많은 정부 기관과 환경 단체, 외국 시찰단이 이곳을 탐방한다.

맥주 회사에서 만든
훈데르트바서의 탑

마지막으로 비엔나가 아닌 뮌헨 근처 아브젠베르크(Absenberg)라는 조그만 소도시에 있는 훈데르트바서의 탑을 소개하기로 한다. 이 탑은 특이하게도 쿠흘바우어 양조장(Kuchlbauer Brauerei) 안에 있다. 탑을 세운 것도 이 맥주 회사다. 그래서 '쿠흘바우어 탑'으로 불리기도 한다. 처음에는 높이 70m로 계획했으나 아브젠베르크 시의 스카이라인을 해칠 것을 염려한 시 당국의 반대로 법정 다툼까지 갔다가 결국 34.19m로 조정했다.

아브젠베르크에 있는
훈데르트바서의 탑. 밀 맥주
전문 양조장에 지은 것으로
훈데르트바서의 마지막
작품이다.

이 탑은 훈데르트바서의 마지막 작품으로, 그는 이 탑의 계획이 한창 진행 중일 때 사망했다. 따라서 그의 오랜 파트너인 페터 펠리칸이 나머지 공사를 진행했으나, 일의 진척이 많이 늦어 2007년 4월에 첫 삽을 떴고 2010년 1월에야 비로소 개방했다. 이렇게 한적한 소도시에 명물 탑을 만들 정도의 문화적 감각을 지닌 이 맥주 회사는 밀 맥주 전문 양조장(Weissbier Brauer)으로, 1300년 이래로 맥주를 만들어온 세계에서 가장 오래된 맥주 회사 중 하나다. 탑 안으로 들어가면 맥주와 관련한 전시품이 많으며, 맥주 제조 과정도 볼 수 있다. 그중에서 눈여겨볼 만한 것은 유리잔 컬렉션이다. 레온하르트 잘레크(Leonhard Sallec)라는 이 회사 사장이 4,200종류의 밀 맥주용 유리잔을 모아놓은 것이다. 자그마치 4,200종류라니! 인간의 컬렉션 욕심은 때로 그 끝을 가늠하기 어렵다.

<h2 style="text-align:center">오토 바그너의
마욜리카 타일 건물</h2>

비엔나 제체시온(Vienna Secession), 즉 비엔나 분리파는 우리가 익히 잘 아는 비엔나의 화가 구스타프 클림트(Gustav Klimt, 1862~1918)를 주축으로 낡고 판에 박힌 사상에 의존하지 않고 미술과 삶의 상호 교류를 추구하는 동시에 인간의 내면을 미술을 통해 전달하려는 목적으로 1897년에 결성됐다. '분리하다'라는 뜻의 라틴어 동사 'Secedo'가 어원인 이 명칭은 아카데미즘이나 관이 주도하는 전시회로부터의 분리를 의미한다. 따라서 과거의 전통에서 분리돼 자유로운 표현 활동으로 미술과 삶의 상호 교류를 추구했다. 우리에게 익숙한 에곤 실레(Egon Schiele, 1890~1918)나 오스카 코코슈카

1,2. 비엔나의 명물 중 하나인 슈타인호프 교회 내에 있는 제단화. 마요르카 타일로 만든 화려한 벽화가 인상적이다.

장식벽 마감재로
마욜리카 타일을
사용한 마욜리카
하우스. 건물
전체가 꽃에 덮인
것 같은 느낌을
준다.

(Oskar Kokoschka, 1886~1980) 등도 이 그룹에 속하는 화가들이다. 회화 운동에서 출발한 비엔나 분리파의 성과는 현대 건축과 공예에서도 빛을 발했다. 그들은 거의 모든 건축에서 실용성과 상징주의의 조화를 추구했으며, 주거와 미학을 결합한 총체 미술을 창출하려고 했다. 또 순수미술과 응용미술을 통합해 근대적 디자인이라는 개념을 주창했다. 가장 대표적인 사람이 비엔나 출신 건축가 오토 바그너다. 그가 1898년에 설계해서 1900년에 완성한 비엔나의 마욜리카하우스(Majolikahaus)는 건물 전면부가 화사한 분홍빛의 마욜리카 타일로 장식돼 있어 건물이 꽃으로 덮인 것 같은 느낌을 준다. 비엔나 시의 명물 중 하나인 슈타인호프(Steinhof) 교회(일명 레오폴트 교회) 역시 제단화가 화려한 '트렌카디스(Trencadis)' 벽화로 이뤄져 있다.

'트렌카디스'는 타일을 잘게 부숴 오브제나 벽면 등을 장식하는 것으로 이슬람의 지배를 받던 스페인에서 탄생한 기법이다. 스페인에는 곳곳에 이런 장식 타일이 많이 있고, 바르셀로나 출신의 건축가 안토니 가우디(Antonio Gaudí, 1852~1926) 작품 역시 이런 전통을 이어받은 것이다. 그러니 훈데르트바서와 오토 바그너 그리고 가우디는 각자의 개성은 살아 있으되, 타일을 사용하는 '사금파리 장식'이라는 공통분모를 지니고 있는 셈이다.

비엔나를 떠나기 전에 꼭 들러야 할 곳이 있다. 박물관이 밀집해 있는 뮤지엄플라츠(Museumplatz) 1번지, 건축협회 건물 1층에 있는 카페 겸 레스토랑 '코르바치(Corbaci)'다. 비엔나 시에서 가장 독창적이면서 독특한 곳일 뿐 아니라 아마도 가장 아름다운 장소일 것이다. 카페 이름은 '요리사'라는 뜻의 터키어와 연관이 있는데, 이유는 카페의 천장을 덮고 있는 타일이 터키에서 제작된 것이기 때문이다. 이곳에 앉아 있으면 마라케시나 이스탄불에

와 있는 느낌이 든다. 카페는 다국적 예술가들이 손잡고 만든 '협업의 산물'
이다. 문화적 혼혈의 결과인 셈이다. 모든 장식 타일이 그렇듯 이 카페의 타
일은 그 기원이 옛 오스만튀르크 시절로 거슬러 올라간다. 이스탄불에서 가
장 유명한 블루모스크(소피아 성당)의 천장을 덮고 있는 타일과 이곳의 타
일은 뿌리가 같다. 그리고 터키의 오스만튀르크 타일, 더 정확하게는 이즈니
크(Iznik) 도자 문화의 산물인 이 타일은 중국 도자기와 페르시아의 코발트
블루가 결합한 혼혈이다.

'이즈니크'는 터키 아나톨리아 반도 서북부 도시 이즈니크에서 16~17세기
에 제작된 이슬람 도기와 타일의 통칭이다. 처음에는 중국 명나라 초기의 염
색 도기 모양을 본떠 코발트블루를 안료로 사용한 도기를 구운 것으로 추정
된다. 이후 튤립, 양귀비, 카네이션 등을 그린 터키 특유의 초화(草花) 문양
이 발전했고, 채유(彩釉) 타일 제조도 대단히 활발해서 건축 장식으로 사용
하는 것이 유행했다. 스페인과 포르투갈의 아술레호 문화 역시 같은 뿌리에
서 나온 사촌지간이다.

코르바치 카페의 천장을 보고 있으면 '비엔나는 왜 굳이 이스탄불의 타일을
도입해 카페를 장식했을까'라는 의문이 든다. 그러나 굳이 그 답을 듣고 싶
지는 않다. 비엔나는 우리 생각보다 훨씬 '열려 있는' 도시다. 어떤 도시나 어
떤 나라든 다양성이 있어야 발전과 진보가 따르는 법이다.

카페 천장을 덮고
있는 타일은
터키에서 제작한
것으로 이곳에 앉아
있으면 리스본이나
이스탄불에 와 있는
느낌이 든다.

비엔나에서 반드시 둘러봐야 할 다섯 가지 스폿

01. 슈테판 성당 남쪽 타워에서 343개의 계단을 밟고 위로 올라가는 고생을 감수한다면 경비병 숙소(Türmer Stube)에 도착한다. 이곳에서는 비엔나 도시 전경이 한눈에 들어올 뿐 아니라 아래서는 잘 보이지 않는 성당 지붕의 세세한 곳까지 자세하게 볼 수 있다. 그러니 이 성당에 왔다면 아래에서만 올려 다보지 말고 약간의 수고를 감수하더라도 꼭 위로 올라가 아래를 내려다볼 것을 권한다.

주소 Stephansplatz 3, 1010 Wien

홈페이지 www.stephansdom.at

———

02. 훈데르트바서 하우스 & 쿤스트하우스 빈 훈데르트바서 하우스나 쿤스트하우스 빈에 가는 가장 쉬운 방법은 1번 트램이나 N선을 타고 라데츠키플라츠(Radetzkyplatz) 역 혹은 헤츠가세(Hetzgasse) 역에서 내리는 것이다. 두 건물은 서로 500m도 떨어져 있지 않다. 주택가에 있기는 하지만, 역에서 내려 사람들이 많이 가는 방향으로 조금만 걷다 보면 곳곳에 이정표가 잘 붙어 있어 찾아가기는 그리 어렵지 않다. 훈데르트바서 하우스 바로 앞에는 칼케 필라게(Kalke Village)라는 기념품 가게가 있는데 관광객들이 북적거린다. 또 아파트의 1층과 2층에는 카페도 있으므로 '비엔나커피(아이슈펜나)'와 함께 망중한을 즐길 수 있다. 2층에 자리한 카페에는 널따란 테라스가 딸려 있고 식사도 가능하다.

주소 Untere Weissgerberstrasse 13(쿤스트하우스 빈), Kegelgasse 36-38(훈데르트바서 하우스)

03. 슈피텔라우(Spittelau)의 쓰레기 소각장 겸 열병합발전소 슈피텔라우 역에서 내리면 바로 옆에 자리하고 있다.

주소 Spittelauer Lände 45, 1090 Wien

홈페이지 www.wienenergie.at

———

04. 훈데르트바서의 탑, 쿠흘바우어 양조장(Kuchlbauer Brauerei) 독특한 맥주 양조장과 탑이 있는 이곳은 자유 관람이 아닌 가이드 안내로만 내부를 볼 수 있다. 한적한 동네에 있어 2~3시간마다 비정기적으로 투어를 진행한다. 그러니 훈데르트바서처럼 마음을 내려놓고 느긋한 마음으로 둘러보길 권한다.

주소 Schulhausplatz 4, 93326 Abensberg

홈페이지 www.kuchlbauers-bierwelt.de

———

05. 카페 코르바치(Corbaci) 카페 '코르바치'의 타일 디자인은 비엔나 시에 거주하는 터키 출신 예술가 아시예 콜바이 카팔리에르(Asiye Kolbai-Kafalier)의 작품이고, 타일 제작은 이스탄불의 고르본 세라믹(Gorbon Ceramic)에서 맡았다. 건축은 2001년 파리 출신 건축가 안느 라카통(Anne Lacaton)과 장 필리프 바살(Jean Philippe Vassal)이 완공했다. 그야말로 다국적 합작품이다. 레스토랑을 겸하고 있으므로 박물관 투어를 마치고 이곳에서 식사하길 추천한다. 메뉴는 독창적이고 맛있다. 알람브라 궁전의 하렘에서 식사하는 듯한 기분이 든다. 장소가 넓지 않아 좌석이 가깝게 붙어 있는 만큼 쾌적한 환경은 아니다.

주소 Museumsplatz 1, 1070 Wien

영업 시간 매일 10:00~24:00

CHAPTER

10

체코, 서민들의
쯔비벨무스터

체코 인의 도자기 사랑

마이슨의 혈통을 이은
체코의 쯔비벨무스터

비엔나를 벗어나 북서쪽을 향해 달리면 얼마 지나지 않아 체코 국경이 나온다. 이곳을 통과해 약 3시간쯤 계속 달리면 마치 동화 속에 들어온 듯한 느낌을 주는 중세 마을 체스키 크룸로프(Cesky Krumlov)가 모습을 드러낸다. 반나절 정도면 둘러볼 수 있는 작은 마을이지만, 특유의 풍광과 정취 덕분에 동유럽을 여행할 때 빼놓을 수 없는 장소 중 하나로 손꼽힌다. 그러나 이곳은 여행 루트를 짜기에는 좀 애매한 장소에 있다. 비엔나와 프라하의 중간쯤에 있어 프라하에서 비엔나로 가거나 비엔나에서 프라하로 가는 일정이 아니면 가기가 만만치 않은 것이다. 교통의 요지도 아니고, 기차가 드나드는 것도 아니다. 가보고는 싶어도 빠듯한 일정 중에 일부러 하루 동안 시간을

체스키 크룸로프는 반나절이면 둘러볼 수 있을 정도로 작은 도시지만 동화 속 마을처럼
동유럽 여행에서 빼놓을 수 없는 스폿이다.

2

1. 체코에는 체스키 크롬로프 성처럼
벽돌과 조각을 그림으로 그려넣은
건물이 많다. 실제 벽돌이나 조각처럼
착시현상을 주는 이 그림들은
그리스-로마 건축양식을 따르고 싶지만
재정 사정이 여의치 않아 나타난 현상이다.

2. 체스키 크롬로프 성의 거대한 구름다리.

할애하지 않으면 가기 어렵다.

대중교통을 이용하면 되지만 버리는 시간이 너무 많아 필자는 되도록 렌터카 이용을 선호하는 편이다. 나를 어딘가로 데려다줄 교통수단을 우두커니 기다리는 시간과 전혀 예기치 못한 동승자와의 우연한 만남 또한 여행이 주는 커다란 즐거움이다. 그렇게 여유 있게 흘려보낼 수 있는 시간이 많은 여행이야말로 모든 이가 꿈꾸는 여행이겠다. 렌터카를 이용해 체스키 크룸로프에 다다르면 길이 갑자기 언덕에서 아래로 급하게 경사져서 내리막길로 마을을 바로 내려다보며 들어서게 되는데, 그 순간 빼어난 풍광에 탄성을 지르지 않을 수 없다. 내가 여기서 묵은 곳은 바르바칸(Barbakan)이라는 펜션으로 도시 중심에 있는 블타바(Vltava) 강이 지나는 다리 바로 옆에 자리 잡은 근사한 곳이었다.

시골 펜션에서의
특별한 아침 식사

펜션에서 하룻밤을 묵고 난 다음 날 아침이었다. 아침 식사를 하러 식당에 가니 식탁에 쯔비벨무스터 테이블웨어가 가득 놓여 있는 것이 아닌가! 펜션 여주인의 인상에서 풍기는 품격이 남다르게는 보였지만 투숙객을 위한 식탁에 쯔비벨무스터를 내놓을 줄은 미처 몰랐다. 유럽을 꽤 많이 돌아다녔다고 자부했는데 숙소에서, 그것도 쯔비벨무스터로 아침 식사를 하는 것은 처음이었다. 4~5성급의 좋은 호텔도 아니고 별 3개짜리 평범한 펜션에서, 그것도 프라하가 아닌 작은 시골 마을에서 말이다.

혹자는 식탁에 쯔비벨무스터 테이블웨어가 올라온 것이 뭐 그리 대단한 일

체코산 쯔비벨무스터의 전형을 보여주는 3단 트레이. 애프터눈 티 세트에 사용된다.

이냐고, 너무 호들갑을 떠는 것이 아니냐고 생각할 수도 있겠다. 그러나 아는 사람은 안다. 불특정 다수를 위한 대중 시설에서 쯔비벨무스터 같은 고급 식기를 내놓는 것은 쉬운 일이 아니다. 비싸기도 하지만 흠집이 나거나 파손의 위험이 커서 대부분 내놓기를 꺼린다. 그런데도 이 펜션은 투숙객을 위해 기꺼이 쯔비벨무스터를 내놓았다. 한마디로 말해 자신의 공간에 대한 주인장의 품격과 자존심, 자신감이 이 식기에 고스란히 담겨 있는 것이다.

식사를 하면서 여주인에게 일부러 "이게 쯔비벨무스터 맞지요?" 하고 물었다. 그녀는 금방 얼굴에 만족감을 드러내면서 어떻게 알았느냐고 맞장구쳤다. 하지만 나는 실수를 하고 말았다. 쯔비벨무스터의 원조는 독일 마이슨이라고 말해버린 것이다. 그러자 그녀는 얼굴이 확 굳어지더니 강하게 부정하며 손사래를 쳤다. 그러고는 '체코 두비'가 원조라고 큰 소리로 말했다. '체코산 쯔비벨무스터'에 대한 그녀의 커다란 자부심이 여지없이 드러나는 순간이었다. 당황한 나는 "내가 잘못 안 것 같다"며 상황을 얼버무렸다. 그러고 나서 보면 볼수록 정말 훌륭한 식기라고 칭찬했더니 그제야 그녀의 얼굴이 풀리고 미소가 번졌다. 그러나 체코의 도자기 역사가 이웃인 독일로부터 시작한 것은 부정할 수 없는 사실이다. 바로 마이슨으로부터 말이다.

오늘날 체코 쯔비벨무스터의 메카는 두비(Dubi)라는 도시다. 두비 인근에는 숲이 울창한 산림이 있어 물도 좋고 땔감도 많다. 그러니 마이슨에 있던 도자기 공장이 국경을 넘어 왜 이곳으로 왔는지 충분히 짐작할 수 있다. 요즘 단어로 말하자면 일종의 오프쇼링(Offshoring: 임금이 싼 지역으로 생산 시설 등을 옮기는 일)이다. 마이슨 도자기 회사가 성공을 거두면서 마이슨 지역에 여러 도자기업체가 우후죽순으로 난립했다는 것은 이미 앞에서 설명했다. 그중 하나가 마이슨작센 도자기 공장(Royal Saxon Porcelain Manufactory Meissen)이다.

이 공장은 1840년에 타일 벽난로 제조 공정을 획기적으로 발전시켰고, 개인 특허까지 인정받았다. 그러나 이 공장은 1857년 요한 프리드리히 카를 타이헤르트라는 도공에게 넘어갔다. 그는 공장을 인수한 후 사업이 번창하자 회사 이름을 '카를 타이헤르트 마이슨(Carl Teichert Meissen)'으로 바꾸었다. 그러나 카를 타이헤르트는 프로이센과 프랑스 전쟁(보불전쟁)에 참가해 41세의 나이로 사망하고 말았다. 그리하여 공장은 1868년부터 감독으로 일하던 그의 동생 요한 프리드리히 에른스트 타이헤르트가 맡았고, 1872년에는 합자회사로 새롭게 출발했다.

체코 두비에 있는 체스키 도자기 공장.

한편 1864년 체코 두비의 사업가 안톤 친켈(Anton Tschinkel)은 두비에 건물을 구입해 공장을 차리고 마욜리카를 생산하기 시작했다. 그의 공장은 20여 년 동안 유지되었지만 결국 1885년에 도산했다. 그래서 공장을 마이슨의 한 도자기 공장에 팔았는데, 그 회사가 바로 위에서 이야기한 카를 타이헤르트 마이슨에서 비롯한 '마이슨 오븐 & 도자기 공장'이다. 여기서 체코 최초의 쯔비벨무스터를 본격적으로 만들기 시작한 것이다. 그러니 체코 사람들이 아무리 부인해도 체코 쯔비벨무스터의 역사가 독일 마이슨에서 시작되었다는 것은 부인할 수 없는 사실이다.

그로부터 11년 후 이 공장은 다시 베르나르트 블로흐(Bernard Bloch)라는 사람에게 넘어가 1938년 독일에 점령당할 때까지 운영되었다. 1945년 체코의 독립과 함께 국영 회사가 되었다가 1991년 민영화되어 현재에 이르고 있다. 오늘날 체코에서 쯔비벨무스터가 대중화되기까지는 이렇게 복잡한 과정을 거쳤다. 피겨린과 장식용 자기로 명성을 쌓은 체코 서북부 도시 두흐초프(Duchcov)의 둑스(Royal Dux)와 합병해 '체스키 포르첼란 두비(Cesky Porcelan Dubi)'로 이름을 바꾼 것은 2009년의 일이다.

'오리지널 쯔비벨무스터'에서
'오리지널 보헤미아'로

마이슨의 쯔비벨무스터를 가장 먼저 모방해 생산하기 시작한 카를 타이헤르트의 제품은 가격이 낮았다. 마이슨의 쯔비벨무스터가 너무 비싸서 엄두도 내지 못하던 사람들이 꿩 대신 닭이라고 카를 타이헤르트의 쯔비벨무스터를 구입하기 시작했다. 그래서 이 제품은 '서민들의 마이슨(Buerglich

1. 서민들을 위한 쯔비벨무스터의 전형을 보여주는 체스키 자기 진열 상품.
2. 아기 예수와 동방박사의 이야기를 주제로 한 체스키의 피겨린들.

1. 오늘날 체코 쯔비벨무스터에는 '오리지널 보헤미아'라는 백 스탬프를 찍는다.
2. 푸른 테이블웨어의 유혹은 쯔비벨무스터의 모사품뿐 아니라 대량생산을 불러왔다.

Meissen)'으로 불렸다. 바로 서민들의 쯔비벨무스터, '부에르글리흐 쯔비벨무스터(Buerglich Zwiebelmuster)'의 등장이다.

체코 체스키의 옛 쯔비벨무스터 중에는 원산지 표시 아래에 'ORIGINAL ZWIEBELMUSTER'라고 백 스탬프를 표기한 것도 있다. 과감하게도 마이슨을 무시하고 제멋대로 원조라는 표시를 한 것인데, 얼마 지나지 않아 이 백 스탬프는 슬그머니 자취를 감추고 대신 'ORIGINAL BOHEMIA'라는 표기로 바뀌었다. 아마 마이슨 도자기로부터 강력한 항의를 받았으리라. 여기서 말하는 보헤미아는 체코의 서쪽 지방을 의미한다. 체코는 동부를 모라바(Morava) 또는 모라비아(Moravia)라고 부르며, 서부를 체히(Cechy)라고 부른다. 이 체히가 라틴어와 영어로는 보헤미아다. 보헤미아라는 명칭은 기원전 이 지방에서 산 켈트의 일족인 보이(Boii)에서 유래했다. 보헤미아는 사방이 산맥으로 둘러싸인 마름모꼴의 커다란 분지로, 라베(엘베) 강과 그 지류인 블타바(몰다우) 강 유역 일대를 포함한 지역이다. 앞서 말했듯 울창한 숲과 풍부한 광산 자원이 있어 도자산업이 발달하기 좋은 환경이다.

한편 서민들을 위한 부에르글리흐 쯔비벨무스터조차 살 수 없는 사람들을 위한 쯔비벨무스터 모사품이 또 등장하기 시작했다. 그만큼 푸른 테이블웨어의 유혹은 대단했다. 대량생산으로 마구 찍어내 제일 저렴한 체코의 이 쯔비벨무스터는 '슈트로블루멘무스터(Strohblumenmuster)'라는 이름으로 불렸다. 'Strohblumen'은 영어로 'Straw Flower'다. 이 문양 역시 마이슨 도자기가 1740년대에 선보인 패턴이므로 이래저래 쯔비벨무스터 계열의 제품을 생산하는 유럽 도자기 회사들은 마이슨의 그림자로부터 벗어나기 힘들다. 슈트로블루멘무스터를 생산한 회사로는 아르츠베르크, 일메나우

(Ilmenau), 빌레로이 앤 보흐, 로열 테타우 등이 있다. 특히 작센 주에 근거를 둔 회사들이 이 패턴을 많이 생산한다고 해서 '블라우 자크스(Blau Saks: 작센 주의 블루)'라고도 불린다.

'오리지널 보헤미아'라고 부르는
체코 쯔비벨무스터

두비는 체스키 도자기를 빼놓으면 볼거리가 거의 없다. 마이슨처럼 체스키 도자기 회사를 위한 도시라는 느낌이 강해 공장 주변 말고는 한적하기 짝이 없다. 긴 시간의 운전 끝에 공장을 찾아갔지만 내부 공개 프로그램을 운영하지 않아서 들어갈 수도 없었다. 당연히 실망감이 컸다. 하긴 누가 이 먼 곳까지 체스키 공장을 보러 오겠는가. 프라하에 있는 것도 아니고, 마이슨 같은 일류 브랜드도 아닌데. 그래도 '오리지널 보헤미아'라는 스탬프를 찍는 체코산 쯔비벨무스터의 정체를 잘 모르는 열정적인 '포슬린 팬'들을 위해서라면 당연히 해야 할 발걸음이었다.

그나마 허탈한 마음을 위로해준 것은 공장에 붙어 있는 전문 가게였다. 가게는 체스키의 쯔비벨무스터를 총망라하고 있었으므로 제품만 보자면 굳이 공장 안으로 들어갈 필요도 없는 셈이었다. 가게 안으로 들어가니 인상 좋은 한 '아줌마 매니저'가 친절하게 맞아주었다. 이 구석진 곳까지 찾아온 동양인 방문자가 신기했는지 대뜸 일본인이냐고 물었다. 이런 반응은 당연한 것이다. 쯔비벨무스터에 대한 일본인들의 애정은 한국에 비할 바가 아니다. 게다가 일본에는 쯔비벨무스터를 직접 생산하는 회사도 있다. '마쓰오카(松岡) 재팬'이라는 도자기 회사가 일본판 쯔비벨무스터를 생산한다. 한

체스키 쯔비벨무스터 물병의 아름다운 문양.

체코도 5월이면 유채꽃의 전원교향악이 울려 퍼진다.

국과는 무슨 인연인지, 이 회사의 공장은 원래 후쿠시마(福島)에 있었으나 2011년에 발생한 원자력발전소 사고로 인해 2012년부터는 우리나라 경남 합천군에 새로 마련한 공장에서 생산하고 있다. 일본 브랜드의 쯔비벨무스터를 한국 땅에서 생산하고 있으니 세상은 넓은 듯하면서도 좁고, 돌고 도는 인생사가 아닐 수 없다.

일본판 쯔비벨무스터에는 '블루 다뉴브(Blue Danube: 다뉴브 강의 푸른 물결)'라는 이름이 붙어 있다. 다뉴브 강, 즉 도나우 강은 독일에서 발원해 오스트리아, 헝가리를 거쳐 흑해로 흘러 들어간다. 주요 도자기 산지를 모두 거치는 셈이니 쯔비벨무스터 브랜드의 이름으로는 제격이다. 가게 안의 제품들을 꼼꼼히 살피고 문을 나서려니 매니저 아주머니가 체스키 제품을 모두 소개해놓은 두툼한 카탈로그 한 권을 건넸다. 일종의 수브니어(기념품)란다. 공장을 보지 못하고 돌아서는 마음을 이렇게나마 위로받았다.

다음 여정은 클라슈테레츠 나트 오흐르지(Klasterec nad Ohrí)라는 매우 어려운 이름의 도시다. 두비에서 다시 차로 1시간 동안 가야 하는 거리다. 그곳에는 툰(Thun) 도자기 공장이 있다. 체스키보다는 덜하지만 체코 도자기에서는 나름 지명도가 있는 회사다. 두비 시가지를 벗어나자 오스트리아를 다닐 때는 거의 볼 수 없던 유채밭이 다시 등장했다. 독일 지방의 유채밭과는 또 다른 느낌이다. 아마 배경이 되는 건물이 달라서일 것이다. 나는 이 풍경에서 또다시 위안을 얻었다. 클라슈테레츠 나트 오흐르지는 두비보다 훨씬 큰 도시다. 짜임새도 있고, 시가지가 아기자기하게 잘 정돈돼 있다. 특이한 사실은 이 도시가 툰(Thun) 공작의 영지에서 비롯했다는 점이다. 즉 귀족의 영지가 도시로 발전한 것이다. 그래서 툰 도자기보다 툰 공작의 저택

1. 클라슈테레츠 니트 오흐르지 시내 중심부의 공원.
도자기 도시답게 세라믹 장식이 멋있다.
2. 툰 도자기를 생산하는 클라슈테레츠 공장.

을 먼저 들르기로 했다. 그곳에는 체코에서 가장 큰 도자기 박물관도 있다.

체코 도자기 박물관이 프라하가
아니라 시골에 있는 까닭

도자기 측면에서 보자면 프라하는 별 매력이 없는 도시다. 너무나 근사한 도시 프라하는 유독 도자기에서는 제대로 된 면모를 보여주지 못한다. 프라하의 장식미술 박물관에 전시된 도자기 작품도 규모나 미적 가치로 볼 때 우리가 지금까지 봐온 어떤 박물관 수준에도 미치지 못한다. 프란츠 카프카(Franz Kafka), 알폰스 무하(Alphonse Mucha), 안토닌 드보르자크(Antonín Dvorák) 등 프라하를 빛낸 별들이 수두룩한데도 도자기와 관련해서는 무하의 그림이 들어 있는 값싸고 조악한 장식용 플레이트나 머그 얘기만 할 수밖에 없다는 사실이 참 안타깝다. 이유는 간단하다. 체코의 장식미술 대표 상품은 도자기가 아니라 유리공예, 즉 크리스털이다. 체코 도자기는 이류 수준에 머물러 있지만, 보헤미아 크리스털은 세계적 명성을 얻고 있는 일등 브랜드다.

오늘날 세계적으로 대중성을 얻고 있는 '스와로브스키(Swalovski)'나 와인잔으로 유명한 리델은 오스트리아 회사지만 뿌리는 보헤미아의 유리 세공에 있다. 프라하의 박물관이나 기념품 숍에서 우선적으로 비중 있게 전시하고 있는 것은 화려한 크리스털 제품이지 도자기가 아니다. 그런 이유로 원래는 프라하 박물관에 있어야 할 도자기의 상당수가 차로 2시간이나 떨어진 시골인 클라슈테레츠 나트 오흐르지의 귀족 저택 박물관에 와 있는 것이다. 그렇다면 체코 도자기 박물관이 유명한 도자기 회사인 체스키가 아니라 왜 이곳에 있을까 하는 의문이 또 생길 만하다. 역시 그 이유는 체스키의 뿌리가 보헤미아가 아닌 작센(독일)에 있기 때문이 아닐까. 클라슈테레즈 나트 오흐르지의 툰 도자기는 체코 자본으로 1794년 보헤미아에서 두 번째로 생긴 공장인 것이다.

지역 영주와 집사가 만든
도자기 회사

도자기 박물관으로 사용하는 툰 공작의 저택은 1600년 르네상스 양식 건물의 기초 위에 지은 것이다. 저택 앞 넓은 정원은 인근 주민들의 공원 역할을 하고 있는데 마침 공작새 한 마리가 건물 난간에 앉아 있었다. 가까이 가도 반응을 보이지 않는 것이 사람들에게 꽤 익숙해 있는 듯했다. 이 박물관은 유럽의 다른 도자기 박물관처럼 수십 개의 방에 옛 동양 도자기를 비롯해 작

프라하 시내 중심부 마욜리카 가게의 실내장식

센의 마이슨과 뮌헨의 님펜부르크 등 유럽 초기 도자기와 체코 도자기들을 시대별로 잘 진열해놓았다. 대부분의 도자기는 정교한 앤티크 가구 안에 보관돼 있고, 잘 볼 수 있도록 밖에 전시한 도자기들은 드물다. 아마도 옛 소련의 지배를 받은 탓인가 했는데 러시아 상트페테르부르크의 에르미타주 박물관이 개방적으로 운영되고 있는 걸 보면 꼭 그렇지도 않은 모양이다.

이곳이 박물관으로서 제 기능을 하려면 전시 형태부터 대폭 개선되어야 할 것이다. 자유 관람이 불가능하고 반드시 가이드와 동행해 그가 인솔하는 대로 다녀야 한다는 것도 부담스럽다. 이곳보다 더 훌륭한 작품을 소장한 박물관들도 사진을 찍을 수 있도록 허용하는 곳이 많은데 사진 촬영도 막으니 아쉬운 대목이 많은 곳이다. 그동안 여러 박물관을 경험한 바에 의하면 사진을 엄격히 제한하는 박물관일수록 인기가 없어지게 마련이다. 무엇이든 공유하고 나눠야 그 매력이 상승한다. 이런 점에서 박물관은 소셜 네트워크 서비스(SNS)와 매우 닮아 있다.

다행히도 커다란 세라믹 벽난로는 가이드에게 부탁해서 사진을 찍을 수 있었다. 가이드는 이것이 동유럽에서 가장 커다란 자기 벽난로일 것이라고 자랑했다. 정교한 조각까지 있는 것으로 보아 한눈에 봐도 상당히 공을 들인 듯했다. 1790년대에 들어 시작된 체코의 도자산업은 그즈음 보헤미아 카를스바트(Karlsbad), 즉 지금의 카를로비바리(Karlovy Vary) 인근에서 엄청난 매장량의 고령토를 발견한 것이 도약의 계기였다. 마이슨 최초의 경질자기를 제작한 것이 1710년이었으니 80년 정도 늦은 셈이다. 그리하여 체코 최초의 도자기 회사는 1792년 슬라프코프(Slavkov)에서 생겼고, 2년 뒤인 1794년 툰 도자기가 설립됐다. 툰 도자기 설립자는 바로 클라슈테레츠 나트

1. 체코 도자기 박물관이 있는 클라슈테레츠 나트 오흐르지의 툰 공작 저택. 2.공작의 저택에 전시된 도자기 제품.

오흐르지 지역의 영주인 프란츠 요제프 툰(Franz Josef Thun) 공작과 툰 공

작 집에서 은퇴한 집사인 니홀라스 베베르(Nicholas Weber)였다.

오늘날 툰 도자기 상표에는 왕관 밑에 '1794'라는 숫자가 쓰여 있는데 이

1. 툰 도자기 '레아(LEA)' 라인. 2. 2017년 제52회 '카를로비바리 국제영화제' 당시 내놓은 기념 머그. 3. 툰 도자기 전시실.

러한 역사성을 강조한 것이다. 툰 도자기는 153년 동안 잘 유지해왔으나 1947년에 국영화되고, 1958년에는 카를로비바르스키 도자기(Karlovarsky Porcelain)라는 회사로 소유권이 넘어갔다. 따라서 툰 도자기는 카를로비바르스키 도자기 그룹의 하나인 클라슈테레츠 공장으로서 존재하지만 툰 상표는 여전히 사용하고 있다.

CHAPTER

11

발랄한
도트 무늬의
폴란드 도자기

미국인이 사랑하는 도자기

1939년 9월, 독일군은 폴란드를 단 2주 만에 점령했다. 모든 유대인에게는 강제적인 호적 등록과 이주 명령이 떨어졌고, 매일 1만 명이 넘는 유대인이 남부의 크라쿠프(Krakow) 시로 강제 이동됐다. 그러다 1944년 7월 독일군이 전쟁에서 밀리기 시작하면서 유대인 대학살이 점점 심해질 무렵, 체코 출신 사업가 오스카 쉰들러(Oscar Schindler, 1908~1974)는 크라쿠프에 있는 폴란드의 도자기(법랑) 공장을 사들이고 유대인을 취직시켜 1,200여 명의 생명을 구해냈다. 바로 스티븐 스필버그 감독의 1993년 영화「쉰들러 리스트」의 배경이 된 실화다. 영화 속에서 쉰들러는 단지 값싼 노동력이 필요

볼레스와비에츠의 전경.

볼레스와비에츠 주변 지도.

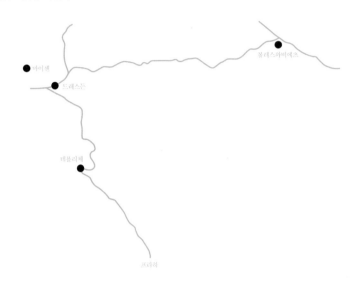

해 나치 친위대에 뇌물을 바치고 유대인을 고용하는 기회주의적 장사치였지만 점차 인권과 생명의 존엄성에 대해 눈을 뜬다.

얘기 속에서 크라쿠프 도자기 공장이 등장하는 것처럼 폴란드는 체코와 마찬가지로 오래전부터 가내수공업 차원의 소규모 도자산업이 발달한 나라다. 크라쿠프는 매우 번성한 도시지만, 폴란드 도자산업의 메카는 따로 있다. 분츨라우(Bunzlau) 지방의 볼레스와비에츠(Bolestawiec)라는 어려운 이름의 도시다. 이 지역의 도기 문화는 독일어로 '스티치 반트 케라믹(Stich band keramik)'이라고 하는 신석기 시대의 빗살무늬토기 문명과 궤를 같이 한다. 줄여서 'STK'라고 통칭하는 이 문명은 기원전 3,200~1,800 무렵까지 독일과 오스트리아, 폴란드, 체코 지역에 폭넓게 존재했다.

1. 제조 방식이 근대화가 되기 이전에 만들었던 회색 항아리들.
2. 18세기 중반부터 요즘 폴란드 그릇의 특성이 나타나기 시작했다.

보다 진화한 가마들은 볼레스와비에츠라는 지명이 등장하기 시작하는 중세 초기 600년 무렵부터 발견된다. 볼레스와비에츠가 공식 지명으로 등재된 것은 1202년의 일인데, 17세기 게르만족이 이 지역을 점령하고 '분츨라우'라고 불렀다.

우리나라에서 흔히 폴란드 도자기라고 부르는 것은 바로 볼레스와비에츠 도자기를 말하며, 이 도자기는 게르만족이 이 지역을 점령한 당시의 명칭을 따서 '분츨라우(혹은 분츨라우어) 도자기'라고도 불린다. 볼레스와비에츠를 특화된 도자기 도시로 키운 것은 독일인이다. 그렇다고 볼레스와라비에츠의 도자산업을 독일이 전적으로 주도한 것도 아니다. 이미 1천여 년 동안 도자기 제조의 전통이 대대손손 이어져왔기 때문이다. 1380년에 작성한 이 지역의 도공에 대한 문서 기록이 남아 있기도 하다.

그러나 이 마을은 '후스전쟁(Huss Wars)'이라고 불리는 보헤미아 종교전쟁의 여파로 1492년 황폐해졌지만 다시 복원되어 1511년 처음으로 가마들의 조합(길드)이 생겨났다. 그런데 1618년부터 1648년까지의 '30년 전쟁'으로 인해 다시 파괴돼서 600여 명의 거주민이 80명 선으로 줄어들었다. 이렇게 연달아 비운을 겪은 마을이 다시 살아나서 왕에게 바치는 도기를 만들기 시작한 것은 1700년대의 일이다.

1753년 이 지역 가마들이 합심해서 무려 6피트에 달하는 항아리를 만들었고, 이것이 볼레스와비에츠를 대표하는 상징이 됐다.

이때 이 마을에서 만들어진 그릇들은 이 지역 흙의 특성상 표면이 짙은 갈색이나 회색의 질그릇(earthenware)이었다. 이 마을 가마의 근대화에 가장 기여한 사람은 요한 고틀리프 알트만(Johann Gottlieb Altmann,

1. 볼레스와비에츠에서 개최되는 도자기 축제의 하이라이트인 '글리니아다(Gliniada)'에 참여한 시민들이 백토 분장을 하고 기념사진을 찍고 있다. 2. 아르티스티치나 도자기는 폴란드가 독립하기 전에 있던 독일 회사가 전신이다.
3. 볼레스와비에츠에 들어서면 제일 먼저 도자기 관련 입간판들과 만나게 된다.

1865~1949)이었다.

그는 거듭 사용할 수 있는 거푸집(mold)을 도입해 작업의 효율성을 높였고, 예전과 다른 흙을 사용해 이전보다 다양한 색채를 구현할 수 있는 석기를 만들었다. 아기자기하고 오밀조밀 예쁘면서도 실용적인 특성이 나타나기 시작한 것도 이 무렵부터다. 그는 또한 납이 포함된 이전 유약을 배제하고 장석(Feldspar)으로 만든 유약을 사용해 수많은 사람의 목숨을 구해냈다.

어쨌든 제1차와 제2차 세계대전 당시 이 도시를 점령한 독일인들이 이주해 와서 1897년 최초의 도자기 전문학교(Keramische Fachschule)와 공장을 설립한다.

베를린에서 온
엄격한 도자기 선생님

도자기 전문학교의 첫 선생님은 베를린에서 온 빌헬름 푸칼(Dr. Wilhelm Pukall)이라는 사람이었다. 푸칼 박사는 이곳에 오기 전까지 왕립 프로이센 도자기 공장(Königlich Preussische Porzellan-Manufaktur)의 기술부 수석이었다. 그는 매우 엄격하게 학생들을 교육했고, 새로운 도자기 제조 방법론을 도입해 기술은 물론 도자기의 형태와 표현에서 일대 혁신을 일으켰다. 이 시기의 볼레스와비에츠 도자산업은 괄목할 만한 성장을 보였다. 학교는 전통적 공방을 운영하고 있던 도공들의 자식을 받아들여 교육시켰고, 이들은 다시 각자의 공방으로 돌아가 전수받은 기술을 전통적 기술과 접목해 발전시켰다.

1925년 푸칼 박사가 학교를 떠나고 에두아르트 베르델(Eduard Berdel)

과 아르투어 헤니히(Artur Hennig)라는 기술자가 부임해 기하학적인 형태와 장식을 새롭게 도입했다. 이는 흰색 바탕에 갈색 문양이 주조를 이루던 이 지방의 전통적 도자기 스타일에서 벗어나 다채로운 실험을 행하는 계기가 됐다. 그 결과 이 지역에서 율리우스 파울(Julius Paul), 후고 레인홀트(Hugo Reinhold), 카를 베르네르(Carl Werner)라는 3명의 중요한 도공이 등장하는데, 이들은 도자기 전문학교의 비전과 아이디어를 볼레스와비에츠 전체에 파급하는 데 지대한 영향을 미쳤다. 세 아티스트는 도자기 제작에 스텐실, 중금속 유약 처리, 활력이 넘치는 강렬한 채색, 도금 등의 기법을 적용해 근대 볼레스와비에츠 도자기에 또 한 차례 혁명을 가져왔다.

1936년 도자기 전문학교는 6개의 분교를 더 세워 이 지역 도자산업의 기초를 다졌다. 이런 노력의 결과로 분슬라우 도자기는 독일 바이마르 시대(Weimar, 1919~1933) 동안 상당히 흥미로운 제품들을 생산해냈다. 1945년 폴란드 독립과 함께 학교는 폐교됐지만 이들의 전통을 잇는 제품은 아직도 생산되고 있다. 오늘날 예술조합 형태로 운영하는 아티스티나(Artystyczna) 도자기는 폴란드가 독립하기 전 독일인이 소유한 율리우스 파울 & 손(Julius Paul & Sohn) 사가 전신이다.

미국인을 매료시킨
폴란드 도자기

제2차 세계대전이 끝난 후 독일의 도자기 회사들은 폴란드 국영 회사가 됐지만 모두 상당 기간 침체기를 겪어야 했다. 볼레스와비에츠의 도자기 공방들은 협동조합을 구성해 지역의 도자산업을 되살리기 위해 눈물겨운 노력을 기울였고, 다행히도 이웃한 폴란드 제2의 도시 브로츠와프(Wroclaw) 예술대학의 도움을 받아 오늘날의 터전을 다시 일궜다.

현재 폴란드 도자기의 가장 열렬한 소비국은 놀랍게도 미국이다. 미국은 폴란드 도자기 수출의 60% 정도를 차지하고 있다. 어찌 된 연유일까? 1990년대 초 동유럽 국가들이 사회주의 체제를 끝내면서 연쇄적 혁명의 도화선이 된 나라가 폴란드다. 1988년 폴란드에서 일어난 노동자 대파업은 결국 폴란드 인민공화국에서 폴란드 공화국으로 바뀌는 촉매이자 20세기 역사적 대지진의 시작이 됐다. 1989년 폴란드의 무혈혁명은 이웃인 헝가리와 체코슬로바키아, 루마니아, 불가리아 등으로 파급됐다. 동유럽과 서유럽의 경계가 무너지고 독일 역시 베를린 장벽이 붕괴되면서 서독에 주둔하고 있던 미군과 그 가족이 자유롭게 동유럽을 다닐 수 있게 되자 말로만 듣던 분츨라우 도자기를 구입하기 위해 볼레스와비에츠로 모여들었다. 이들 사이에서 폴란드 그릇에 대한 입소문이 나기 시작했고, 본국으로 돌아가 파티를 열면서 이웃과 친구에게 알려져 차츰 인기를 끌게 된 것이다.

볼레스와비에츠 도자기의 무엇이 미국 사람들을 매혹시켰을까? 일단 폴란드 도자기는 경쾌하다. 문양이 유쾌하고 발랄하다. 마이슨이나 서유럽의 도자기들처럼 무게를 잡지 않는다. 그리고 매우 실용적이다. 오븐에 굽는 요리에 사용할 수도 있고, 전자레인지에 넣고 돌려도 괜찮다. 행여 흠이 가지 않을까, 못 쓰게 되지 않을까 전전긍긍할 필요도 없다. 바로 그런 점이 개척민의 후손다운 미국인 특유의 실용성과 맞닿은 것이다.

폴란드 도자기가 유쾌하고 발랄해 보이는 이유는 반복되는 독특한 패턴 때문이다. 폴란드 도자기는 일일이 손으로 작업하는 핸드페인팅 제품이기는

1. 폴란드 도자기 식기들. 2. 폴란드 도자기는 유쾌하고 발랄하다.

하지만 스탬핑으로 무늬나 그림을 찍어내고 그 후에 다시 그림을 그린다는 점에서 서유럽의 고급 도자기들과 약간 다르다. 각기 다른 특정 문양을 새긴 스탬프를 만든 다음, 그것에 안료를 발라 초벌구이한 도자기에 찍는 것이다. 스탬핑 기법은 독일의 도자기 전문학교가 아니라 요한 고틀리프 알트만이 1830년대에 개발했다.

유쾌하고 발랄한
폴카 도트 도자기

초기에는 천연 스펀지라 할 수 있는 해면이나 감자를 사용해 단순한 문양을 만들었지만, 1980년대에 들어와 합성수지로 만든 스펀지를 사용해 더욱 정교한 문양으로 발전시켰다. 폴란드 도자기의 전통 문양은 바로 해면이나 감자로 스탬프를 만들던 시절의 것이다.

폴란드 도자기 초기의 전통 문양은 19세기 독일판 아르누보(Art Nouveau)인 '유겐트슈틸(Jugendstil)'의 영향을 받아 좀더 정교해졌고, 이후 아르데코(Art Déco) 사조에 의해 더욱 세련된 패턴 디자인으로 발전했다. 1920년

1

1. 흔히 '땡땡이 무늬'라 불리는 폴란드 도자기의 다양한 패턴. 2. 초벌구이 도자기에 스탬프로 무늬를 찍는 모습.
3. 다양한 스탬프들.

2

3

대 이후에는 보다 다채로운 색상을 사용하는 경향이 두드러졌다. 볼레스와비에츠 도자기의 독특한 문양은 무려 2000가지가 넘는다. 게다가 그 문양들을 이리저리 혼합해서 사용하므로 실제로는 무한대의 문양이 나온다. 전부비슷한 듯해도 막상 비교해보면 조금씩 다른 것이 볼레스와비에츠 도자기다. 문양을 기계로 찍는 것이 아니라 손으로 스탬프를 찍기 때문에 같은 문양의 도자기라 하더라도 약간씩 다르게 마련이다. 이것이 바로 볼레스와비에츠 도자기의 매력이다.

도트 무늬의
무한 믹스매치

폴란드 도자기에 주로 사용하는 문양은 일명 '땡땡이'라고 부르는 점이나 반점, 에델바이스 같은 꽃, 체리 같은 식물 그리고 특이하게도 '공작새의 눈'으로 불리는 원형 무늬와 '모기(모스키토)' 문양이다. 그중에서도 독특한 '공작새의 눈'과 '모스키토'는 폴란드 도자기를 가장 대표하는 패턴이다. 모스키토는 자연물을 형상화한 녹색 이미지이지만 모기와 비슷하다고 해서 해외 바이어들이 붙인 별칭이다. 공작새의 눈과 모스키토는 수많은 도자기 공방이 공통으로 사용하고 있는데다 시내 가게 곳곳에서도 두 문양을 내부 장식에 많이 사용하므로 볼레스와비에츠의 상징과도 같다.

폴란드 도자기 패턴은 아트(Art), 우니카트(Unikat: 영어로는 Unique), 기본 패턴 등으로 레벨을 구분한다. 이 레벨은 장인의 숙련도와 문양의 난이도 등 다양한 요소에 따라 정하는데, 공방마다 패턴을 나누는 레벨도 제각각 다르고 그에 따른 가격 차이도 상당하다. 보통 우니카트나 아트 패턴의 가격은

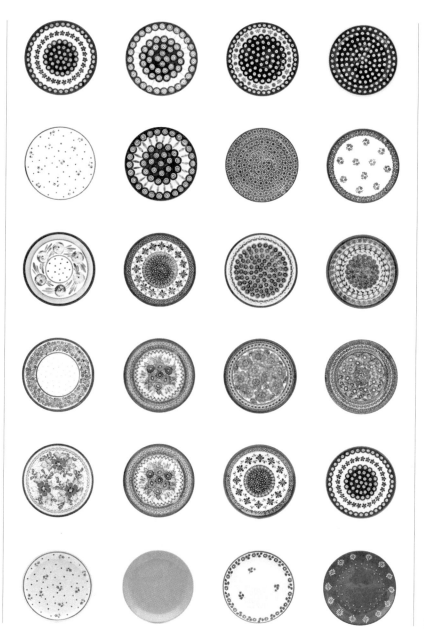

폴란드 도자기는 도트 무늬로 일관된 것 같지만 자세히 들여다보면 종류가 천차만별이다.

1. 마뉴팍투라의 코발트블루가 프린트된 '폴카 도트'. 2, 3, 4. 우리에게 익숙한 땡땡이 무늬들이 정겹다.

기본 패턴보다 1.5~3배 정도 더 비싸다. 아트 패턴은 그릇 밑에 예술가의 사인이 있는 제품으로, 대부분 꽃 그림과 수채화 느낌의 붓 페인팅이 들어간다. 당연히 시간이 많이 소요되며 하루 생산량이 몇 개밖에 되지 않는다. 다양한 색상과 정교한 문양이 많은 우니카트 패턴은 경력이 많은 중급 작가들의 제품이다. 기본 패턴은 한두 가지 색상으로 단순한 문양이 반복되지만, 앞서 말했듯 반복 패턴을 얼마든지 '믹스 앤 매치'할 수 있기 때문에 그 가짓수는 무궁무진하다.

현재 볼레스와비에츠에는 큰 회사부터 가내수공업 규모의 작은 공방까지 많은 도자기 제조업체가 있다. 이 가운데 '빅 3'를 꼽는다면 자클라디 체라미치네(Zakłady Ceramiczne), 체라미카 아티스티나(Ceramika Artystyczna), 마뉴팍투라(Manufaktura) 세 곳이다. 그러나 체라미카 비자(Ceramika Wiza) 등 규모가 다소 작은 곳의 제품도 디자인이나 품질 면에서 전혀 뒤지지 않는다. 개인의 취향에 따라 선호도는 조금씩 다르겠지만, 그 어떤 것을 선택해도 나름대로 충분히 매혹적이다.

마뉴팍투라의 경우 공식 회사명은 '파브리카 나친 카미온코비흐 마뉴팍투라(Fabryka Naczyń Kamionkowych Manufaktura)'이지만 통칭해 마뉴팍투라 혹은 'FNK 마뉴팍투라'라고 부른다. 1993년에 W. 스몰렌스키에고(W. Smolenskiego)와 J. 즈비에자(J. Zwierza)의 가족회사로 시작해 지금은 자식들이 물려받아 200명의 직원을 둔 회사로 발전했다. 현재 볼레스와비에츠에서 가장 큰 회사다. 규모에 걸맞게 새로운 디자인을 개발하는 일에도 매우 의욕적이고, 각종 수상 경력을 지닌 디자이너들이 지금도 창의적인 실험을 계속하고 있다.

자클라디 체라미치네는 1900년에 이 지역의 유명한 도공 후고 레인홀트가 설립한 회사로, 볼레스와비에츠에서 가장 오래된 역사와 전통을 자랑하는 곳이다. 회사 로고에 '볼레스와비에츠'라는 지명을 넣는 것을 허용한 유일한 회사다. 이 회사 로고에는 3개의 탑이 있는 성채가 그려져 있는데, 이는 볼레스와비에츠가 성벽으로 둘러싸인 마을이기 때문이다. 도시 외곽에는 13세기에 세운 성벽의 흔적이 아직 남아 있다. 몽골의 침략을 대비해 쌓은 것이다. 성벽은 볼레스와비에츠 마을의 한 특징이 되었고, 지금은 도시의 상징이자 폴란드 도자기 정품을 나타내는 도안으로도 사용되고 있다.

1. '공작새의 눈'은 폴란드 도자기의 상징과도 같다. 2. 코발트블루와 도트 무늬와의 조화.

행복해지는 도자기,
경쾌한 도자기

나는 폴란드 도자기를 볼 때마다 기분이 좋아진다. 행복해진다. 지극히 주관적인 감정이겠지만 절로 마음이 흥거워진다. 그러면서 팝송 하나가 생각난다. 브라이언 하이랜드가 부른 'Itsy Bitsy Teenie Weenie Yellow Polka Dot Bikini'다. 따라 부르기도 힘겨운 이 팝송 제목의 뜻은 '쬐끄만 노란색 물방울 모양의 비키니'다. 1960년대 미국에서 빌보드 차트 1위를 차지할 만큼 유행한 노래로, 경쾌한 리듬 덕에 광고에도 많이 등장했고 라디오에서도 많이 틀어주던 노래다.

'폴카 도트(Polka Dot)'는 가장 일반적인, 즉 지름 0.5~1cm 정도의 물방울 무늬를 뜻하지만 원래 폴카는 폴란드 여성을 지칭한다. 또 남녀가 짝을 이루어 춤추는 4분의 2박자, 보헤미아에서 기원한 활발한 사교춤이기도 하다. 프라하에 폴카가 등장한 것은 1837년으로 스메타나나 드보르자크 같은 작곡가들이 춤곡의 작곡에 기꺼이 동참하면서부터다. 폴란드 도자기를 보고 있노라면 절로 "이치 비치 티니 위니 옐로 폴카 도트 비키니"라고 흥얼거리거나 스메타나의 오페라 「팔려간 신부」의 저 유명한 폴카 곡이 떠오른다. 사진을 보라. 저 '땡땡이 무늬'가 얼마나 정겨운가. 그것은 흡사 1970년대에 우리 어머니나 누이들이 입은 블라우스 혹은 '몸뻬'의 문양을 닮아 있다. 그리하여 폴란드 도자기를 보고 있노라면 누이가 시집갈 때 얼굴에 찍은 연지와 곤지, 고개 돌려 남몰래 떨구던 눈물도 생각나는 것이다.

1. 폴란드에 있는 도자기 아웃렛. 2. 도자기로 만든 미니 의자.

도트 무늬로 일관한 커다란 화병.

8월 마지막 주가 되면 볼레스와비에츠 마을은 도자기 축제로 한껏 달아오른다. 지역 축제지만 이웃 나라 독일과 체코, 심지어 미국에서도 많은 관광객이 몰려온다. 지역 내 공방들이 저마다 도자기를 내놓고 선을 보이는데 축제의 백미는 '글리니아다'라고 부르는, 진흙을 바르고 펼치는 가장행렬이다.

우리나라 보령의 머드 축제에서 바닷가 개펄의 진흙을 몸에 바르듯 이곳에서는 도자기를 만들 때 사용하는 고령토를 몸 전체에 바르기 때문에 그로테스크하게 보이기도 한다. 백분을 폭 뒤집어쓴 듯 뿌연 얼굴로 시내를 돌아다니는 모습은 흡사 공포영화 속 좀비들의 행렬처럼 보인다. 보령 머드팩이 피부에 좋은 것처럼 고령토로 팩을 하면 신진대사를 활성화시켜 피부조직을 강화하고, 중금속이나 냄새를 제거한다고 한다. 또 피부에 탄력을 주는 효능도 있다고 한다. 그런 흙으로 도자기를 만들기 때문에 음식을 보호해주고, 건강에도 좋은 것이다.

볼레스와비에츠는 내게 조선을 떠올리게 한다. 이 도시의 역사가 그렇다. 독일에 의해 근대화를 이루었고, 전쟁의 종식과 함께 독립했으며, 독립 이후에는 미군이 몰려들었다. 지금 이 도시를 번성하게 만드는 수입원의 상당 부분도 미국에 수출하는 도자기가 차지한다. 이 도시 시민들은 이런 역사 속에서 자신들의 뿌리를 잊지 않고 전통을 지키기 위해 노력하고 있다.

이순신 장군 동상이 광화문 네거리에서 우리나라를 수호하고 있듯 볼레스와비에츠에도 볼레스와프 1세(Boleslaw I, 966~1025) 동상이 이 마을을 지키고 서 있다. 볼레스와비에츠라는 도시 이름부터가 '용감왕(勇敢王, Chrobry)'이란 별명을 가진 이 폴란드 왕에게서 온 것이다. 그는 폴란드의 통일을 실현하고 모라비아와 슬로바키아를 병합했을 뿐 아니라, 키예프로 원정하고 세 차례에 걸친 독일과의 전쟁에서 폴란드의 독립을 지킨 위대한 왕이다. 볼레스와비에츠 도자기에서 'Hand Made in Poland'라는 스탬프 가 사라지지 않는 한 '미아스토 체라미키(Miasto Ceramiki: 영어로 Town of Ceramics)'라는 이 도시 시민들의 자부심과 자존심은 지속될 것이다.

폴란드 도자기는 최근 우리나라에서도 꽤 많은 인기를 얻고 있다. 남대문시장 에 전문 판매점도 있고, 볼레스와비에츠 도자기만 전문적으로 취급하는 수입 상도 몇 군데 있다. 폴란드 도자기를 좋아하는 사람들에게 꽤 반가운 현상이다.

1. 1753년 마을을 살리기 위해 6피트짜리 대형 항아리를 만든 사실을 보여주는 삽화. 2. 고령토를 바르고 퍼레이드를 하는 모습을 그대로 보여주는 '글리니아다' 축제 포스터. 우리의 보령 머드 축제와 비슷하다. 3. 코발트블루를 사용한 '블루 프린트'는 폴란드 도자기에서도 예의 빛을 발한다.

1. 블루베리 문양의 폴란드 도자기. 2. 공작색 문양의 폴란드 도자기.

볼레스와비에츠로 가는 길

볼레스와비에츠는 지리적으로도 독일과 가깝다. 마이슨이나 드레스든에서는 차로 약 2시간 거리, 체코 두비에서는 차로 약 3시간 거리에 있다. 두비에서 가는 것보다 드레스든을 거쳐 가는 길이 도로 포장이 잘돼 있어서 빠르다.

드레스든에서 볼레스와비에츠로 가는 길은 심심하기 그지없다. 도로 양옆에는 울창한 산림이 계속 이어지고, 4차선 아스팔트 포장길을 오가는 차량도 거의 없다. 단 한 번 시선을 끄는 곳이 있다면 바로 도자기를 만드는 고령토(백토) 채취장이다. 독일과 접한 국경을 넘어 한참 달리다 보면 비버(Bóbr) 강이 나타나고, 그 강을 지나면 오른쪽에 고령토를 채취하는 광산이 보인다. 광산이라고 해서 굴을 파 들어가는 게 아니라 위에서부터 파기만 하면 되는 노천 광산이다. 그러니 굴삭기(포크레인) 몇 대만 달랑 놓여 있는 '심심한' 광산 풍경이다. 지루한 운전 끝에 고령토 채취장을 만나면 곧 볼레스와비에츠에 도착한다는 신호나 다름없다. 볼레스와비에츠에 들어서면 독일 도자기 가도의 중심 도시 젤프처럼 초입에서부터 도자기와 관련한 각종 입간판이 나타나기 시작해 한눈에 도자기 도시임을 알 수 있다.

CHAPTER

12

부다페스트,
아르누보의 정점에
서다

역사의 질곡 속에서 피어난 아르누보 타일

흔히 세계 4대 도자기 브랜드 하면 독일의 마이슨, 덴마크의 로열 코펜하겐 (Royal Copenhagen), 영국의 웨지우드 그리고 헝가리의 헤렌드를 꼽는다. 이 네 브랜드는 각각 고유의 특성을 지니고 있고, 차이가 뚜렷해 우열을 가리기가 매우 힘들다. 개인적 취향으로 볼 때 이 가운데 으뜸은 단연코 헤렌드라고 생각한다. 헤렌드의 우아함과 격조, 단아한 아름다움은 절정의 수준에 올라 있다. 그런데 헝가리에는 헤렌드에 결코 뒤지지 않을 명품이 하나 더 있다. 바로 졸너이(Zsolnay)라는 브랜드다.

나는 한국에는 거의 알려지지 않은 이 회사가 늘 궁금했다. 헝가리 부다페스트(Budapest)의 유명한 건축물 지붕은 모두 이 회사의 타일로 덮여 있고, 아르누보 양식의 장식 타일 또한 대부분 이 회사 제품이기 때문이다. 미술사적 관점에서 보았을 때 건축에서의 아르누보는 프라하보다 오히려 부다페스트에서 훨씬 풍성한 꽃을 피웠다고 생각한다. 프라하에는 아르누보의 대표 화가 알폰스 무하가 있지만 부다페스트에서는 건축가 외된 레흐너(Ödön Lechner)와 도자기 예술가 빌모스 졸너이(Vilmos Zsolnay)가 아르누보의 기막힌 앙상블을 이루어냈다.

부다페스트에 들어서면 곧바로 도나우 강이 나타나고 세체니 다리(Szecheny Lanchid)와 함께 시야가 탁 트이면서 인상적인 시가지 풍경이 펼쳐진다. 대한항공의 TV 광고 캠페인 '내가 사랑한 유럽 톱 10' 중 '유럽 속 숨겨진 유럽 10' 부문에서 1위를 차지한 '이슈트반(István) 불꽃 축제'가 벌어지는 바로 그 장소다. 헝가리 건국 기념일인 8월 20일이 되면 세체니 다리

부다페스트를 관통하는
도나우 강과 세체니 다리의
동쪽, 즉 페슈트 지역에
해당하는 곳으로 성 이슈트반
성당과 국회의사당이 이곳의
중심이 된다.

를 중심으로 다양한 행사가 열리고 밤 9시부터 불꽃 축제가 시작되는데, 강 양쪽의 야경과 더불어 그야말로 장관을 이룬다. 그렇지만 한국인이 이 축제를 그렇게까지 좋아한다는 것이 약간 놀랍기도 하다.

사족을 덧붙이면 대한항공은 물론 대부분의 기사에서 이 축제를 '이슈트반 불꽃 축제'가 아닌 '스테판(Stephen) 불꽃 축제'로 쓰고 있는데, 이는 분명 표기의 오류다. '스테판'을 '이슈트반'으로 정정하는 것이 옳다. 헝가리어 '이슈트반'은 영어로 '스테판'이기는 하다. 하지만 이슈트반은 헝가리에 기독교(가톨릭)를 전파한 초대 왕의 이름이다. 그래서 그를 기리는 성당 이름도 '성 이슈트반 성당(Szent István Bazilika)'이다. 한 나라의 고유명사가 붙은 축제 이름을 다르게 부르고 쓰는 것은 분명 잘못이고 예의가 아니다. 잘 알려져 있다시피 부다페스트(헝가리어로는 부더페슈트)는 강 서쪽의 부더(Buda) 지역과 동쪽의 페슈트(Pest) 지역으로 나뉜다. 이 같은 대립 구도는 프라하와 매우 닮았다. 프라하 역시 블타바 강의 카를 다리를 기점으로 서쪽은 프라하 성, 동쪽은 상인들이 모여 있는 구시가로 나뉜다. 페슈트 지역은 성 이슈트반 대성당과 국회의사당이 중심을 이루는 시가지이고, 건너편이 마차시 성당(Mátyás Templom)과 왕궁 등이 있는 부더 지역이다. 부더와 페슈트가 같은 행정구역으로 합쳐진 것은 1872년이다. 오늘날 헝가리 국민의 조상인 마자르족(Magyars)의 일곱 족장이 부족을 이끌고 이곳에 정착해 나라를 세운 것이 896년이니 2015년 기준으로 헝가리는 건국 1,119 주년을 맞은 것이다.

부다페스트 관광의 시작과 마지막은 대개 어부의 요새(Halaszbastya)와 마차시 성당에서 이뤄진다. 요새와 성당 그리고 지금은 국립 미술관으로 사

1. 디즈니랜드 영화 속에 나올 법한 '어부의 요새'. 2. 험난한 수난의 역사를 겪은 마차시 성당과 지붕 타일.

헝가리 핸드 페인팅의 전통을 잇는 현대 도예가 안나 웨덜리(Anna Weatherley)의 작품들.

용하는 왕궁이 부더 지역의 언덕배기에 나란히 있으므로 가장 먼저 들러야 할 곳이 된 것이다. 이 '왕궁의 언덕' 역시 대한항공 TV 광고 캠페인 '내가 사랑한 유럽 톱 10' 중 '사랑을 부르는 유럽' 부문 5위에 올라 있다. 패키지로 떠나는 동유럽 단체 관광 여행의 경우 열에 아홉은 헝가리(부다페스트)에서 달랑 이 언덕만(혹은 성 이슈트반 성당까지) 보고 다른 나라로 이동하는데, 이는 그야말로 헝가리의 손가락 하나만 만져보고 가는 형국이다.

언덕의 동쪽 면을 따라 180m 길이로 뻗어 있는 어부의 요새, 즉 '할라스바스처'는 이름이 참 생뚱맞다. 어부와 요새가 무슨 관계인가 싶기도 하고, 요새라기보다는 강 건너편의 페슈트 지역을 전망하는 훌륭한 프롬나드나 데이트 코스 혹은 산책로의 역할이 제격이기 때문이다. 게다가 곳곳에 앙증맞은 탑이 있어서 디즈니랜드 영화 같은 동화적 분위기를 연출한다.

그렇지만 이곳은 헝가리 건국 1천 주년을 기념해 지은 '헝가리 애국정신의 상징'이다. 1896년에 착공해 10년 만인 1905년에 완공했다. 네오로마네스크와 네오고딕 양식이 혼재된 이 건물에서 가장 인상적인 것은 역시 7개의 고깔 모양 탑인데, 이 탑이 상징하는 것은 건국 당시 카르파티아 분지라는 광활한 평원에 정착한 일곱 마자르 부족이다. 성 이슈트반 대성당이 탑의 높이(96m)로 건국 연도인 896년을 기념했다면, 이곳은 7개의 탑으로 건국 주체를 역사 속에 각인시킨 것이다.

이 기념물에 '어부의 요새'라는 기이한 이름이 붙은 것은 이 성채의 토대를 이룬 중세 시대 성벽이 당시 강가에 자리한 어시장까지 연결돼 있었고, 어부 길드(조합)가 자연스레 성벽을 지키는 역할을 수행했기 때문이라고 한다.

사연 많은 마차시 성당은
로마네스크, 고딕,
이슬람, 바로크, 고딕
순으로 변천에 변천을
거듭했다.

이 건축물을 디자인한 헝가리 건축가 프리제시 슐레크(Frigyes Schulek, 1841~1919)는 바로 옆에 있는 마차시 성당을 오늘날의 모습으로 보수하고 재건축한 인물이기도 하다. 헝가리 도자기에 대해 이야기하려면 마차시 성당(Mátyás Templom)에서 시작해야 하는데, 그러자면 '왕궁의 언덕'에 대한 사전 지식이 필요하기 때문에 좀 돌아왔다.

1015년 로마네스크 양식으로 세운 이 성당의 정식 명칭은 성모마리아 성당이다. 하지만 나중에 이곳을 고딕 양식으로 대대적으로 뜯어고친 마차시 왕이 두 번의 결혼식을 올린 장소이고, 또 그가 개축을 명령한 남쪽 탑에 왕가의 문장과 머리카락을 보관하고 있기 때문에 마차시 성당으로 불리게 됐다. 이 성당은 헝가리의 역사와 동고동락을 같이한, 사연 많은 장소다. 그 와중에 건축양식이 로마네스크, 고딕, 이슬람, 바로크, 고딕 순으로 계속 변천에 변천을 거듭했다.

이슬람 오스만튀르크 제국은 1526년 모하치(Mohács) 전투에서 헝가리 왕국을 격파하고 헝가리가 통치하던 지역의 대부분을 수중에 넣었다. 마차시 성당은 이슬람 모스크가 됐으며, 내부의 호화스러운 프레스코 벽화는 터키 이스탄불의 소피아 대성당과 마찬가지로 회칠로 덮이고, 이슬람 고유의 아라베스크 문양으로 장식됐다. 불행 중 다행으로 헝가리는 이슬람의 침략에 대비해 성당의 보물을 모두 당시 헝가리 영토이던 슬로바키아의 브라티슬라바(Bratislava)로 옮겨놓았다. 브라티슬라바는 부다페스트가 오스만튀르크의 지배를 받던 시절과 그 이후에도 한참 동안 헝가리 왕국의 수도 역할을 담당했다.

기독교 신성동맹(폴란드-리투아니아 연방과 합스부르크 군주국)이 부더 지역을 탈환할 때 마차시 성당과 관련해 흥미로운 일이 벌어졌다. 성당 벽 일부가 동맹군이 쏜 대포에 파괴되자 지난날 벽 속에 숨겨 봉인해둔 마리아 상이 드러난 것이다. 그때 알라신을 향해 경배 중이던 오스만튀르크 병사들 앞에 마리아상이 나타나자 오스만튀르크군의 사기가 크게 떨어졌다. 결국 그날부터는 다시 기독교 동맹군의 손에 넘어갔다.

성당을 되찾은 다음에도 수난은 계속됐다. 이번에는 엉뚱하게도 바로크 스 타일로 성당을 재건축한 것이다. 그러다가 19세기 말이 돼서야 성당 본래의 모습을 되찾으려는 움직임이 일어나서 '어부의 요새'를 디자인한 건축가 프 리제시 슐레크에게 복원 작업을 맡겼다. 슐레크는 성당의 13세기 설계도를 찾아 고딕 양식의 대부분을 되살렸는데, 이 과정에서 중세 시대 폐허에서 발

마차시 성당 지붕의 다이아몬드 모양 타일은 경쾌한 컬러로 믹스매치돼 있다.

굴한 유물들을 다시 사용하려고 노력했다. 또 슐레크는 당시 헝가리의 대표적 도자기 장인 졸너이에게 다이아몬드 모양의 타일 기와를 제작해달라고 부탁해 이것으로 지붕을 이었다. 지금 우리가 볼 수 있는 이 아름다운 성당 지붕은 이렇게 생겨난 것이다.

지붕을 타일 기와로 이으려면 많은 비용과 정성이 필요하다. 뭔가 특별한 장소가 아니면 이런 장식을 할 수 없다. 마차시 성당은 합스부르크 왕조 마지막 황제인 카를 1세를 포함해 거의 모든 헝가리 국왕의 대관식을 치른 역사적 장소이므로 지붕에도 헝가리의 높은 자부심을 나타내야 했다. 이미 우리는 비엔나와 뮌헨의 성당 지붕에도 이런 타일 기와를 사용한 것을 본 적이 있다. 그러나 뮌헨과 비엔나의 타일 지붕은 헝가리와 비교하면 예고편에 지나지 않는다. 헝가리야말로 타일 지붕 장식의 본격적인 경연장이라고 해도 과언이 아니다. 그것도 아르누보를 대변하는 명징한 유산이다.

중앙시장 건물의 지붕이 눈길을 끄는 까닭

부다페스트에서 마차시 성당 말고 형형색색의 타일 기와지붕을 볼 수 있는 건축물은 공예 박물관(Iparmürészeti Múzeum), 지질학 연구소(Földtani Intézet), 우편저금국(Postatakarékpénztár) 빌딩, 중앙시장(Nagycsarnok) 등 여러 곳이 있다. 이 중 가장 쉽게 볼 수 있는 것은 중앙시장이다. 시장은 부다페스트 초대 시장인 카를 카메마이어(Karl Kamermayer)가 건축가 사무 페츠(Samu Pecz)에게 의뢰해 지은 것으로 1897년에 개장했다. 네오고딕 양식의 정문이 특징적인 지하 1층, 지상 3층 규모의 철 구조물이다. 역시 졸너이가 제작한 타일 기와로 지붕을 이었다. 1층에서는 주로 식료품과 토산품을 판매하고, 2층에는 식당과 기념품 가게가 들어서 있다.

시장에는 헝가리 '귀부(貴腐, botrytised) 와인'으로 세계적 명성을 얻은 '토커이(Tokaji)'를 비롯해 40여 가지 약초와 향신료를 사용해 만든 약술 '우니쿰(Unicum)', 철갑상어알 통조림 등이 가득 쌓여 있다. 모두 이 나라의 대표 상품들이다. 귀부 와인은 귀부 곰팡이에 감염된 포도송이를 썩어 말라비틀어지도록 방치한 뒤 당도가 최고조에 달했을 때 만든 와인이다. 프랑스 소테른 지방의 샤토 디켐(Chateau d'Yquem), 헝가리의 토커이, 독일의 에곤 뮐러(Egon Müller)를 3대 귀부 와인으로 대접한다.

토커이 와인은 헝가리가 루이 14세 시절의 프랑스 왕실에 선물로 보낸 다음부터 국제적 명성을 얻기 시작했다. 그 후 와인 애호가인 루이 15세가 술자리에서 그의 정부 마담 드 퐁파두르에게 "이 와인은 군왕의 와인이자 와인의 군왕이다"라고 말했다고 해서 더욱 유명해졌다. 토커이 와인의 등급은 소쿠리를 의미하는 프토뇨시(Puttonyos 또는 Putt)를 사용해 Putt 3~6으로 나누며, 숫자가 높을수록 오래 숙성해서 당도가 높다. 우니쿰은 신성로마제국 황제 요제프 2세가 사경을 헤매다 황실 주치의로부터 약술을 한 잔 처방받아 마셨더니 병이 씻은 듯이 나았다는 이야기가 전해지면서 헝가리의 국민주가 된 술이다.

헝가리는 서울시보다 인구가 적지만 노벨상 수상자가 무려 19명이나 된다. 그중 기초의학 분야에서 12명의 수상자가 나왔다. 그러니 헝가리는 의학이 매우 발달한 나라임이 틀림없고, 이에 따라 독자적인 '약술'도 발전한 듯해서 흥미를 끈다.

1. 졸너이 타일 기와로 지붕을 장식한 부다페스트 중앙시장. 컬러 베리에이션과 앤티크한 건물이 조화롭다.
2. 정교한 헝가리 핸드 페인팅의 전통을 엿볼 수 있는 배 모양의 19세기 럭셔리 포푸리 보관함.

인상적인 초록색 타일과
조각상의 부다페스트
공예 박물관.
고색창연한 아름다움이
고스란히 묻어난다.

서쪽에 가우디가 있다면
동쪽에는 레흐너가 있다

중앙시장을 보았다면 다음은 공예 박물관으로 갈 차례다. 부다페스트 공예 박물관은 런던과 독일에 이어 유럽에서 세 번째로 세워진 박물관이다. 1852 년 런던 공예 박물관(지금의 빅토리아 & 앨버트 박물관)과 1869년 독일 뉘른베르크의 게르만 박물관(Germanisches Museum)의 출범에 자극을 받아 생긴 것이다. 부다페스트 공예 박물관은 유럽 전체를 통틀어 가장 독특한 아름다움을 뽐내는 건축물이라 해도 과언이 아니다. 1872년에 처음 세워졌으나 헝가리 건국 1천 주년을 기념하기 위해 황제 요제프 2세가 외된 레흐너에게 의뢰해 1893년부터 1896년까지 재건축했다.

외된 레흐너는 흔히 "서쪽에 가우디가 있다면 동쪽에는 레흐너가 있다"는 말로 표현된다. 스페인에서 안토니 가우디가 승승장구하던 시절, 부다페스트에서는 레흐너가 아르누보를 이끌었기 때문이다. 부다페스트의 아르누보 건축물 1호인 공예 박물관을 비롯한 그의 작품들은 독특한 졸너이 장식 타일 덕에 어느 나라에서도 볼 수 없는 독창성을 보여준다.

공예 박물관은 한눈에 띄는 초록색 타일 기와지붕이 우아한 자태를 뽐낸다. 꽃을 형상화한 벽면 장식 타일도 아름답기 그지없다. 내부 장식 또한 이슬람은 물론 인도의 무굴 제국이나 힌두 양식을 차용해 이국적인 미학을 추구하고 있다. 박물관으로 들어가는 현관 입구에서부터 마치 인도나 이란의 사원에 온 듯한 느낌을 주는 장식이 현란하다. 그래서 당시에는 외벽이나 지붕에 요란한 색채 장식을 한 것에 대해 반발이 많았고, '집시들의 왕궁'이라는 야유도 받았다고 한다. 지금 보아도 매우 파격적이라는 느낌이 들 정도이니 당시는 어땠을지 충분히 짐작이 간다.

공예 박물관의 주요 전시품은 크게 세 가지 출처로 나뉜다. 원래 국립박물관에 있던 소장품을 옮겨온 것, 1873년 비엔나와 1878년 및 1889년의 파리 박람회 때 구입한 것 그리고 헤렌드와 졸너이 도자기 회사로부터 기증받은 것이다. 부다페스트 공예 박물관에서 가장 빛나는 전시품은 바로 도자기와 타일 난로(세라믹 난로)다. 이 도자기들은 졸너이 대학교의 교수나 유명한 수집가들이 소장하고 있던 컬렉션을 기증한 것이다.

그 가운데 특히 시선을 붙잡은 것은 타일 난로에 사용한 다양한 장식 타일과 뛰어난 미학적 감수성을 보여주는 타일 난로다. 난로는 1941년에서 1942년 사이에 부다페스트에서 제작한 것으로, 말을 타고 수렵하는 장면이 마치 고구려의 고분벽화처럼 화려하게 장식돼 있다. 어느 고관대작의 저택에서 사용한 난로였는지 한눈에 보아도 엄청난 공을 들여 만든 것임을 알 수 있다.

1. 독특한 아름다움을 발산하는 부다페스트 공예 박물관 지붕과 벽면 장식. 그린과 옐로의 조합이 모던하기까지 하다.
2. 부다페스트 공예 박물관의 입구. 3. 화려한 그림 타일로 장식한 난로. 4. 뛰어난 장식성을 보여주는 타일 난로.

유럽을 여행하다 보면 이곳저곳에서 참 다양한 종류의 타일 난로를 만날 수 있는데 부다페스트의 이 타일 난로처럼 매혹적인 것은 보지 못했다. 이는 결국 헝가리 도자 기술의 우수성을 말해주는 것이다.

알랭 드 보통은 『여행의 기술』에서 "때때로 큰 생각은 큰 광경을 요구하고, 새로운 생각은 새로운 장소를 요구한다"고 말했는데, 나야말로 새로운 장소에서 새로운 생각을 하게 됐다. 부다페스트에서 장식 타일 미술의 신기원을 보았기 때문이다. 여기서 놀라움을 멈추기에는 아직 이르다. 부다페스트가 보여주는 놀라움은 양파처럼 껍질을 벗기면 벗길수록 이어진다. 바로 지질학 연구소와 우편저금국 빌딩이 그런 곳이다.

헝가리의 뿌리인
마자르 문화로 돌아가자

지질학 연구소는 1869년에 설립한 헝가리 지질학회의 사무실로 1896년 완공했고, 우편저금국은 1901년 완공해 지금은 헝가리 중앙은행으로 사용하고 있다. 두 건물 모두 외된 레흐너가 디자인했으며 그의 특성이 고스란히 드러나 있다. 특히 지질학 연구소는 졸너이의 푸른색 타일이 하늘과 어우러져 환상적인 경치를 연출한다. 그러나 두 건물의 멋진 지붕을 아래에서 볼 수 없는 것이 안타까울 뿐이다. 공공건물이라 내부 출입이 금지돼 있어 여행자들은 멋진 인테리어를 볼 수 없다.

헝가리의 마자르 문화는 근원적으로 아시아에 뿌리를 두고 있다. 마자르족은 375년 유럽을 침략해 공포에 몰아넣고 게르만족의 대이동을 촉발했으며, 로마의 지배를 종식시켜 결과적으로 중세 암흑시대를 불러온 훈족의 후

1. 지질학 연구소 건물. 파란
타일로 장식한 지붕과 함께
블루와 옐로 톤의 건물이 한
폭의 수채화 같다.
2. 현재 헝가리
중앙은행으로 사용하는
우편저금국 건물.

예로 알려져 있다. 훈족은 중앙아시아를 무대로 활약한 유목 기마민족으로 흉노(匈奴)족의 다른 이름이라는 것이 오늘날의 통설이다. 앞에서 살펴본 것처럼 우즈베키스탄부터 페르시아(이란) 그리고 터키(오스만튀르크)에 이르기까지 중앙아시아를 관통하는 문화적 공통점은 바로 '타일(도자) 문화'이다. 이 방대한 지역의 왕궁이나 신전, 무덤, 대학 등 중요한 건축물의 외벽과 지붕 장식에는 모두 타일이 사용됐다. 이렇듯 중앙아시아적 특성이 헝가리에서 재현된 것은 이상한 일이 아니라 매우 자연스러운 흐름이다.

외된 레흐너 역시 "헝가리의 뿌리인 마자르 문화로 돌아가자"고 강조했다. 그래서 중앙아시아적 타일 문화가 헝가리에서 그들만의 독특한 스타일로 건축을 통해 재현된 것이다. 중앙아시아에서 터키를 거쳐 헝가리로 이어지는 '타일 루트'는 그 누구도 부인할 수 없는 혈통(血統)과도 같다.

아르누보 장식 타일의 꽃은
온천장

부다페스트에서 아르누보 양식의 타일(특히 모자이크)과 스테인드글라스 장식의 백미를 볼 수 있는 곳은 다름 아닌 목욕탕, 즉 온천수를 이용한 온천장이다. 놀랍게도 부다페스트 시내에는 온천장만 200곳이 넘는다. 한 세기 반이 넘도록 오스만튀르크의 지배를 받은 탓인지 터키처럼 온천수를 이용한 대형 공중목욕탕이 잘 발달해 있다. 이 중 세체니 온천장(Szecheny Fürdö), 루다스 온천장(Rudas Fürdö), 겔레르트 호텔 온천장(Hotel Gellert), 키라이 온천장(Király Fürdö) 등이 유명하며 관광객에게도 인기 만점이다.

가장 역사가 오래된 곳은 1570년에 개장한 키라이 온천장이고, 그 다음이 1573년에 개장한 루다스 온천장이다. 두 곳 다 개장한 지 무려 440년이 넘었다. 게다가 두 곳 모두 당시 오스만튀르크 총독이던 소콜리 무스타파가 지은 것으로 부다페스트에 남아 있는 가장 오래된 오스만튀르크 시절의 건물이다. 키라이와 루다스 온천장이 흥미로운 것은 돔 형태의 천장에 구멍을 뚫어놓아 별도의 조명이 없어도 구멍으로 들어온 햇빛 덕에 실내가 밝다는 사실이다. 이는 스페인 알람브라 궁전의 하렘 욕탕에서도 볼 수 있는 장치로, 아랍권의 건축양식을 이곳에 적용한 것이라 할 수 있다.

그러나 아르누보 스테인드글라스와 모자이크 벽화 등을 볼 수 있는 곳은 역

세체니 온천장 전경. 모자이크와 스테인드글라스의 백미를 볼 수 있는 곳이다.

겔레르트 호텔 온천장의
스테인드글라스와 졸너이
장식 타일.

시 세체니와 겔레르트 호텔 온천장이다. 세체니 온천장은 1909년 처음 개장했으나 네오바로크 양식의 웅장하면서 화려한 건물이 완공된 것은 1931년이다. 무려 18개의 수영장과 15개의 온천수 음용대가 있으며, 대욕장을 둘러싸고 있는 화려한 노란색 건물은 대부분 온천요법을 실시하는 병원이다. 헝가리에서는 의사 처방전이 있으면 스파에 딸린 병원에서 마사지나 물리치료, 온천요법 등을 무료로 받을 수 있다고 한다. 그래서 이곳 세체니에는 관절염이나 척추 질환을 앓고 있는 노인들로 항상 붐빈다.

겔레르트 호텔 온천장은 15세기 초에 온천수를 개발해 역시 오스만튀르크 지배 시절 온천장으로 사용했다. 그러나 화려한 아르누보 양식의 건물은 그로부터 한참 뒤인 1912년부터 짓기 시작해 7년간의 공사 끝에 1918년에 개관했다. 이 호텔은 헝가리 스테인드글라스의 명장 보조 줄러(Bozo Gyula)와 믹서 로트(Miksa Róth)의 작품으로 장식한 덕택에 부다페스트에서 가장 아름다운 온천장이 되었다. 온천장 곳곳에 있는 보조 줄러의 작품은 헝가리의 역사와 신화를 장중한 스케일로 묘사한 것으로 7년간의 작업 끝에 완성했다. 스테인드글라스 작품을 더욱 돋보이도록 바탕화면과 같은 역할을 하고 있는 타일은 역시 졸너이의 것이다.

겉모습만 보면 부다페스트는 파리나 프라하에 비해 좀 덜 화려하게 느껴질 수 있다. 그러나 들춰낼수록 깊이와 매력이 더해가는 도시가 부다페스트다. 지금까지 졸너이라는 시골 도자기 회사의 타일이 헝가리 문화에 미친 영향을 알아보았다. 이제는 헝가리 도자기를 본격적으로 탐험할 차례다. 가장 먼저 가야 할 곳은 바로 헤렌드다.

부다페스트, 아르누보의 정점에 서다

CHAPTER 12

헝가리 도자기 여행을 위한 가이드

Tip

01. 비엔나 또는 프라하에서 부다페스트 가기 부다페스트에 가려면 대부분 비엔나나 프라하를 거친다. 차를 이용할 경우 비엔나에서는 2시간 40분(246km), 프라하에서는 5시간 30분(526km) 정도의 시간이 걸리는 먼 거리다. 도로 사정은 비엔나 쪽보다 프라하 쪽이 훨씬 낫다. 오스트리아가 체코보다 잘사는 나라인데도 비엔나와 부다페스트 구간의 도로 포장 상태는 별로 좋지 않다. 오스트리아는 비엔나를 기점으로 서쪽(독일 방향)은 도로 포장이 잘돼 있는 편이지만 동쪽(헝가리 방향)은 상대적으로 낙후돼 있다는 느낌이 든다.

프라하와 부다페스트 구간은 중간에 슬로바키아의 수도 브라티슬라바를 거친다. 브라티슬라바와 부다페스트 구간은 203km, 차로 2시간 20분 거리로 거의 절반에 해당한다. 브라티슬라바는 그냥 스쳐 지나가는 도시에 불과하다. 휴식을 취할 만한 곳도 마땅치 않고 도시로서도 별 매력이 없다.

슬로바키아는 전형적 농업 국가인 탓에 도로 옆으로 단조로운 들판 풍경만 끝없이 이어진다. 통행료는 받지 않지만 고속도로와 다름없는 도로에는 물류를 나르는 대량 컨테이너 차량이 대부분이다. 그러니 참 매력 없는 도로가 비엔나와 부다페스트 구간과 프라하와 부다페스트 구간이다. 그러나 부다페스트에 가기 위해서는 이 지루함을 견뎌야 한다. 프라하와 견줘 결코 뒤지지 않는 매력을 지닌 도시, 부다페스트. 어떤 이는 부다페스트가 프라하보다 낫다고도 한다.

02. 마차시 성당 성당에 들어서면 그 어떤 성당에서도 볼 수 없는 화려하고 풍부한 색채의 향연에 놀라게 된다. 벽과 기둥은 비엔나 유겐트스틸의 영향을 받아 마치 이집트 신전이나 페르시아의 궁전에 와 있는 착각을 일으킬 정도로 화려하게 장식돼 있다. 헝가리에서 가장 아름다운 것으로 평가받는 황금빛 제단도 볼만하다.

주소 Szentháromság tér 2, 1014 Budapest

홈페이지 www.matyas-templom.hu

03. 중앙시장 시내 한복판에 자리해 있는데다 강변의 일명 '자유의 다리(Szabadsag Hid)'로 불리는 초록색 다리 옆에 있어 부더와 페슈트를 오갈 때 쉽게 볼 수 있다. 시내 어디서든 노란색 트램 47번과 49번을 타면 중앙시장에 갈 수 있다.

04. 부다페스트 공예 박물관 지하철(메트로) 3번 블루 라인이나 트램 4번과 6번을 타고 코르빈 네제드 (Corvin-negyed) 역에서 내리면 된다.

주소 Üllöi út(윌뢰이 거리) 33-37, 1091 Budapest

홈페이지 www.imm.hu

05. 지질학 연구소 1869년에 설립한 헝가리 지질학회의 사무실로 1896년 완공했다.

06. 우편저금국 1901년 완공한 것으로 지금은 헝가리 중앙은행으로 사용하고 있다.

주소 Stefánia 14

07. 부다페스트 유명 온천장

이름	장소	영업 시간	특징
세체니	페슈트 시민 공원	월~금요일 06:00~18:00	• 유럽에서 가장 큰 온천장
		토~일요일 06:00~13:00	• 겨울에도 야외 개장
루다스	부더 겔레르트 언덕	월~수요일 06:00~18:00	• 여성은 화요일과 주말에만 이용 가능
		목·일요일 06:00~20:00	• 가장 물이 좋고 미네랄워터가 유명
		금~토요일 22:00~04:00	
겔레르트	부더 겔레르트 호텔	월~금요일 06:30~19:30	• 4성급 호텔의 럭셔리 온천장
		토~일요일 06:00~13:00	
키라이	페슈트 퓨 거리 84	월~금요일 06:30~18:00	• 남녀 교대 이용
		토~일요일 06:30~12:00	• 노령자에게 인기

CHAPTER

13

별이 빛나는 창공, 헤렌드

헤렌드는 움직이는 음악이다

죄르지 루카치(György Lukács, 1885~1971)는 헝가리가 낳은 20세기 불세출의 미학자이자 문예이론가다. 그가 쓴 『소설의 이론』은 이 땅의 수많은 문학도에게도 지대한 영향을 미쳤다. 대학 시절 나 역시 『소설의 이론』 첫 구절을 접하고 마치 구도의 계시라도 받은 양 감격한 적이 있다.

"별이 빛나는 창공을 보고 갈 수가 있고, 또 가야만 하는 길의 지도를 읽을 수 있었던 시대는 얼마나 행복했던가?"

헝가리 도자기를 대표하는 헤렌드나 졸너이를 생각하면 이상하게도 루카치의 이 말이 곧바로 떠오른다. 단지 루카치가 헝가리 태생이어서 그런 것만은 아니다. 헤렌드의 역사는 1826년에 시작됐다. 독일 마이슨이 경질자기를 만들기 시작한 지 116년이나 지나서다. 이웃한 비엔나보다 108년이나 늦은 셈이다. 이미 프랑스, 영국 등이 독자적이고 독창적인 자기를 만들고 있던 때다. 헝가리가 이렇게 늦은 데에는 이유가 있다. 우리가 한때 그런 것처럼 나라를 잃은 설움 탓이랄까. 비엔나에만 특권을 준 오스트리아 합스부르크 황실의 견제로 독자적 도자산업을 추구할 수 없었던 것이다. 후발 주자 헤렌드에는 좇아가야 할 '별이 빛나는 창공'이 분명하게 있었던 셈이다. '가야만 하는 길의 지도'가 쉽게 얻어지지는 않았지만 그 길이 어렵지는 않았다. 단지 갈 수만 있으면 되었다. 헤렌드는 창립 20여 년 만에 유럽 최고라는 평가를 받는 도자기 회사가 됐다. 지금은 헤렌드 자체가 '창공의 빛나는 별'로,

헝가리의 헤렌드 본사. 정문 앞뜰에 서 있는 컬러풀한 금빛 사자는 정기적으로 옷을 갈아입는다고 한다.

다른 순례자들의 좌표가 됐다. 그렇기에 지금 헤렌드는 고민할 수밖에 없다. 단지 좇아가기만 하면 되던 행복한 시대가 끝났기 때문이다.

헤렌드는 부다페스트에서 남서쪽으로 140km, 차로 1시간 30분 정도 걸리는 소도시다. 마이슨처럼 도시 자체가 곧 브랜드다. 헤렌드를 빼면 헤렌드에는 아무것도 없다. 처음 이곳에 도착했을 때는 평일 오후인데도 마을이 텅비어 모두 여름휴가라도 떠난 것 같았다. 단체 관광객의 오후 투어가 끝난 시점이어서인지 북적거리는 마이슨과는 사뭇 다른 분위기여서 내심 당황했으나 내 심장은 빠르게 뛰면서 이렇게 속삭였다. '드디어 헤렌드에 왔다!' 헤렌드 박물관에 입장권을 끊고 들어가려니 폐장 시간이 멀었는데도 사무실은 이미 퇴근 분위기였다. 온갖 미학적 추구의 결정체가 가득한 이 넓은 공간에 달랑 나 혼자라니!

나는 헤렌드 도자기를 떠올리면 무지개를 보고 있는 소년이 된다. 가슴이 뛰고 입이 말라온다. 그러니 이곳에 오지 않을 수 없었다. 오로지 이곳만이 내 여행 목적의 전부는 아니지만, 어쨌든 이곳에 오기 위해 독일 뮌헨까지 비행기를 타고 갔고, 뮌헨에서 차를 몰고 왔다. 뮌헨에서 헤렌드까지 장장 600km를 달려온 것이다.

1826년 슈틴글 빈체(Stingl Vince, 1796~1848)라는 사람이 헤렌드에 도자기 제조 공장과 법랑 제작 연구소를 세웠다. '리틀 프라하'로 불리는 헝가리 쇼프론(Sopron)에서 태어난 그는 비엔나에서 도자기 제작 방법을 배운 사람이었다. 그러니 헝가리 도자기의 뿌리는 비엔나다. 마이슨 → 비엔나 → 헤렌드로 이어지는 것이다. 쇼프론과 헤렌드는 차로 약 1시간 30분 거리다. 최근 쇼프론은 임플란트의 도시로 각광받고 있다. 시술 가격이 서유럽의 절

형가리에 있는 헤렌드
도자기 박물관 전시실
입구. 헤렌드를 상징하는
플레이트 제품들이
벽면을 장식하고 있다.

반 정도여서 관광도 하고 시술도 할 겸 사람들이 몰리는 것이다. 임플란트를 하려면 인공치아의 재료가 중요하다. 인공치아는 세라믹의 산물이다. 도자 산업이 발달하지 못하면 임플란트에 사용할 인공치아를 만들 수 없다. 쇼프론이 임플란트의 도시로 떠오른 것도 이런 역사적 배경이 작용한 덕이 크다.

어쨌든 빈체는 불운하게도 사업을 시작한 지 10여 년 만에 파산했고, 그의 채권자인 모르 피셰르(Mór Fischer, 1799~1880)가 공장을 인수해 동업을 하다가 이듬해인 1840년 1년 만에 독자적 체계를 확립했다. 피셰르는 사업 수완이나 경영 마인드가 매우 뛰어난 사람이었다. 그는 공장을 인수한 즉시 새 건물을 짓고 새 기계를 도입했다. 그가 가장 잘한 일은 미적으로나 비즈 니스적으로 경험이 많은 도자 화공 54명(이 중 상당수는 외국인이었다)을 채용했다는 사실이다. 피셰르는 지금도 쉽지 않은 일을 19세기에 실행에 이미 옮겼다. 그만큼 그는 혁신적이었고, 그 결과는 2년 뒤 그에게 커다란 보상을 안겨주었다.

헤렌드는 1842년 헝가리 최초의 공예 전시회에 작품을 출품했는데, 여기서 황실이 인정하는 공장의 영예를 안아 합스부르크 귀족들의 주목을 받기 시작했다. 1843년에는 공장에 화재가 발생해 많은 피해를 입었음에도 국내 전시회에서 또다시 금메달을 수상했다. 그러나 이즈음 피셰르는 중요한 결단을 내렸다. 체코를 비롯한 여러 나라에서 들어오는 값싼 도자기와 비교해 가격 경쟁력이 낮아 실용적인 자기의 제작을 중단한 것이다.

대신 그는 독일의 마이슨, 프랑스의 세브르, 이탈리아의 카포디몬테 (Capodimonte) 그리고 오스트리아 로열 비엔나(아우가르텐의 전신)의 명품 자기들 중에서도 특히 이제 더 이상 생산하지 않는 제품을 집중적으로 모

1. 과감한 꽃 장식이 특징인 헤렌드의 테이블웨어. 2. 헤렌드 본사에 세워져 있는 슈틴글 빈체(왼쪽)와 모르 피셰르(오른쪽)의 흉상.

방하기 시작했다. 피셰르는 경쟁자를 의식하지 않아도 될 만큼 독창적이면서 충분히 판매할 수 있는 도자기를 제작하길 원했고, 그의 도공들은 이를 만족시켜주었다.

이런 헤렌드의 변화를 이해하고 헤렌드의 새 제품을 처음으로 구입한 사람은 카를 에슈트로허지(Karoly Estrohazy) 공작부인이었다. 그녀는 1844년 헤렌드에 마이슨의 테이블웨어를 대신할 제품을 의뢰했다. 그러자 바치아니(Batthyány), 펄피(Palffy), 지치(Zichy) 그리고 세체니(Szechenyi) 등 헝가리의 돈 많고 권세 많은 다른 귀족 가문에서도 주문이 쏟아져 들어오기 시작했다. 그 결과 헤렌드는 재정적으로 안정되었고, 자신들이 만들어내는 패턴과 기술에 대한 자신감도 갖게 되었다. 이에 힘입어 피셰르는 새로운 아이디어로 예술적 기품이 흐르는 도자기를 만들기 시작했다. 이후 헤렌드는 승승장구를 거듭했다. 1845년 비엔나 전시회, 1851년 런던 만국박람회,

막 잘라낸 레몬에서 상큼한 향이 피어오를 듯 정교한 장식의 헤렌드 그릇.

1853년 뉴욕 세계 박람회, 1855년 파리 세계 박람회에서 헤렌드는 연속으로 최고의 평가를 받았다. 헤렌드의 첫 번째 황금시대가 도래한 것이다.

특히 1851년 런던에서 최초로 열린 만국박람회에 출품한 나비와 꽃무늬의 중국풍 테이블웨어는 그랑프리를 수상하면서 영국 빅토리아 여왕의 주문을 받아 왕실 식탁에 오르게 됐다. 윈저 성에서 열린 만찬 테이블에 오른 이 라인은 이후 '퀸 빅토리아'로 불리며 헤렌드 최고의 클래식이 됐고, 헤렌드는 동유럽 최고의 '가마'로 등극했다.

퀸 빅토리아 라인은 대담한 색상들이 서로 어우러지는 카니발과 같다. 접시와 그릇 표면에서 색채의 향연이 펼쳐진다. 투명한 백자의 중앙에는 꽃과 나비, 새싹과 꽃봉오리가 움트는 나뭇가지들로 생명의 기쁨이 충만하다. 테두리는 녹색과 금채(金彩)가 봄날의 화사한 초원을 연상케 한다. 중국 청나라의 화려한 분채(粉彩)에서 볼 수 있는 디자인을 적용해 다양한 색상이 들어가고 그림도 복잡하지만 결코 천박하지 않고 기품이 있다. 퀸 빅토리아 라인은 지금까지 생산되고 있으며, 세계 곳곳에서 꾸준한 사랑을 받고 있다. 1851년 이후 무늬의 변주(變奏)가 계속 일어나 20여 가지의 새로운 버전으로 제작된 사실만 보더라도 퀸 빅토리아 라인의 인기를 실감할 수 있다.

빅토리아 여왕 시절 이후에도 헤렌드와 영국 왕실의 인연은 계속 이어졌다. 빅토리아 여왕이 구입한 퀸 빅토리아 라인은 지금도 윈저 궁의 만찬에 여전히 사용된다. 지난 2002년 헝가리 대통령이 영국을 방문했을 때 엘리자베스

2세 여왕에게 준 선물 역시 페르시아 문양의 헤렌드 커피 잔 세트였다.

다이애나 왕세자비는 1997년 사망하기 전까지 헤렌드의 피겨린을 즐겨 수집했고, 2011년 윌리엄 왕자와 케이트 미들턴의 '세기의 결혼식' 때에도 헤렌드는 160년의 역사를 자랑하는 퀸 빅토리아 라인의 업그레이드 버전 '로열 가든' 테이블웨어 세트를 선물했다. 이 '로열 가든'은 바이올렛을 중심으로 그린과 옐로가 환상적이면서 고귀한 색감을 선사한다. 다만 나비와 꽃 패턴은 160년 전의 것 그대로다.

헤렌드는 2001년 창업 175주년을 기념해 1851년 버전을 충실히 재현한 '빅토리아 히스토릭'을 175세트 한정 생산했다. 헤렌드 전체 도공 중 5% 미만의 마스터(장인)가 손으로 하나하나 만든 예술 작품이다. 이것 역시 수많은 컬렉터의 수집 대상이 된 것은 물론이다. 우리나라에도 헤렌드의 '퀸 빅토리아' 한 세트 갖기를 열렬히 소망하는 주부가 얼마나 많을까?

1. 헤렌드의 명성을 높여준 클래식 라인 '퀸 빅토리아'. 진열 순서가 항상 첫째, 둘째를 놓치지 않을 만큼 헤렌드에서 중요한 위치를 차지하는 시리즈다. 헤렌드 도자기 박물관 소장. 2. 2011년 윌리엄 왕자의 결혼식 때 헤렌드가 선물한 '퀸 빅토리아' 라인의 새로운 버전 '로열 가든'.

헤렌드는 중국과 일본, 독일 도자기가 독점하다시피 하고 있던 유럽 왕실과 귀족의 주방 식기들을 대대적으로 바꾸기 시작하면서 세대교체를 이뤄낸 최초의 대형 후발 주자다. 1865년 프란츠 요제프 1세는 헤렌드의 도자기 예술을 칭송하는 의미에서 피셰르에게 귀족 자격을 부여했고, 1872년부터 합스부르크 왕실 물품 조달업체의 하나로 인정해 비엔나 양식과 자기 모양을 사용할 수 있는 자격을 주었다.

1867년 파리 세계 박람회에서 헤렌드가 은메달을 수상하고 피셰르가 프랑스에서 영예의 메달을 수여받은 후부터는 합스부르크와 영국 왕실뿐 아니라 프랑스 나폴레옹 3세의 부인 외제니 드 몽티조(Eugénie de Montijo) 황후, 러시아 차르 알렉산드르 1세, 프란츠 요제프 1세의 동생이자 멕시코 제국 초대 황제 막시밀리안(Maximilian, 1832~1867) 1세 등이 헤렌드의 주요 고객이 됐다. 로스차일드(Rothschild) 가문 같은 대단한 자본가와 헝가리 명문 귀족 가문의 알베르트 어포니(Albert Apponyi) 백작처럼 영향력이 센 정치가도 이 대열에 기꺼이 동참했다. 로스차일드와 어포니 백작은 헤렌드와 떼려야 뗄 수 없는 인연으로 맺어진 사람들이다. 헤렌드의 명품과 특별한 스토리로 연결돼 있기 때문이다.

로스차일드의 새

독일계 유대인인 로스차일드 가문은 현재 세계 최고의 부자 가문이다. 이 가문이 소유한 기업은 대부분 비상장이라 재산이 정확하게 얼마인지 알 수 없지만 『화폐전쟁』의 저자 쑹훙빙(宋鴻兵)은 그의 책에서 로스차일드 가문의 재산이 50조 달러(약 5경 원)에 달할 것이라고 추정했다. 로스차일드 가문은 지난 250여 년간 8대에 걸쳐 전 세계 금융자본을 지배한다는 평가를 받고 있으며, 심지어 미국의 월가는 물론 중앙은행 격인 연방준비제도이사회(FRB)마저 조종한다는 얘기까지 흘러나온다.

어쨌든 헤렌드는 이렇게 거대한 로스차일드 가문에 1860년부터 테이블웨어를 공급해오고 있다. 감정사들은 로스차일드 가문에 납품하는 헤렌드 도자기가 손작업으로 탄생한 패턴의 전형이라고 평가한다. '로스차일드 라인'에는 나뭇가지에 앉아 노래를 부르는 새들이 그려져 있는데 이 패턴에 얽힌 다음의 일화로 더욱 유명해졌다. 로스차일드 남작부인이 비엔나에 살던 어느 날 매우 아끼는 목걸이가 없어졌는데, 며칠 후 정원사가 정원의 나뭇가지에 걸려 있는 목걸이를 발견했다고 한다. 그래서 목걸이를 새가 물어간 것으로 생각했다는 얘기다.

옛이야기가 항시 그렇듯 이 일화 역시 많은 변종이 있다. 심지어는 빅토리

아 여왕이 로스차일드 가문에서 연 파티에 참석했다가 목걸이를 잃어버렸
는데, 나중에 나뭇가지에서 찾았다는 내용으로 엄청나게 '뻥튀기'된 것도
있다. 어쨌든 이 이야기를 전해 들은 피셰르는 여기서 영감을 받아 재빨리
이 일화를 기념하는 디자인 패턴을 만들었는데, 이것이 바로 오늘날 세계적
으로 유명한 빈티지 '로스차일드의 새(Rothschild Oiseaux)'이다. 이 라인 역
시 150년의 오랜 세월을 거치는 동안 많은 변형이 있었는데, 주로 나뭇가지에

나뭇가지에 목걸이의 비화가 담겨 있는 '로스차일드 라인'.

걸린 목걸이의 모양을 바꾸는 것이다.

'어포니(Apponyi) 라인'은 알베르트 어포니 백작을 위해 1930년대에 처음 선보인 패턴이다. 어포니 백작은 헝가리의 유명한 정치인으로 1919년에 열린 제1차 세계대전 전후 처리를 위한 파리 평화회의에 헝가리 대표로 참석하기도 했다. 어포니 라인은 헤렌드 전통 문양의 하나인 '인도의 꽃바구니(Indian Basket)'에서 모티브를 얻은 것으로 어포니 백작이 귀빈을 접대하기 위해 새로운 디너 세트를 급하게 주문하는 바람에 '인도의 꽃바구니' 패턴을 단순화한 '어포니 스타일'이 탄생하게 됐다. 이렇게 즉흥적으로 탄생한 어포니 라인은 이후 헤렌드 최고의 베스트셀러가 되어 오늘날까지도 꾸준한 사랑을 받고 있다.

헤렌드, 유럽 왕실의
사랑을 독차지하다

'인도의 꽃바구니'는 원래 일본 가키에몬 도자기에 기인한 독일 마이슨의 '인디언' 패턴에서 강한 영향을 받은 것으로, 1840년대에 탄생한 헤렌드 최장수 패턴이다. 헤렌드는 이 패턴을 적용한 작품을 1867년 파리 세계 박람회에 출품했는데, 마침 일본의 우키요에 등이 대대적으로 소개되면서 당시 파리 세계 박람회가 유럽에 자포니즘(Japonism)의 대유행을 촉발하는 계기가 돼 자연스럽게 나폴레옹 3세의 부인 외제니 드 몽티조 황후의 눈에 들게 됐다. 외제니는 그 자리에서 '인도의 꽃바구니' 디너 세트를 구입했고, 이것을 마침 박람회를 찾은 오스트리아 황제 프란츠 요제프 1세를 접대하는 자리인 엘리제 궁 만찬에 사용했다.

1. '어포니 라인'의 접시와 피겨린. 2. 헤렌드의 대표 문양 중 하나인 '어포니 라인'.

한편 같은 해에 군사, 외교, 재정을 제외하고 각각 별개의 의회와 정부로 독립된 정치를 실시하는 오스트리아-헝가리 이중 제국이 성립하면서 헤렌드는 '시씨(Sisi)'라는 애칭으로 불린 전설의 황후 엘리자베스(Elisabeth Amalie Eugenie, 1837~1898)의 사랑도 듬뿍 받았다. 엘리자베스 황후는 지금도 오스트리아 국민이 가장 사랑하는 여인으로, 오스트리아를 대표하는 상징적인 존재다. 오스트리아에 가면 거의 모든 기념품에서 그녀의 얼굴을 볼 수 있을 정도다.

그러나 엘리자베스 황후는 헝가리를 무척 좋아해서 헝가리의 요구를 대폭 수용해 오스트리아-헝가리 제국이 성립하도록 남편 프란츠 요제프 1세를 적극 설득했으며, 부다페스트 마차시 성당에서 거행된 대관식에도 헝가리 전통 복장을 입고 나타나 국민을 열광하게 한 여인이었다. 그 정도이니 헝가리를 대표하는 헤렌드에 대한 그녀의 각별한 관심은 당연한 것이어서 황후 즉위 기념으로 받은 괴될뢰(Gödöllö) 궁전의 만찬 식탁에는 항상 헤렌드 테이블웨어가 올라갔다. 프란츠 요제프 1세가 시씨를 위해 특별히 주문 제작한 테이블웨어도 바로 중국풍의 '괴될뢰 패턴'이다.

헤렌드의 영예, 난로 공장에 넘어가다

이렇게 번창을 거듭하던 헤렌드에도 1870년대에 들어서 위기가 찾아왔다. 피셰르는 나이가 일흔이 넘어 더 이상 회사를 경영하기가 힘들어졌고, 아들들과 갈등을 빚으면서 주문이 점점 줄어들었다. 피셰르는 헤렌드 고유의 특성을 강화하고자 했으나, 그의 아들들은 핸드페인팅 방식을 버리고 생산원

'괴틸뢰 패턴'의 항아리. 중국풍의 영향이 강하다.

가를 줄이며 공정을 간소화한 대량생산에 주력하려 했다.

1874년 피셰르는 결국 회사 경영권을 아들들에게 넘기고 고향인 터터 (Tata)로 갔다. 경영권을 획득한 헤렌드의 새로운 주인은 1880년 대량생산 체제를 갖추고 새로운 경영 방식을 도입했다. 하지만 체코에서 들어온 값싼 도자기와의 경쟁에서 밀리기 시작했고 수익은 점점 줄어들었다. 헤렌드 제품 특유의 예술적 측면도 퇴색해 더 이상 창의성을 보여주지 못했다. 1879년 국내 산업 전시회와 1883년 암스테르담 전시회에서 좋은 성과를 거뒀지만 이마저도 피셰르가 이미 만들어놓은 작품을 출품한 결과였다.

그제야 아들들은 아버지의 방식이 옳았으며 전통을 계속 이어가야 한다는 사실을 깨달았으나 때는 이미 늦었다. 참으로 한국 TV 드라마에 자주 등장하는 통속적 스토리와 너무 닮아 있다. 패밀리 비즈니스를 둘러싼 아버지와 자식들의 가치관과 노선 갈등 그리고 파국……. 결국 피셰르가 회사를 자식들에게 물려준 지 10년 만인 1884년, 헤렌드는 늘어난 부채를 감당하지 못해 정부에 넘어가고 말았다. 정부는 헤렌드 도자기 공장 주식회사로 이름을 바꿔 경영하기 시작했다. 새로운 주식회사의 대주주는 하르트무트 (Hardtmuth)라는 난로 공장이었다.

헤렌드의 부활

이 회사 역시 헤렌드의 과거 패턴은 골방에 처박아두고 값싼 석기 제조에만 몰두했으므로 망하는 것은 시간문제였다. 결국 헤렌드는 1893년 헝가리 유리공예 연합주식회사에 지분을 넘겼고, 도자기 비전문가인 새 공장장도 해법을 찾지 못한 채 단기간 수익 개선에만 몰두하는 전철을 밟기 시작했다.

헤렌드 도자기 속의 초상화. 도자기에 초상화를 그린 것도 모자라 주변 테두리 장식까지 도자로 마감했다.

이렇게 곤두박질치던 헤렌드를 되살린 것은 피셰르의 손자 예노 파르카슈하지 피셰르(Jeno Farkasházy Fischer, 1863~1926)였다. 헤렌드의 첫 황금기에 '도련님'으로 태어나 외국 공장에서의 '유학 경험'으로 훈련된 도예가가 된 그는 훌륭하게도 고국으로 돌아와 1896년 공장을 되찾고 설립자인 할아버지의 경영 정신을 되살리고자 했다. 그는 헤렌드를 되살리는 길은 과거로 돌아가 전통 수공예 작업으로 새로운 미적 표준을 만드는 방법밖에 없다는 사실을 일찍이 알고 있었다. 그리하여 할아버지가 그런 것처럼 중국과 일본의 옛 동양 도자기는 물론 마이슨, 비엔나, 세르브 도자기들의 패턴을 열심히 공부하면서 헤렌드의 옛 패턴을 응용한 새로운 양식을 도입하는 데 열중했다.

마침내 새롭게 태어난 헤렌드는 어두운 베일을 걷고 1900년 파리, 1901년 상트페테르부르크 전시회에 신상품을 출시해 그랑프리를 거머쥐는 기염을 토했다. 참으로 드라마틱한 반전이다. 1901년 프랑스 세브르 도자기 공장의 감독관 조르주 보그트(George Vogt)가 예노 피셰르에게 보낸 다음의 편지를 보면 '헤렌드의 부활'이 같은 업계 사람들에게도 얼마나 큰 감동을 주었는지 잘 나타나 있다.

'(중략) 공장을 운영하면서 기술적으로나 미적으로나 매우 힘들었을 것입니다. 왜냐하면 전임 경영자들에 의해 당신의 할아버지가 이루어놓은 업적이 허사가 되어 석기를 만드는 공장으로 전락했고, 공장은 산업의 중심지에서 너무 멀리 떨어져 있기 때문입니다. 그러나 당신은 이 모든 역경을 물리치고 성공을 이뤄냈습니다. 어떻게 해서 3년이라는 짧은 시간에 헤렌드를

1. 핸드메이드가 아니면 도저히 나올 수 없는 우아한 스튜용 그릇. 2. 헤렌드 '퀸 빅토리아' 라인의 디너 서비스.

죽음으로부터 일으켜 세웠는지 참으로 기적 같은 일입니다. 전시회 때도 말했지만, 당신은 기술적으로나 미적으로나 뚜렷한 진보를 보여주었습니다. 당신은 헤렌드의 명성에 어울리는 가치를 지닌 아름다운 자기를 만들기 위해 계속 노력하겠지요. 당신은 이미 올바른 길을 걷고 있습니다. 이대로 쭉 나아가 꼭 커다란 성공을 이루길 기대합니다.'

헤렌드의 성공은 계속 이어져 1904년 세인트루이스 박람회에서 금메달을 받았다. 1905년 예노 피셰르는 정계에 입문해 의회 의원으로 선출되었다. 이때도 독일과 보헤미아의 값싼 도자기들이 미국을 비롯한 헤렌드의 주요 시장을 잠식해 재정적 위기가 닥쳤지만, 헤렌드는 이에 굴하지 않고 전통적 수공예 방식의 미학에 더욱 정진했다.

헤렌드는 움직이는 음악

그러던 차에 1914년 제1차 세계대전이 일어났다. 도공들은 징집되어 전선으로 불려나갔고, 재료를 구하기도 힘들어졌다. 이때부터 1920년까지 헤렌드 가마의 불은 사실상 꺼져 있었다. 이로 인한 재정적 타격으로 예노 피셰르는 어쩔 수 없이 1923년 회사를 합자회사로 변경하고 자신은 경영 일선에서 떠나 예술 감독관으로 물러앉았다. 이렇게 해서 헤렌드는 또 한 번 소생할 수 있었고, 프랑스와 네덜란드, 스위스, 벨기에 등의 새로운 시장이 열렸다.

1926년 예노 피셰르는 63세의 일기로 세상을 떠났다. 그의 죽음은 헤렌드의 미학적 지향성에 변화가 생길 수밖에 없다는 사실을 의미했다. 헤렌드는 새 예술 감독관을 초빙해왔고, 그는 상류층이 아닌 중산층에 주목했다. 이는 20세기 사회계급 구조의 변화에 따른 귀결이기도 했다. 중산층은 값비싼 차 세트나 테이블웨어를 구입하기 힘들어도 조그만 피겨린이나 집 안을 꾸밀 수 있는 장식품에는 그런대로 지갑을 열 수 있는 사람들이었다. 1930년대의 헤렌드는 피겨린에 집중했다. 당시 헝가리를 대표하는 공예 전문가들이 대거 피겨린 제조 작업에 참여했고, 헤렌드는 과거와 성격이 다른 대중성을 획득하게 됐다. 오늘날 헤렌드의 수준 높은 피겨린들은 이때의 경험이 이어진 것이다. 1934년에는 종업원이 다시 140명으로 늘어나고, 이들이 만든 제품의 3분의 1이 해외로 수출됐다.

제2차 세계대전을 치르는 동안 헤렌드의 제작 수량은 매우 제한적일 수밖에 없었으나 근근이 전통을 이어나갔다. 제2차 세계대전이 끝난 후 헤렌드는 공산당 정부의 소유로 국유화됐고, 1949년 다시 헤렌드 가마에 대대적으로 불이 지펴졌다. 1993년 헝가리에서 공산주의가 퇴각함과 동시에 헤렌드는 다시 민영화의 길로 들어섰으며, 경영진과 직원이 회사 지분의 75%를 소유하게 됐다. 헤렌드는 2006년부터 다시 이익을 내기 시작했고, 현재 전 세계 60개국에 수출하고 있다. 주요 시장은 미국과 일본, 이탈리아, 러시아 등이다. 오늘날 헤렌드의 직원 수는 1,700여 명에 달한다.

1, 2. 헤렌드의 명품 동물 피겨린들. 코뿔소 피겨린의 가격은 약 180만 원 선이다.

퀸 빅토리아 라인의 로열 가든 대형 장식 항아리. 꽃 장식을 가장 우아하게 표현해내는 헤렌드의 장기가 그대로 발휘돼 있다.

문 닫을 시간이 돼 박물관을 나오니 건너편 방문객을 위한 공간은 이미 문을 닫고 썰렁한 정적에 싸여 있었다. 너른 광장을 나 혼자 이리저리 배회할 따름이었다. 헤렌드에는 묵을 만한 숙소가 마땅치 않다. 어찌 됐든 다음 행선지인 졸너이의 고향 페치(Pécs)로 가야 한다. 나는 아쉬움을 접고 차로 걸음을 옮겼다.

독일의 철학자 쇼펜하우어(Schopenhauer)는 "도자기는 움직이지 않는 음악(Frozen Music)과 같다"고 말했다. 염세 철학자가 아니라 예술가 같은 표현이다. 그러나 이 표현은 틀렸다. 도자기는 움직이는 음악이다. 도자기는 움직이지 않고 제자리에 있지만 감미로운 선율처럼 빛나면서 흐르는 오브제와 같다. 그 흐름은 때로 격렬하고 때로 처연하며 때로 웅장하다. 나는 그 흐름을 헤렌드에서 느낀다. 헤렌드야말로 움직이는 음악이다.

Tip **헤렌드 본사**
너른 광장을 마주보고 한쪽은 공장과 박물관, 한쪽은 방문객을 위한 공간으로 나뉜다. 방문객을 위한 건물에는 실습실, 레스토랑, 판매장 등이 있다. 레스토랑에서는 마이슨처럼 헤렌드의 테이블웨어로 식사를 하거나 차를 마실 수 있다. 이곳에 박물관을 만든 것도 예노 피셰르의 생각이었다.

주소 Kossuth St. 140, H-8440 Herend
운영 시간 09:00~18:00
홈페이지 www.herend.com

CHAPTER

14

헝가리 무곡의
무한한 변주, 졸너이

헝가리 도자기 역사의 위대한 아카이브

여행을 하다 보면 참 많은 '의외성'과 만난다. 계획한 대로만 여행이 진행되면 여행의 묘미가 줄어든다. 뜻하지 않은 장소, 뜻하지 않은 시간, 뜻하지 않은 만남, 뜻하지 않은 사건이 끼어들어야만 비로소 여행이 여행다워진다. 내게 있어 여행의 즐거움 중 하나는 바로 뜻하지 않은 풍경과의 만남이다. 여행하면서 전혀 예상하지 못했는데 엄청난 감동으로 다가오는 순간이 있기 마련이다. 헤렌드에서 페치로 가는 길에 그런 순간과 만났다. 뉘엿뉘엿 해가 넘어갈 시간이 가까워 그림자가 길게 드리워질 무렵, 드넓은 초원을 만났다. 그리고 초원 너머에 무지개가 떴다. 방금 전까지 비가 내렸는지 하늘에는 구름이 가득했지만 초원은 비를 맞아 황금빛으로 싱그럽게 빛났다. 이 시간은 만물의 창조자, 우주의 지배자인 신과 조우하는 순간이다. 나는 느낄 수 있다. 그의 숨결과 손짓을, 심지어 그의 무료한 장난질까지도.

졸너이 본사가 있는 페치는 부다페스트에서 남서쪽으로 206km 떨어져 있다. 차로 가면 약 2시간 30분 거리다. 헤렌드에서 가려면 183km로 짧지만 3시간이 걸린다. 부다페스트에서 직접 가는 것보다 도로 사정이 좋지 않기 때문이다. 날이 완전히 어두워져서야 페치에 도착할 수 있었다. 페치에서 묵을 숙소는 도시 중심부에 있는 호텔이었다. 하지만 내비게이션은 페치의 상징이라 할 수 있는 세체니 광장(Széchenyi Square)으로 차를 인도했다. 차를 세우고 광장을 둘러보니 도시의 역사가 범상치 않음을 한눈에 알 수 있었다. 광장 중심부에는 돔 형태의 이슬람 모스크가 육중한 덩치로 떡 버티고 서 있고, 그 앞에는 가톨릭의 삼위일체 탑과 유럽의 도시 광장이라면 어디서

여행의 의외성은 뜻하지 않은 만남에 있다. 헤렌드에서 페치로 가는 길에 초원과 무지개, 비를 만났다. 하늘과 구름, 초원이
어우러진 풍경은 만물의 창조자와 조우할 수 있는 순간.

1. 비 오는 페치의 아침. 촐너이
타일 지붕이 비에 젖어 선명한
존재감을 드러내고 있다.
2. 시시각각 색깔이 바뀌는
분수가 아름다운 페치 세체니
광장의 야경.

나 만날 수 있는 청동 기마상이 서 있다.

페치도 헤렌드와 별다르지 않을 것으로 짐작했으나 예상 밖이었다. 여행의 의외성이 미소를 짓는 순간이었다. 나중에 알고 보니 페치는 헝가리 남부의 중심 도시로 2010년 유럽의 문화 수도였다. 대한항공의 TV 광고 캠페인 '내가 사랑한 유럽'에서도 그 특성이 드러나듯 한국 사람들이 좋아하는 유럽은 '좀 일반적인' 도시나 장소들이다. 거리상의 이유로 유럽 여행을 갈 수 있는 기회가 드물고, 휴가 사용에 인색한 한국의 직장 문화 때문에 휴가 기간도 짧다. 그렇다 보니 파리와 런던, 로마, 프랑크푸르트나 비엔나 위주의 여행 플랜을 짤 수밖에 없는 것이다.

요즘에는 대학생의 장기 배낭여행이 일반화되는 추세이고, 직장인의 유럽 여행도 저변이 넓어져서 좀처럼 한국인을 만날 수 없는 장소에서도 왕왕 한국말을 듣는 경우가 있다. 그러나 일본인의 유럽 여행과 비교하면 여전히 선택의 폭이 제한적인 것은 사실이다. 동양인은 전혀 올 것 같지 않은 장소에서도 어김없이 일본인과 마주치게 되니 말이다. 페치도 그랬다. 부다페스트에서 한참 떨어진 이곳에서 일본인을 만날 기회는 없을 거라고 생각했다. 그러나 이런 예상은 호텔에 짐을 풀고 늦은 저녁을 먹기 위해 호텔 문을 나서자마자 여지없이 깨졌다. 줄잡아 대여섯 명이 넘는 일본인 여행자들이 내 앞을 지나가고 있었다. 그제야 나는 잠시 잊고 있던 사실을 새삼 떠올렸다. 페치는 도자기 마을이며, 유럽 도자기에 대한 일본 사람들의 애정은 때로 상상을 초월한다는 것을 말이다.

다음 날 아침, 창밖을 내다보니 비가 내리고 있었다. 그런데 밖의 풍경이 환상적이었다. 엄청나게 아름다운 광경이 있어서가 아니라 그냥 추레하고 허

름한 뒷골목일 뿐이었지만 거기에는 내가 좋아하는 타일 지붕이 빗물에 젖어 촉촉한 윤기를 머금고 있었다. 그 고즈넉한 여유와 정적이 가슴에 확 들어왔다. 타일을 두드리는 빗물 소리의 울림도 좋았다. 독특한 취향이라고 타박해도 괜찮다. 내가 좋으니까. 타일도 그냥 타일이 아니라 부다페스트의 마차시 성당과 공예 박물관 지붕을 덮고 있던 바로 그 졸너이 타일이었다. 그것과 똑같은 타일이 일반 서민들의 집 지붕을 덮고 있었다. 이 동네에서 타일은 특권층의 전유물이 아니다. 이곳은 도자기 마을이니까.

세체니 광장에서
동양의 숨결을 느끼다!

일단 페치 관광은 세체니 광장에서 시작된다. 세체니 광장을 대표하는 두 건물은 시청과 16세기에 터키가 지배할 당시 건축한 '파샤 가지 카심의 모스크(The Mosque of Pasha Gazi Kassim)'다. 모스크에서는 지난 150년 동안 코란을 읊는 소리가 흘러나왔지만 현재는 가톨릭 성당으로 사용하고 있다. 모스크에는 비록 미나레트(모스크 일부를 이루는 첨탑)가 없지만 둥근 돔 형태의 지붕을 보면 한눈에도 이슬람 건축양식임을 알 수 있다.

모스크는 원래 성당이 있던 자리에 새로 세운 것이다. 페치는 '5개의 성당'을 뜻하는 '퀸케 버실리처에(Quinque Basilicae)'라는 이름으로 871년의 문헌에 처음으로 등장한다. 오래된 다섯 개의 수도원에서 재료를 구해 성당 하나를 지었다는 일화에서 유래한 지명이라는데, 나중에는 중세 라틴어로 '다섯 교회'라는 뜻의 '퀸케 에클레시아(Quinque Ecclesiae)'로 불렸다고 한다. 지금의 페치라는 이름은 마자르족이 이 땅에 새 터전을 마련했을 때부

1. 페치의 중심부인 세체니 광장. 2. 졸너이 타일로 지붕과 벽면을 장식한 페치 시청사.

페치 시청사는 바로크
건축양식으로 지었으며 화려한
색감의 졸너이 타일로 지붕을
이었다.

터 사용했다.

지명에서도 알 수 있듯 페치는 예로부터 성당이 많은 가톨릭의 중심지였다. 발칸 국가들과의 교역을 바탕으로 막대한 부를 축적해 크고 작은 성당을 많이 지은 덕분이다. 이런 도시에 모스크 양식의 건물이 남아 있다는 사실은 참 아이러니하다. 성당 안으로 들어서면 스페인 안달루시아 지방의 왕궁에서 볼 수 있는 '무데하르(Mudéjar: 고딕이나 로마네스크 양식과 이슬람 무어 양식이 융합한 건축양식)'의 흔적이 고스란히 남아 있다. 게다가 알람브라 궁전에서 볼 수 있는 종유석 모양의 천장 장식인 '무카르나스(Muqarnas)' 기법의 벽면 장식도 볼 수 있다.

광장의 탑은 가톨릭의 성부, 성자, 성령을 나타내는 삼위일체 탑(Szentháromság Szobor)이다. 이런 탑은 헝가리는 물론 오스트리아에서 흔히 볼 수 있으며, 모스크바 크렘린 궁전의 탑 중에도 있다. 청동 조각상은 헝가리 민족의 영웅으로 추앙받는 후녀디 야노시(Hunyadi János)의 동상이다. 귀족 출신인 후녀디 야노시는 15세기 세르비아의 베오그라드와 불가리아의 소피아 등지에서 오스만튀르크 침략군과 혈투 끝에 위대한 승리를 거둬 헝가리 국민들에게 꿈과 희망을 안겨준 훌륭한 인물이다. 그래서 페치 시민들은 그가 사망한 지 500주년이 되던 1956년에 그의 애국심을 기리기 위해 이곳에 동상을 세웠다.

이 탑과 동상에서 시선을 왼쪽으로 틀면 광장을 전면에 접하고 있는 매우 우아한 건물이 눈에 들어온다. 바로 페치 시청사다. 1695년에 바로크 스타일로 처음 건축했고, 이후 수차례의 개축과 중축을 거쳐 1907년 지금과 같은 형태의 네오바로크 양식의 건물이 되었다. 건물은 부다페스트의 공예 박물관이나 중앙은행 등과 마찬가지로 화려한 색감의 졸너이 타일로 지붕을 장식했고, 맨 위층 창문과 창문 사이 공간 역시 세라믹 장식으로 치장했다.

페치의 랜드마크,
졸너이의 분수

이 광장에서 또 하나 놓쳐선 안 되는 명물은 '졸너이 분수'다. 이 분수는 졸너이 도자기를 설립한 빌모스 졸너이를 기리고자 그의 아들 미클로스 졸너이 (Miklós Zsolnay)가 페치 시에 건의해 1930년에 완성한 것이다. 분수 건설을 처음 제안한 것은 1908년이었으나 페치 시가 이를 승인한 것이 1912년이었고, 분수를 세울 위치가 교회 앞이라는 논쟁과 시의 예산 부족 그리고 그 와중에 터진 제1차 세계대전 등으로 무려 22년이나 늦어졌다.

이런 우여곡절을 겪었지만 분수는 페치의 상징으로 유명세를 타고 있다. 그 이유는 에오신(Eosin)이라는 졸너이 고유의 독특한 염료를 사용해 제작한 4개의 소머리 조각상이 독특한 분위기를 연출하고 있기 때문이다.

페치에는 졸너이 도자기의 영향력이 곳곳에 미치고 있다. 헤렌드만큼은 아닐지 몰라도 페치 역시 졸너이의 도시인 것이다. 이제 이 도시를 찾은 본래의 목적, 즉 졸너이 도자기 공장과 박물관을 보러 갈 차례다.

졸너이 도자기 공장과 박물관은 세체니 광장에서 조금 떨어진 시 외곽의 카프탈란(Káptalan) 거리에 있다. 페치 시가 그리 넓지 않으므로 차로 가면 10분 이내에 도착한다. 카프탈란 거리는 페치 시의 문화 중심지다. 1900~1950년대의 헝가리 미술 작품을 전시하고 있는 현대 헝가리 회화관을 비롯해 르네상스 시대의 조각상을 전시한 박물관, 헝가리 대표 화가 페렌

페치의 랜드마크인 졸너이의 분수. 졸너이 특유의 에오신 기법으로 만든 4개의 소머리 조각상이 독특한 분위기를 연출한다.

졸너이 문화 복합 단지. 넓은
부지에 전시실과 박물관, 창작
인큐베이팅 시설, 예술대학
등이 모여 있다.

츠 마르틴(Ferenc Martyn, 1899~1986)의 생가를 개조해 마자르족의 전통 의상과 생활 도구를 감상할 수 있는 페렌츠 마르틴 박물관 등이 몰려 있어 페치의 높은 문화 수준을 보여준다.

'졸너이'라는 이름이 지닌 가치

졸너이 공장과 박물관은 '졸너이 문화 복합 단지' 안에 있다. 이 복합 단지는 2010년 유럽 문화 수도가 된 것을 기념해 기존 도자기 공장 앞 5헥타르의 넓은 부지에 대규모 전시실과 박물관, 창작 인큐베이팅 시설, 페치 대학교 예술 관련 학과 강의실 등을 새롭게 조성한 것이다. 2009년 11월에 공사를 시작해 2년 만인 2011년 11월에 문을 열었다.

1, 3. 졸너이 도자기 박물관 입구의 세라믹 타일과 장식들. 2. 졸너이의 장기가 잘 살아 있는 파이로그라나이트 플레이트들.

복합 단지를 새롭게 개장할 때 헝가리 대주교는 물론 팔 슈미트(Pál Schmitt) 대통령까지 참석해 테이프를 끊었다. 그는 축사에서 "우리의 전통을 빛내준 이 이름(졸너이)의 가치가 영원히 지속될 수 있도록 우리 유산을 잘 보존해야 한다. 또 그 가치가 확장될 수 있도록 새로운 콘텐츠와 기회를 제공해야 할 것이며, 선조가 각고의 노력과 재능으로 이룩한 성공을 지켜나가려면 우리 또한 각고의 노력과 재능을 기울여야 한다"고 강조했다.

나는 차를 대학교 쪽에 세워두고 육교를 통해 박물관 쪽으로 건너갔는데, 첫 느낌은 마치 바르셀로나 구엘 공원(Park Güell)이나 쿤스트하우스 빈에 들어서는 듯한 기분이었다. 그도 그럴 것이 가우디나 훈데르트바서가 디자인한 건물처럼 이곳 역시 곳곳을 세라믹 장식으로 꾸며놓아 일종의 사금파리 경연장 같았다. 다만 가우디나 훈데르트바서가 있는 그대로의 투박한 조형미를 드러냈다면, 졸너이의 시설물은 매우 깔끔한 세련미를 보여주었다.

졸너이 박물관은 초입부터 흥분을 불러일으키기에 충분했다. 깔끔한 타일 벽과 세라믹 장식은 스페인이나 포르투갈의 아줄레주와 다른 듯 닮아 있었고, 중앙아시아의 이란이나 우즈베키스탄의 마스지드(모스크)에서 볼 수 있는 장식 타일과 같은 뿌리에서 나온 것임을 강력히 주장하고 있었다.

빌모스의 세 남매

페치의 졸너이 도자기 공장 주식회사(Zsolnay Porcelánmanufaktúra Zrt)는 1853년에 문을 열었다. 미클로스 졸너이가 그해 루카파(Lukafa)라는 페치 인근의 시골에 있던 타일 공장을 페치로 이전해온 것이다. 그러나 미클로스는 페치로 이사 오자마자 1854년 공장을 아들 이그나츠(Ignác)에게 물려

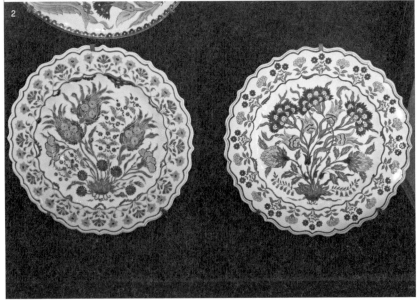

1. 동양풍 꽃무늬의 헤렌드 스튜 그릇. 2. 테레즈 졸너이가 디자인한 화려한 접시. 동양과 페르시아의 모티브가 섞인 '문화적 혼혈'이다.

주고 자신은 은퇴했다.

이그나츠는 열악한 장비에 채 10명도 되지 않는 비숙련 도공들의 노동력에 의존해 시골 장터에서나 팔릴 제품을 생산하며 10년 동안 공장을 운영했다. 제품도 자기가 아닌 석기 접시, 건물 장식용 세라믹, 수도관이나 하수관 정도였다. 그러니 대량생산 제품과는 경쟁이 되지 않았다. 공장은 자본, 기술력, 자동화 시스템 등 모든 면에서 뒤져 있어 곧 망할 것이 눈에 뻔히 보였다. 공장을 구원한 사람은 이그나츠의 동생 빌모스(Vilmos, 1828~1900)였다. 그는 1년 동안 공장 운영 상태를 지켜보다가 1865년 형에게서 공장을 인수했다. 빌모스가 가장 심혈을 기울여 연구한 것은 바로 도자기의 원료인 흙이었다. 1866년에 기록한 그의 기록에 따르면 그는 헝가리 각 지방에서 무려 80여 종의 점토를 구해 여러 가지 실험을 했다고 한다. 회사가 발전하기 시작한 주 동력원은 외국에서 초빙해온 전문 도공과 빌모스 가족의 끈끈한 단결력이었다.

빌모스의 두 딸인 테레즈(Teréz)와 율리아(Júlia) 그리고 아들 미클로스(Miklós, 할아버지와 이름이 같다)는 제품의 질을 올리고 제품 영역을 늘리며 고객 확장에 전력을 다했다. 이들은 집을 아예 공장 안에 짓고 제품 연구에 매진했다. 그 결과 높은 온도에서 구운 상앗빛의 제품을 만들 수 있을 정도로 동시대 세라믹 회사들의 최고 기술 수준을 따라잡았고, 예술적인 세라믹 제품 생산에서는 헝가리 최고의 실력을 인정받기 시작했다. 1873년 비엔나에서 열린 세계 박람회에서 졸너이는 처음으로 존재감을 드러내기 시작했다. 합스부르크의 프란츠 요제프 1세가 수여하는 동메달을 받았고 간헐적이나마 영국, 프랑스, 러시아, 미국으로부터 주문이 들어오기 시작했다.

1870년대 중반 무렵 빌모스는 도공을 20명으로 늘렸다.

그러나 이 기간에도 졸너이는 계속 재정적 압박에 시달렸다. 공장 운영비를 대기 위해 그는 광산, 철도 건설, 스포듀민(의학적 목적의 뼛가루) 생산, 시내 가게 운영 등 다양한 사업을 벌였다. 도자기 공장을 일으키기 위해 다른 사업을 한 셈이니 졸너이에 대한 그의 애정이 얼마나 각별했는지 알 수 있다. 이렇게 고군분투하는 아버지를 보며 자란 테레즈와 율리아는 1874년부터 1880년대 말까지 헝가리 고유 문양과 페르시아 문양의 매우 독창적이고 인상적인 장식 패턴을 디자인했다. 이들의 제품은 곧 헝가리 국내외에서 명성을 쌓아갔고, 1878년 파리 세계 박람회 금메달 수상으로 인정받았다. 빌모스 졸너이는 프랑스 정부로부터 훈장도 받았다.

박람회에 나타난 열아홉 살 소년, 미클로스 졸너이

1878년 열린 파리 세계 박람회에 졸너이를 대표해 나간 사람은 빌모스의 아들 미클로스였다. 그의 나이 겨우 열아홉 살이었다. 빌모스는 공장 운영에 필요한 재원을 조달하기 위해 해외 투자자를 찾아내도록 미클로스를 독려했다. 그리하여 에른스트 발리스(Ernst Wahliss)라는 사람이 비엔나에 처음으로 졸너이 제품을 안정적으로 공급하는 대리점을 열었고, 1883년에는 런던에도 대리점을 열었다. 졸너이와 그와의 관계는 10년 동안 지속됐다.

대리점은 안정적인 수익 창출에는 도움이 되지만 또 다른 측면에서는 경영에 대한 간섭을 받게 되는 단점도 있다. 에른스트 발리스는 투자금을 빨리 회수하고 많은 수익을 내기 위해 시대적 유행을 반영한 도자기를 제작할 것

도자기 역사의 한 획을 그은 '핑크 졸너이' 시리즈. 톤 다운된 핑크 컬러의 졸너이 화병들.

1. 에오신 도자기는 표현 기법이 무궁무진하다. 2, 3. 현란한 색감의 졸너이 에오신 화병들.

을 요구했다. 하지만 졸너이는 제품을 통해 일종의 미학적 표준을 세우는데 관심이 많았으므로 비엔나에서 새로운 대리점주를 찾는 것으로 자신의전통을 고집스레 지켜나갔다. 졸너이의 타일과 세라믹 장식이 부다페스트의 마차시 성당이나 공예 박물관, 지질학 연구소, 국회의사당, 케치케메트(Kecskemet) 시청사를 건립하는 데 쓰인 것도 이 무렵이다.

졸너이 도자기 역사의 한 페이지를 특별하게 장식한 것은 '핑크 졸너이'다. 1880년대 초에 이른바 '핑크 프로젝트'로 불린 일련의 기술 실험에 의해 탄생한 핑크 졸너이는 일상생활에 필요한 세숫대야, 물병, 화병, 비누 받침대 등 소소한 생활필수품부터 찻잔 세트와 와인 피처에 이르기까지 분홍빛의특별한 유약을 칠해 만든 제품군이다. 이 핑크 졸너이는 비록 화려하지는 않

금속 주조물처럼 보이는 도자기 화병.

지만 식당과 주방, 욕실, 사무실에서 사용하는 일상용품의 저변을 크게 확대시켰고, 일반 대중에게도 졸너이의 이름을 확실하게 알리는 계기가 됐다. 매끈한 생김새와 사랑스러운 색깔은 우리의 옹기와 전혀 다르지만, 일반 서민의 삶과 밀접한 관계에 있다는 점만은 옹기와도 같다.

새벽의 여신 에오스(Eos)는 새벽이 되면 두 마리 말이 끄는 마차를 몰고 나가 '별의 비단'을 거둔다. 그리스 신화에 따르면 사랑과 미의 여신 아프로디테는 자신이 사랑하는 전쟁의 신 아레스를 에오스가 침실로 끌어들인 사실을 알게 되자 분노해서 에오스가 사랑하는 인간 세상의 젊은이는 모두 불행한 결말을 맞는 저주를 내린다. 새벽하늘이 붉게 물드는 것은 이러한 운명을 지닌 에오스의 슬픔 때문이다. 붉은 빛깔을 내는 염료이자 안료에 에오신이라는 이름이 붙은 까닭은 바로 그리스 신화에서 유래한 것이다. 핑크 졸너이에서도 볼 수 있듯 졸너이는 광채를 내는 데 쓰는 러스터(Luster) 유약 처리에 상당한 기술을 축적하고 있었다. 그러한 기반 위에 에오신을 활용한 복합적 기술을 개발한 것은 아주 강렬한 색채의 도자기 제작에 날개를 단 것이나 다름없었다. 빌모스 졸너이 가족은 그야말로 혁신가였다.

당시 유럽에서는 아르누보가 대유행이었기 때문에 장식적이고 화려한 색감에 광채가 많이 나는 졸너이 도자기는 시대의 수요와 맞아떨어졌다. 1890년대에 이르자 졸너이는 에오신 유약을 처리한 제품을 생산하기 시작했다. 부다페스트 산업 도자기 작품전에서 시범적으로 첫선을 보였고, 1893년부터 본격적인 생산에 들어갔다. 붉은색 종류의 도자기만 만드는 것이 아닌데도 '에오신 도자기'라고 명명한 것은 처음 제작에 성공한 도자기가 여명의 하늘처럼 붉은 빛깔을 띠고 있었기 때문이다.

에오신 도자기는 에오신에 몇 가지 금속산화물을 섞어 매우 다양하고 현란한 빛깔을 띤다. 무지개보다 복합적이며, 열대 원시림의 앵무새나 곤충 혹은 양서류에서 볼 것 같은 색감은 말로 형용하기 어렵다. 어떻게 이토록 다양하면서도 조화롭고 강렬한 색깔을 도자기에 구현할 수 있는 것인지 궁금하기 이를 데 없다. 사실 에오신 유약 처리 기술의 역사는 매우 오래됐다. 페르시아에서 유리잔을 생산할 때 일부 제품에 유약 처리를 하며 에오신을 사용했다. 페르시아의 이 기술은 이슬람 무어 인에 의해 이베리아 반도로 건너가 스페인과 포르투갈의 타일 제조에 사용됐다.

이렇게 역사 속에 묻혀 있던 기술을 다시 끄집어낸 것은 부다페스트의 과학자와 교수들이었다. 그들은 페르시아의 유리잔에 주목하고 실험을 통해 에오신 유약 처리 기술을 재현해냈다. 이런 실험 결과를 빌모스 졸너이가 도자기 제작에 반영하고 적용한 것이다.

에오신 도자기를 만드는 데에는 20여 가지의 유리질 유약을 사용한다고 한다. 대부분의 도자기가 두 번의 굽기로 완성되는 데 반해 에오신 도자기는 세 번 굽는다. 초벌구이에 기초 유약을 바르고 그림을 그려 구운 뒤, 다시 한 번 졸너이 고유의 금속성 유약을 발라 굽는 것이다. 그러니 졸너이 에오신 도자기의 비밀은 금속성 유약이나 유리질 유약을 어떻게 배합하고 어떻게 그리느냐에 따라 생성되는 무궁무진한 변화에 있다. 도자기는 대량생산의 벨트 컨베이어는 넘볼 수 없는, 오로지 손끝에서만 창조될 수 있는 예술이다.

에오신 도자기와 함께 졸너이의 특징을 이루는 또 하나의 제품은 고온강화 요법인 '파이로그라나이트(Pyrogranite)'라고 부르는 장식용 도자기와 세라믹이다. 앞에서 그냥 '졸너이 타일'이라고 통칭한 이것이 바로 부다페스

1. 졸너이 문화 복합 단지 안에 있는 졸너이 기와와 장식 타일들. 2, 3. 졸너이 장식 타일들.

트에서 살펴본 마차시 성당과 공예 박물관 등의 내·외부 장식에 사용된 타일과 장식물이다.

빌모스가 1886년 개발해서 제조하기 시작한 파이로그라나이트야말로 부다페스트에서 아르누보 양식의 건축이 활짝 꽃피게끔 한 일등 공신이다. 알나시씨 그리스로마 시대부터 유럽 건축물은 전면을 다양한 형태의 조각물로 치장하는 공통점이 있다. 이 조각물은 신부터 악마, 동물과 식물부터 해산물까지 매우 다양하다. 로마네스크이든 고딕이든 모두 다 마찬가지다.

그런데 이들 조각물은 일일이 돌을 쪼아 만들거나 석회로 모형을 주조해서 만들어야 한다. 하지만 석회로 만든 것은 물에 녹기 때문에 바깥에는 사용할 수 없으므로 결국 바깥에 있는 장식물은 모두 돌을 세공해서 만들 수밖에 없다. 그러니 이런 장식물을 만드는 데 들어가는 노력과 비용이 만만치 않은 것이다.

졸너이에 이어진
페르시아 타일 문화

졸너이의 파이로그라나이트는 바로 이런 문제를 해결했다. 타일 혹은 세라믹으로 장식물을 만들어 붙이기만 하면 되니 많은 돈을 들여 돌을 세공할 필요가 없다. 그뿐인가? 유약 처리를 한 제품이기 때문에 비와 햇빛에도 강하다. 게다가 모양을 다듬기 힘든 돌과 달리 원하는 모양을 마음대로 만들 수 있고, 변형도 얼마든지 가능하다. 화려하고 많은 장식이 필수적인 아르누보의 관점에서 보면 타일의 등장은 가히 사막에서 오아시스를 만난 것이나 다름없다.

에오신 도자기도 그렇지만 파이로그라나이트 또한 그 원형은 페르시아와 이베리아 반도의 아줄레주다. 시리아의 다마스쿠스를 거점으로 삼은 이슬람 우마이야(Umayya) 왕조가 이베리아 반도를 700여 년 동안 지배하면서 전한 페르시아 타일 문화와 졸너이 타일은 기본적으로 그 뿌리가 같다. 페치 역시 150여 년 동안 이슬람 오스만튀르크의 지배를 받았으니 그들의 타일 문화가 스며든 것은 필연적일 수밖에 없다. 물론 졸너이 타일이 훨씬 세련되긴 했지만, 이베리아 반도 것보다 거의 1천 년 후의 것이니 당연한 일이다.

게다가 미클로스 졸너이는 1860년대에 페르시아를 비롯한 중동의 장식 도자기에서 영감을 받고 이 지역 전문가와 기술적 교분을 갖고자 원했다. 그래서 그는 1887년부터 1888년까지 중동을 방문했다. 그의 여행은 이스탄불 → 이즈미르(Izmir) → 라르나카(Larnaka) → 베이루트(Beirut) → 바알베크(Baalbek) → 다마스쿠스 → 예루살렘 → 야파(Jaffa) → 포트 사이드(Port Said) → 카이로로 이어지는 루트였다.

미클로스는 여행 중 이스탄불에 자회사를 설립하고 싶었으나 성사되지는 못했다. 귀국하는 길에 이집트 카이로 남쪽에 있는 푸스타트(Fustat)에서 도자기와 건물 장식용 도자 파편을 대량 수집해 들어왔다. 당연히 졸너이에서 생산할 파이로그라나이트를 위한 연구 자료였다. 이 컬렉션은 지금도 졸너이 박물관에서 전시하고 있다.

푸스타트는 우마이야 왕조의 칼리프 우마르(Umar, 재위 634~644)의 부하 아무르 이븐 알-아스(Amr ibn al-As)가 641년 이집트를 정복했을 때 건설해 1075년까지 이집트 최초의 이슬람 수도로 존속했다. 푸스타트는 '텐트'를 의미하며, 아무르 이븐 알-아스가 이집트 정복 도중 이곳에서 야영한 데

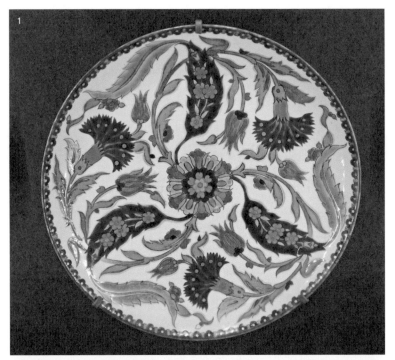

432

1. 졸너이의 이즈니크 스타일 접시. 2. 이즈니크 디자인과 닮은 듯하면서도 다른 졸너이 접시들.

에서 유래한 지명이다. 지금의 올드 카이로(Old Cairo) 지역에 해당한다.

이 지역은 당시 이슬람 세라믹 생산의 중심지였기 때문에 도자기 역사에서 매우 중요한 곳이다. 푸스타트 폐허에서는 콥트(Copt) 시대부터 16세기에 이르는 막대한 양의 도자기 파편이 출토됐고, 이 중에는 중국은 물론 이란과 스페인의 도자기도 섞여 있다. 또 이곳에는 이슬람 모스크로 가장 오래된 아무르 모스크와 콥트 미술관 등이 있다.

이렇게 보면 미클로스의 누이들인 테레즈와 율리아가 이스탄불 토카피(Tokapi) 궁전에서 볼 수 있는 페르시안풍 장식벽과 비슷한 문양의 도자기를 디자인한 것은 너무나 당연한 일이다. 이 자매가 디자인한 접시나 화병을 보면 터키의 이즈니크 도자기와 너무 흡사해서 구분이 잘 되지 않을 정도다. 이스탄불에서 약 3시간 거리에 있는 조그만 시골 마을 이즈니크는 지금은 쇠락했지만, 오스만튀르크 시절 최고의 타일과 도자기 생산지였다. 이스탄불의 블루 모스크 내부를 장식한 2만 1,043개의 타일 역시 이즈니크에서 만든 것이다.

졸너이에 이어진
이즈니크 타일의 아름다움

나는 개인적으로 이즈니크 타일과 자기에 대해 무한대에 가까운 애정을 느낀다. 특히 자기보다 이즈니크 장식 타일이 그렇다. 페르시아의 코발트블루, 그 신묘한 '그랑 블루'를 바탕으로 튤립 등의 문양을 원색으로 그려넣고 구운 타일을 보고 있노라면 온몸에 맥이 풀리면서 그 푸른 바다에 익사할 것 같은 느낌이다. 청화백자 자기와는 또 다른 감동이다. 만약 여기에 다소 과

페르시아풍의 졸너이 도자기.

장이 섞여 있다고 생각한다면 이스탄불의 토카피 궁전, 그중에서도 하렘(후궁들의 처소)에 가볼 것을 권한다. 그곳에 가면 눈을 의심할 만큼 매혹적인 장식 타일이 기다리고 있을 것이다. 예로부터 화려한 실내장식은 여성, 특히 후궁들이 거처에서 누릴 수 있는 특권이었다. 우리나라 왕궁에도 왕비와 후궁들의 처소에만 꽃무늬로 장식한 '꽃담'이 있다. 아무튼 졸너이의 세 남매는 모두 페르시아에서 이스탄불을 거쳐 스페인에 이르는 이슬람 도자 문화에서 상당한 영향을 받았다고 할 수 있다. 이즈니크 도자기의 특징이 강렬한 화려함이라면, 세 남매의 디자인은 우아한 화려함을 지닌 것이 특징이다.

도자기를 캔버스로 삼은
아르민 클라인

당시는 유럽에서 오리엔탈리즘이 유행하던 때였다. 페르시아나 이슬람 궁전의 하렘에 대한 동경과 이국적인 취미가 결합해 등장한 오리엔탈리즘은 동양풍 도자기와 중동 공예품 수집, 이슬람 궁전이나 시장 등을 배경으로 여성을 묘사한 회화의 유행 등으로 다양하게 나타났다. 당시의 오리엔탈리즘을 대표하는 비엔나 태생의 루돌프 에른스트(Rudolf Ernst)라는 화가가 있다. 그가 이집트와 스페인으로 스케치 여행을 떠난 때가 1885년이었으니 미클로스가 여행한 시기와 얼마 차이가 나지 않는다. 졸너이 박물관에서는 이 페르시아풍 접시들을 따로 전시하고 있다. 그만큼 졸너이의 역사에서 중요한 비중을 차지하고 있기 때문이다. 그러나 안타깝게도 현재의 졸너이는 이 디자인을 계승하지도 발전시키지도 못하고 있는 것 같다.

1880년대는 가히 졸너이의 황금시대라 할 수 있다. 테레즈와 율리아 자매

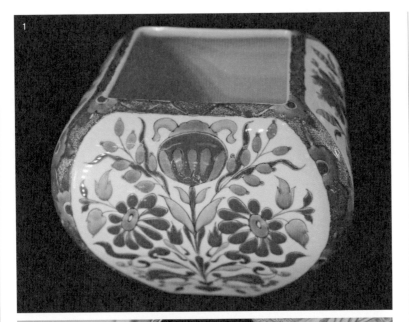

1. 졸너이 화병에는 오리엔탈 미학을 잘 형상화한 것들이 많다. 2. 아르민 클라인은 캔버스 대신 도자기 위에 그림을 그렸다.

이외에도 졸너이에는 비엔나에서 건너온 두 사람의 '명인'이 있었다. 바로 아르민 클라인(Armin Klein, 1855~1883)과 켈레멘 칼데바이(Kelemen Kaldeway, 1853~1890)라는 도공이다. 아르민 클라인은 비엔나 공예 아카데미를 졸업한 천재였으나 안타깝게도 28세의 젊은 나이에 폐병으로 요절하고 말았다. 담배를 너무 많이 피운 탓이었다. 하지만 라파엘전파(Pre-Raphaelitism) 사조를 반영한 그의 명작들은 지금도 졸너이 박물관에서 그 빛을 발하고 있다.

라파엘전파는 1848년 젊은 미술가와 문인들이 연합해 인습적이거나 학술적인 예술 접근 방식에 반기를 든 사조다. 이탈리아 화가 라파엘(Raphael, 1483~1520) 이전에 이탈리아 종교미술에 나타난 것과 같이 자연으로의 회귀를 주장했다. 이 운동은 공업화한 영국의 추하고도 시끄러운 세계에 대한 낭만적인 반동이라 할 수 있는데, 낭만성과 예술지상주의의 색채가 강하다. 회화의 낭만주의적 상징주의, 관능, 세밀한 묘사 등의 특징을 보인다.

마찬가지로 아르민 클라인의 인물화 도자기에는 흡사 라파엘전파의 그림 속에나 나올 법한 인물들이 섬세하게 표현돼 있다. 왕족이나 귀족 등 실제 인물을 도자기 접시에 그려 굽는 것은 흔한 일이었지만, 이렇듯 회화의 주인공 같은 인물을 그리는 것은 상당히 드문 일이다. 아르민 클라인의 도자기를 보고 있으면 캔버스 대신 도자기 위에 그림을 그린 것 같다는 생각이 든다. 그림을 그린 재료만 다른 셈이다. 그림을 다 그린 다음 불에 구워야 한다는 점에서, 화폭이 그리 넓지 않다는 점에서 매우 제한적이지만 도자기의 그림은 깨지지 않는 한 변색되지 않고 영원불멸한 존재로 남아 있을 테니 이 얼마나 매력적인가!

네오르네상스 양식을 반영한 아르민 클라인의 접시들. 라파엘전파의 그림 속에나 나올 법한 인물들이 섬세하게 표현돼 있다.

유럽에서 도자기의 장식적 전통은 이미 여러 번 얘기했다. 사용하기 너무 아까워서, 미학적 가치를 우선시해서, 다른 사람에게 자랑하기 위해서 등등 장식을 위한 효용의 이유는 너무나 많다. 그러니 순전히 장식을 목적으로 한 도자기 제조는 매우 자연스러운 일이다. 특히 졸너이 도자기는 그런 장식적 요소를 우선시했다고 볼 수 있다.

졸너이의 또 다른 천재 도공은 역시 오스트리아에서 온 켈레멘 칼데바이다. 오스트리아 회화 아카데미 출신인 그가 졸너이에 합류한 것은 1880년, 그의 나이 27세 때였다. 그가 졸너이에서 일한 기간은 그로부터 10년. 그 역시 37세의 나이에 아르민 클라인과 마찬가지로 짧은 생을 마쳤다.

그러나 그의 그림은 아르민 클라인의 작품과는 대조적이다. 그는 기사나 매혹적인 여인, 큐피드 대신 옛 게르만 복장의 인물들이 매사냥을 하거나 전투를 하는 모습을 도자기에 그려 넣었다. 그 역시 불로 굽는 도자 회화 기술을

1. 켈레멘 칼데바이의 작품에는 전투와 사냥 장면이 주로 등장한다. 2. 조지 왕과 용의 전설을 묘사한 켈레멘 칼데바이의 장식 도자기.

극대치로 끌어올려 졸너이의 명성을 드높인 사람이었다. 아르민 클라인처럼 짧은 나이에 요절했기 때문인지 켈레멘 칼데바이의 기술은 졸너이 공방에서 더 이상 전수되지 않았다. 그래서 그의 오리지널 작품은 졸너이 박물관에도 몇 점밖에 남아 있지 않다. 참으로 안타까운 일이다.

이 시기의 졸너이가 자랑하는 또 하나의 기법은 벌집 모양(Honeycomb) 내기, 즉 동양의 투각(透刻)이다. 투각은 점토를 두껍게 빚은 다음 문양에 맞춰 칼로 파내는 장식 기법을 말한다. 그냥 구멍 나게 뚫는 경우도 있고, 서로 다른 두 겹의 점토를 붙여 위의 것만 문양에 맞춰 칼로 파내 바탕이 노출되도록 하는 경우도 있다. 투각은 고려청자에서도 흔히 볼 수 있는 기법이다. 대표적인 예로 국보 95호로 지정된 '청자투각칠보문향로'를 들 수 있다. 마치 천연 옥(玉)을 깎아놓은 듯해 해외 전시에서도 항상 극찬을 받는 이 명작은 향이 빠져나가는 윗부분을 투각으로 처리했다.

헝가리 곡절의 역사, 졸너이에서도 반복되다

그러나 고려청자의 투각은 소박하고 단순한 데 비해 서양 도자기의 투각은 몹시 복잡하고 섬세하며 화려하다. 졸너이 도자기 역시 세밀한 문양의 반복에 그치지 않고 테두리에도 티아라 모양의 장식을 더해 장식용 투각 접시로서 미적 가치를 극대치로 끌어올리고 있다. 서로 다른 두 겹의 점토를 붙여 위의 것만 문양에 맞춰 칼로 파내 바탕이 노출되게 한 뒤 색칠을 해서 화려함을 배가시킨 작품이다.

이렇게 화려하게 피어난 졸너이의 미학은 빌모스 졸너이가 사망하면서 쇠퇴하기 시작했다. 1900년 빌모스가 사망하자 아들 미클로스가 졸너이를 물려받았다. 미클로스는 기술이 좋고 여러 개의 외국어에 능통하며 잘 교육받은 비즈니스맨이었다. 그가 수익을 극대화하고 제품의 활용도를 높이기 위해 생산 제품을 재정비한 것은 당연한 일이었다. 그래서 그는 수익성이 낮은 장식용 세라믹보다는 수익성이 높은 건축용 세라믹과 산업용 자기를 생산하는 데 집중했다.

화공들은 1900년부터 1902년 사이에 1,400여 개의 새로운 도자기 패턴을 만들었지만 미클로스의 주목을 끌지 못했다. 그는 1910년까지 산업용 제품 생산에 매달렸다. 인프라 용구에 대한 수요가 늘어나면서 난로, 파이프, 절연 처리 장치 등 산업 장비 생산에 더욱 집중했다. 특히 그는 페치 시뿐만 아니라 헝가리의 산업계 전반에서 영향력 있는 인물로 활동했으며, 1913년에는 상원의원에 당선되는 등 정계에 뛰어들었기 때문에 졸너이의 산업적 경향은 더욱 심화될 수밖에 없었다. 그럼에도 불구하고 1914년 무렵의 졸너이는 오스트리아나 헝가리에서 가장 큰 도자기 회사였다.

그러나 제1차 세계대전이 발발하면서 장식용 제품과 건축용 세라믹 생산도 완전히 끊기고 말았다. 오로지 군에서 사용하는 절연 장치만 생산했다. 부다페스트에 있던 세라믹 공장은 전쟁 중 화재로 소실됐다. 전쟁이 끝난 뒤에도 상황은 호전되지 않았다. 새로운 정치적 환경으로 인한 원자재의 손실, 전후 불경기 등으로 공장 사정은 더욱 악화돼가고 있는데 설상가상으로 미클로스마저 병에 걸리고 말았다. 1922년 미클로스가 사망했지만 자식이 없었기 때문에 공장은 그의 조카들에게 넘어갔다. 다행스러운 점은 그의 누나들이 자식들 이름에 남편 성(姓) 말고도 '졸너이'의 성을 쓰는 것에 대한 법적 허

1. 투각과 중앙의 꽃무늬가 어우러져 화려함의 극치를 보여주는 졸너이 접시. 2. 졸너이 투각 도자기.

가를 받아놓아 졸너이가 명맥을 계속 유지할 수 있었다는 사실이다. 전쟁이 끝나고 헝가리가 독립하면서 졸너이 공장은 헤렌드와 마찬가지로 국영화되었다. 이후 오랜 기간 동안 침체의 나날을 보냈다. 장식 접시들을 겨우 다시 생산하고 새로운 종류의 파이로그라나이트를 디자인하게 된 것은 1953년의 일이다. 1955년에는 난로와 건축용 세라믹 생산을 재개했다. 급기야 1963년에는 국립 예술 세라믹 회사와 병합해 '페치 도자기 공장'으로 바뀌어 졸너이라는 이름마저 잃었다.

졸너이가 다시 이름을 되찾은 것은 1974년, 그리고 공장을 다시 독립적으로 운영하게 된 것은 1982년이다. 이 시점부터 장식 접시에 대한 수요가 크게 증가해 헝가리 내수는 물론 영국, 오스트리아, 이탈리아, 독일, 덴마크, 핀란드, 스웨덴, 그리스, 일본 그리고 한국에까지 점차 수출을 늘려나갔다. 회사는 1995년 헝가리 투자은행에 넘어갔다가 2005년 페치 지방정부가 소유하게 되었고, 2013년 2월 시리아 출신의 스위스 사업가 바샤르 나자리(Bachar Najari)라는 사람에게 다시 넘어갔다. 그는 1억 8,000만 HUF(헝가리 포린트)를 지불하고 지분의 74.5%를 사들였다.

졸너이가 이렇게 지분을 넘길 수밖에 없었던 것은 지난 2012년 적자 규모가 2억 7,000만 HUF에 달하고, 직원도 1,500명에서 216명으로 감원했기 때문

1. 도자기로 만든 의자와 벽난로. 역시 중국풍이 엿보인다. 2. 화려한 패턴의 향연이 펼쳐진 졸너이 화병.

이다. 바샤르 나자리는 현재 스위스에서 다수의 럭셔리 시계 공장을 운영하고 있는데, 1980년대에 부다페스트 대학교에서 건축학을 공부한 인연으로 헝가리 도자기에 대해 관심을 가지게 되었다고 한다.

페치를 방문했을 때 나는 역사가 160년도 넘은 유서 깊은 도자기 회사가 시계 공장 사장에게 넘어간 줄은 전혀 몰랐다. 현재의 주인이 궁금해져 구글에서 뉴스를 검색해보고서야 알았다. 졸너이의 홈페이지에도 현재 그들의 '주인장 나으리'가 누구인지 밝히지 않고 있다. 주인이 바뀐 지 1년도 넘었는데 여전히 홈페이지에서 바샤르 나자리의 이름을 볼 수 없는 것은 영업 전략상 졸너이의 이름과 역사가 묻히는 것을 두려워해서일까, 아니면 전통을 안타까워하는 기존 직원들의 무언의 저항일까.

나는 졸너이의 운명을 알고 나서 토머스 프리드먼의 책 『렉서스와 올리브나무』를 떠올렸다. 이를테면 졸너이는 우리가 속한 가족과 지역사회, 민족과 종교다. 우리 집이자 뿌리인 '올리브나무'다. 반면 바샤르 나자리는 세계시장을 뜻하는 '렉서스'다. 세계화는 누구도 거스를 수 없는 시대의 흐름이다. 그것도 너무나 빠르게. 졸너이는 올리브나무가 렉서스로 변한 대표적 사례다. 나는 졸너이를 방문했을 때 그곳 직원들의 얼굴에서 왜 '우수'를 읽었는지 뒤늦게 깨달았다. 헝가리가 겪은 굽이굽이 곡절의 역사가 졸너이 도자기에서도 그대로 반복되는 것 같아 가슴이 아팠다.

헝가리는 16세기 이후 늘 터키와 오스트리아 제국에 점령당해왔다. 수차례의 독립운동은 그때마다 실패했고, 가장 치열하던 1849년의 혁명도 좌절됐다. 그래서 소련과 더불어 세계 최초로 사회주의를 시도한 나라가 됐다. 헝가리 역사의 굴곡은 브람스(Brahms)의 '헝가리 무곡(舞曲)'이나 리스트

1. 흑백사진에서 도자기에 대한 애정이 묻어난다. 졸너이 도자기 박물관 소장. 2. 졸너이 가문의 가족사진.

(Liszt)의 '헝가리 랩소디'에도 잘 나타나 있다. 이 두 음악은 애잔하면서도 발랄하고 역동적이다. '헝가리 랩소디' 2번은 특히 더 그렇다. 아마도 춤을 좋아하던 활달한 기마민족인 마자르족과 집시들의 민속적이고 이국적인 선율의 특성을 반영했기 때문일 것이다.

나는 졸너이 도자기가 '헝가리 랩소디' 2번이나 '헝가리 무곡'과 닮았다고 생각한다. 이를테면 졸너이 도자기는 '헝가리 무곡'의 무한한 변주(變奏)다. 왈츠나 미뉴에트 같은 우아한 춤이 아니라 격정적인 춤곡이기에 역동적이고 대담하며 변화무쌍하다. 그래서 졸너이 도자기가 그들의 정체성을 결코 잃지 않을 것이라고 생각한다. 세계화에 따라 글로벌 자본의 지배를 받는 형편이 됐지만, 졸너이 정신은 올곧게 유지할 것으로 믿는다.

졸너이 박물관에서 유독 인상적인 것은 그들의 엄청난 사진 자료들이다. 박물관 모니터에서는 졸너이 가문의 가족사진부터 공장에서 일하는 도공들의 모습까지 수백 장이 넘는 옛 흑백사진을 일정한 간격으로 보여준다. 이런 '아카이브'는 기록의 중요성에 대한 성찰이 없으면 아무나 구축할 수 없는 것이다. 빌모스와 그의 아들 미클로스는 회사 경영에 대한 압박에도 불구하고 자신들의 활동을 사진으로 기록해 남기는 것이 얼마나 중요한지 그 시절에 이미 알고 있었다. 나는 그들의 역사성에 대한 혜안이 몹시 부러웠다.

모니터 속의 사진에는 진짜 역사가 담겨 있었다. 사진 한 장 한 장에서 그들이 도자기를 얼마나 사랑했는지 애정이 절절하게 묻어났다. 사진은 말이 없지만 졸너이 도자기가 어떤 과정을 거쳐 오늘의 위업을 달성했는지 웅변으로 알려주고 있다. 그들의 사진에서는 흑백이지만 향기가 피어오른다. 사진이지만 꽃 같다.

살아 있는 꽃으로 착각할 정도로 사실감이 묻어나는 졸너이 도자기.

Tip **졸너이 문화 복합 단지(Zsolnay Kulturális Negyed)**

졸너이 문화 복합 단지는 빌모스 졸너이 길(Vilmos Zsolnay Road)을 사이에 두고 양편으로 나뉘어 있다. 한쪽은 페치 대학교의 사진, 미술, 음악 등 예술 관련 학과 강의실이, 다른 한쪽에는 졸너이 공장, 박물관, 전시실, 콘퍼런스 룸, 스튜디오가 모여 있다. 두 곳은 육교로 연결되는데, 육교마저 매우 조형적인 구조미를 보여준다. 육교 한가운데에는 설치미술 작품을 전시해놓았다.

주소 Zsolnay Vilmos utca 37, 7630 Pécs

홈페이지 www.zsolnaynegyed.hu

EPILOGUE
나오며

진정
이것이 꽃이런가,
향기이런가?

지금까지 동유럽 도자기 마을을 숨 가쁘게 순례했다. 이 책에서 살펴본 곳은 독일 동부와 오스트리아, 체코, 폴란드, 헝가리로 모두 5개국, 15개 마을(도시)이다. 동유럽 도자기의 역사는 마이슨 → 비엔나 → 부다페스트, 마이슨 → 폴란드, 마이슨 → 체코로 이어지는 발자취가 매우 뚜렷하다. 이와 같은 동선으로 긴밀하게 연결돼 있기 때문에 독일 동부와 그 외 동유럽 국가들을 연결해서 순례하는 것이 가장 효율적이다. 이렇게 동유럽 지역으로 국한한 것은 유럽에 너무나 많은 도자기 마을이 있어서 책 한 권에 다 담는 것이 어렵기 때문이다. 중요한 곳만 추려도 그렇다. 방대한 내용을 다이제스트해서 책 한 권에 다 넣으려고 시도해봤으나 아무래도 설렁설렁한 콘텐츠의 허술함을 견디기가 어려웠다.

게다가 도자기는 무엇보다 '보는 것'이 중요하다. 짧은 필설로 제아무리 명품 도자기의 아름다움을 설명한들 사진 한 번 보는 것에 결코 미칠 수 없다. 그래서 유럽 도자기 여행에는 글보다 많은 사진이 필수적이다. 그렇다고 도자기들을 '모셔와' 스튜디오에서 제대로 조명 밝혀놓고 찍은 사진들이 아니고, 취재 여정이라는 사정상 도자기 회사 전시실과 박물관 등에서 찍은 사진들이기에 안목 높은 분들의 눈높이에는 맞지 않을 수도 있겠다. 이 점에 대해 양해 부탁드린다.

이 책은 유럽 도자기 마을에 대한 여행기가 아니라 일종의 답사기다. 다소 내용이 따분할 수도 있고 어려울 수도 있다. 특히 동유럽의 낯설고 익숙하지 않은 사람 이름과 지역 이름이 많이 등장하는데다, 역사와 연도 등도 많이

나와서 책 읽는 흐름을 방해하기 쉬울 것이라 생각한다. 그렇지만 이 모두 도자기의 역사와 흐름을 이해하는 데 필수적인 요소들이다.

처음 이 책을 기획한 것은 도자기에 대한 개인적인 애정 때문이었다. 그냥 도자기가 좋아서 자세히 알아보고 싶었고, 이렇게 알아나가다 보니 명품 도자기들을 직접 만드는 곳에 가보고 싶어졌고, 또 그러다 보니 이들을 널리 소개하고픈 마음이 강렬해졌다.

그렇다고 아름다운 도자기를 안내하는 데 학술서나 논문처럼 딱딱하게 다룰 수는 없는 노릇이었다. 여행하듯 자연스럽게 주요 도자기 산지와 회사, 제품들을 소개하는 것이 나을 것 같아 답사기 형태를 취하게 된 것이다.

이 책이 나오기 전에는 안타깝게도 유럽 도자문화에 대한 종합적이고 심층적인 개괄서가 없었다. 20여 년 전에 한 권이 나왔는데, 유럽의 수많은 도요(陶窯)들을 작은 분량으로 매우 짤막하게 소개하는 데 그친 간략한 입문서였다. 그러니 이 책이 유럽 도자기에 대한 종합개괄서로는 처음이자 마지막이다. 이후로도 없을 수 있기 때문이다.

'세계 10위권의 경제대국인데도 문화적 깊이와 수준이 이 정도인가?' 하는 부끄러움을 느낄 때가 많다. 먹고 입고 즐기는 것에 대한 씀씀이는 놀라울 정도인데, 인류의 문화(인문학)에 대한 소비와 투자는 잔혹할 정도로 인색하기만 하다. 그래서 이 책에 대한 자부심은 더욱 강해진다.

2014년 처음 『유럽 도자기 여행』 시리즈의 '동유럽 편'을 출간하고 6년이 지나 이제 개정증보판을 낸다. 전작에서 빠져 있었던 베를린과 베를린 KPM 도자기회사에 관한 챕터를 하나 더 넣었고, 군데군데 사진을 교체하고 내용을 보강했다. 여러모로 아쉬움이 있었던 대목들이 있어서 이렇게 수정과 보충을 하고 나니 속이 다 후련하다.

물론 이번에도 전면적으로 마음에 드는 것은 아니다. 좀더 많은 내용을 더 집어넣고 사진도 더 추가하고 싶지만 그렇게 되면 책의 부피가 너무 늘어나서 주체하기가 힘들어진다. 지금도 상당히 두꺼운 편인데 그렇게 한정 없이 늘어나면 너무 부담스러울 것이다.

독자 분들이 이 책을 계속 사랑하고 관심을 준다면, 언젠가 또 재개정증보판을 낼 수도 있을 것이다. 『유럽 도자기 여행』 시리즈를 기획했을 때부터 동유럽, 북유럽, 서유럽으로 나누는 3부작을 의도했다. 이제 이 3권이 모두 출간되었고, 여전히 독자 분들이 찾아주는 스테디셀러로서 자리를 굳혔다. 이번 '동유럽 편'에 이어 출간 순서대로 개정증보판을 낼 예정이다.

코로나 19로 인해 모두 힘든 시간이다. 전염병의 팬데믹은 이번으로 그치지 않고 앞으로 또 찾아온다는 것이 전문가들의 견해다. 따라서 앞으로는 해외여행이 점점 더 힘들어질 것 같기도 하다. 여러모로 이렇게 답사에 의한 기록 행위의 의미는 소중하기만 하다.

이 책을 찾아주신 독자들께 다시 한 번 감사드리며, 나머지 '북유럽 편'과 '서유럽 편'의 개정증보 작업도 순탄하게 진행되길 기원한다. 이제 노트북에서 손을 떼고 잠시 쉬어야겠다. 피곤이 몰려온다. 지나간 내 여정이 또 속삭인다. 꽃이런가, 향기런가.

2020년 크리스마스를 며칠 앞둔 어느 날.

호일암(好日庵)에서

2018년 추가 취재를 위해 드레스든을 찾았을 때
츠빙거 궁전 옥상 난간에 책을 놓고 찍은 사진.

유럽 도자기 연표

1575~1587	피렌체에서 메디치(Medici) 가문이 연질자기 생산
1673	프랑스, 루앙(Rouen)에서 연질자기 생산
1693	프랑스, 생클루(St. Cloud)에서 연질자기 생산
1709	마이슨, 유럽 최초의 경질자기 제조 비법 발견 선언
1710	마이슨에 왕립 도자기 공장 설립(유럽 최초의 경질자기 회사), 라이프치히(Leipzig) 전시회에 실험적 견본 자기 전시
1710~1713	마이슨 왕립 도자기 공장에서 석기(붉은 자기) 생산
1711	덴마크의 프레데리크(Frederik) 4세에게 마이슨 도자기 선물(최초의 유럽 제작 도자기 선물)
1716~1719	드레스덴의 아우구스트 2세, 일본 궁전을 짓고 컬렉션할 도자기 수집
1719	클라우디우스 인노켄티우스 두 파쿠이어(Claudius Innocentius du Paquier)가 비엔나에 도자기 회사 설립 (유럽에서 두 번째)
1720	요한 그레고르 헤롤드(Johann Gregor Hörold)가 드레스덴에 도착. 프란체스코 베치(Francesco Vezzi)가 베네치아에 도자기 회사 설립
1726	스웨덴, 스톡홀름에 뢰르스트란드(Rörstrand) 도자기 회사 설립(유럽에서 세 번째)
1727	일본 궁전 확장 시작
1730	프랑스 뒤크 드 부르봉(Duc de Bourbon)이 샹티이(Chantilly) 도자기 회사 설립. 요한 요하힘 켄들러(Johann Joachim Kändler)가 마이슨에 도착
1737	카를로 고노리(Carlo Gonori)가 피렌체 외곽 도치아(Doccia)에 도자기 회사 설립

1740	프랑스, 뱅센(Vincennes) 도자기 회사 설립
1743	이탈리아, 나폴리에 카포디몬테(Capodimonte) 도자기 회사 설립
1744	러시아 예카테리나 2세, 상트페테르부르크 (St. Petersburg)에 도자기 회사 설립 칙령 발표
1745	런던 첼시(Chelsea)에 도자기 회사 설립
1746	회호스트(Höchst)에 도자기 회사 설립
1747	뮌헨 님펜부르크(Nymphenburg)에 도자기 회사 설립. 퓌르스텐베르크(Fürstenberg) 도자기 회사 설립
1748	빌레로이 앤 보흐(Villeroy & Boch), 합작 이전의 '보흐' 공장 설립
1750	영국, 더비에 로열 크라운 더비(Royal Crown Derby) 도자기 회사 설립
1751	영국, 스토크온트렌트(Stoke-on-Trent)에 로열 우스터(Royal Worcester) 도자기 회사 설립
1755	독일, 프랑켄탈(Frankenthal)에 도자기 회사 설립
1756	프랑스, 뱅센(Vincennes) 도자기 공장을 세브르(Sévres)로 이전
1757	독일, 고타(Gotha) 도자기 회사 설립
1758	독일, 루트비히스부르크(Ludwigsburg) 도자기 회사 설립
1759	영국, 스토크온트렌트에 웨지우드(Wedgwood) 도자기 회사 설립. 네덜란드, 베이습(Weesp) 도자기 회사 설립
1760	스페인, 레알 파브리카 델 부엔 레티로(Real Fábrica del Buen Retiro) 도자기 회사 설립
1763	독일, 로열 베를린 도자기 회사 설립
1771	프랑스, 리모주(Limoges) 도자기 회사 설립

1775	영국, 스태퍼드셔(Staffordshire) 롱톤(Longton)에 앤슬리(Ansley) 도자기 회사 설립. 덴마크, 코펜하겐에 로열 코펜하겐(Royal Copenhagen) 도자기 회사 설립
1794	체코, 툰(Thun) 도자기 회사 설립
1826	헝가리, 헤렌드(Herend) 도자기 회사 설립
1853	덴마크, 빙&그뢴달(Bing & Grøndahl) 도자기 회사 설립 헝가리, 페치(Pécs)에 졸너이(Zsolnay) 도자기 회사 설립
1864	체코, 두비(Dubi)에 체스키(Cesky) 도자기 회사 설립
1883	핀란드, 헬싱키에 아라비아 핀란드(Arabia Finland) 도자기 회사 설립
1953	스페인, 야드로(Lladró) 도자기 회사 설립

참고 도서

- Maureen Cassidy-Geiger(ed), 『FRAGILE DIPLOMACY: Meissen Porcelain for Eropean Courts』, Yale University Press, 2007
- Orsolya Kohegyi, 『HEREND PORCELAIN』, Veszprem-Budapest, 2003
- Jurgen Helfricht, 『A SMALL LEXICON of MEISSEN PORCELAIN』, Husum Druck und Verlagsgesellschaft mbH u. Co, 2012
- Harry L.Rinker, 『DINNEREWARE of the 20TH CENTURY: THE TOP 500 PATTERNS』, House of Collectibles, 1997
- John Sandon, 『Miller's COLLECTING PORCELAIN』, MITCH, 2002
- Ronald Gillmeister, 『WHITE GOLD: THE KATHY GILLMEISTER COLLECTION OF EARLY MEISSEN PORCELAIN』, Permanent Exibition at The Crocker Art Museum, Sacramento, California, 2005
- 황윤·김준성, 『중국청화자기』, 생각의나무, 2010

참고 사이트

www.meissen.com

www.skd.museum

www.dresden.de

www.porzellanstrasse.de

www.bamberg.de

www.porzellanikon.org

http://www.welt.de/english-news/article3120683/Too-big-for-a-niche-market-too-small-for-the-global-one.html

www.outlet2go.com

www.nymphenburg.com

www.schloesser.bayem.de

www.munchen.de

www.aviewoncities.com

www.augarten.at

www.wien.info

www.ceramicboleslawiec.com

www.cesky.porcelain.cz

www.karlovy-vary.cz

www.thun.cz

www.hunderwasser.com

www.visitbudapest.travel

www.budapestinfo.hu

www.herend.com

www.zsolnay.com

유럽
도자기
여행

동유럽 편(개정증보판)

초판 1쇄 발행 2014년 7월 24일
개정증보 1쇄 인쇄 2021년 1월 22일
개정증보 1쇄 발행 2021년 2월 22일

지은이 조용준

발행인 최명희
발행처 (주)퍼시픽 도도

회장 이웅현
기획 · 편집 홍진희
디자인 김진희
홍보 · 마케팅 강보람
제작 퍼시픽북스

편집 · 윤문 주정미
디자인 김대섭, 김소미, 조윤제
교열 · 교정 박미경

출판등록 제 2004-000040호
주소 서울 중구 충무로 29 아시아미디어타워 503호
전자우편 dodo7788@hanmail.net
내용 및 판매문의 02-739-7656~9

ISBN 979-11-85330-96-9(03900)
정가 22,000원